基础外语教育理论与实践丛书

上海市英语教育教学研究基地重点科研项目成果

U0783592

基础英语教学：现状、目标与途径

——上海市英语特级教师访谈录

主　编　束定芳　宋亚南

编　者　陈慧麟　迟晓虹　郭晓梅

　　　　黄　蕾　刘　辉　柳华妮

　　　　王　睿　徐玮玮　许江媛

上海外语教育出版社
外教社 SHANGHAI FOREIGN LANGUAGE EDUCATION PRESS

www.sflep.com

图书在版编目（CIP）数据

基础英语教学：现状、目标与途径——上海市英语特级教师访谈录／
束定芳，宋亚南主编. —上海：上海外语教育出版社，2018
ISBN 978-7-5446-5127-1

Ⅰ.①基⋯　Ⅱ.①束⋯　②宋⋯　Ⅲ.①英语课–教学研究–中小学
Ⅳ.①G633.412

中国版本图书馆 CIP 数据核字（2018）第 002905 号

出版发行：**上海外语教育出版社**
　　　　　　（上海外国语大学内）　邮编：200083
电　　话：021-65425300（总机）
电子邮箱：bookinfo@sflep.com.cn
网　　址：http://www.sflep.com
责任编辑：李　欣　秦平华

印　　刷：上海华业装璜印刷厂有限公司
开　　本：890×1240　1/32　印张 7.375　字数 222千字
版　　次：2018年 1月第 1版　2018年 7月第 2次印刷
印　　数：1 300 册

书　　号：ISBN 978-7-5446-5127-1 / G
定　　价：39.00 元

本版图书如有印装质量问题，可向本社调换
质量服务热线：4008-213-263　电子邮箱：editorial@sflep.com

前　言

　　《基础英语教学：现状、目标与途径——上海市英语特级教师访谈录》为上海市英语教育教学研究基地 2016 年重点项目"上海基础教育英语教学名师工程"的重点课题之一。该课题通过对上海市小学、初中、高中三个学段英语特级教师进行深度访谈，深入剖析上海市基础英语教学的现状和存在的问题，征询老师们对新时期外语教学改革与发展的意见和建议，涉及的话题包括课程标准、教学材料、课堂教学、课程评价、教师培训等。

　　受访的特级教师们一致认为，上海市基础英语教育在全国处于领先地位，这与上海的国际化、师资水平和教学资源等方面的优势是密不可分的。在充分肯定已取得的成绩的基础上，特级教师也清楚地看到了目前英语教学中存在的问题和可进步的空间。他们指出，今后英语教学应更加遵循英语学习的规律，根据不同层次学生的需求开展分层教学，回归英语教学的本质。课程标准的修订应体现新理念、新趋势，从而引领英语教学的改革。教材的编写可以更加丰富多元，给教师们提供切实的帮助和更丰富的资源。教师培训应该注重理论和实践的结合，根据教师不同发展阶段的需求开展有针对性的培训。特级教师们的建议充分体现了他们以人为本的宗旨和对英语教育的深刻理解。

　　访谈项目组主要由上海外国语大学国际教育学院 8 名教师组成，另外，还有几位研究生也参与了相关工作。整个项目历经一年多的时间：前期对 20 位特级教师的访谈形成了约 42 万字的访谈文字材料；后期，经过特级教师们认真细致的修改和项目组成员的编辑整理,最终形成了现在的访谈录。我们由衷地感谢特级教师对访谈项目的积极支持,感谢访谈项目组成员付出的辛勤劳动。

由于时间和水平所限,本书在编录与整理的过程中难免有疏漏之处,敬请广大读者批评指正。

希望《基础英语教学:现状、目标与途径——上海市英语特级教师访谈录》一书能为对中国基础外语教育有兴趣的外语教师、科研人员、教学管理人员提供有益的信息与启发。

编　者

2017 年 9 月

目　录

遵循英语学习规律,回归英语教学本质

——上海市英语特级教师毕红秋访谈

(上海外国语大学国际教育学院　宋亚南　编辑整理)

访谈嘉宾简介

毕红秋,上海市英语特级教师,华东师范大学第一附属中学国际部主任,民进虹口区委副主委;现担任虹口区英语学科高地理事长,虹口区毕红秋英语名师基地主持人,曾独立主持"高中英语口语工程"的课题研究,撰写的论文《培养学习兴趣,强化学习动机》和《学会学习——关于学法的几点认识》荣获 1996、1997 年华东师范大学普教研究中心科研论文二等奖,《最有潜力的英语第三板块教学》获全国教育科学"九五"规划教育部重点课题"大面积提高中学外语教学质量的实验研究"结题论文一等奖;先后被华东师范大学和虹口区教育局评为科研先进个人并荣获"全国教育科学研究贡献"特等奖,被区政府授予"虹口区拔尖人才"称号。

访谈内容提要

此次访谈围绕上海市英语课标的修订展开,毕老师就上海市中小学英语课堂教学现状、课标修订、教材、测试与评价、教师培训等方面分享了自己的见解。

毕老师指出,上海市基础英语教学处于全国领先的地位是显而易见的,但上海市英语教学本身在不同学校的差距也比较明显,各个学校的教学水平参差不齐。好学校和薄弱学校在师资力量、教学水平、学生能力等方面存在很大差距,主管部门应该加强对薄弱学校的重视程度,重点研究针对英语学习能力弱的学生的教学方法,提高教学效果,争取教育公平。

关于英语课标修订,毕老师认为新课标要体现新的教学理念,要引导当前的课堂教学朝探究型课堂的方向发展,小学、初中、高中在课标制定时要形成统一连贯的体系。新课标的制定关键还在于后期的落实,要确保教师在教学理念上的更新,确保新理念能够真正落实到课堂的教学中去。

毕老师结合自己在虹口区英语学科高地的工作经验,分享了教师培训方面的心得。她认为教师培训的方式要灵活,可以将线上和线下培训相结合,线上培训资源丰富,省时省力,灵活便捷;线下的面对面培训也很重要,有利于老师就具体问题进行有针对性的沟通讨论。另外,毕老师认为教师间的相互学习、相互交流也是教师培训的重要方式之一。

关于英语教材的修订,毕老师认为新教材应该在内容上更加丰富,不仅文章篇幅上需要大量增加,而且教材内容除了具有时代性,更重要的是通过各个时期的文学经典来培养学生的人文素养。

关于考试评价,毕老师认为高考对高中的教学影响非常大,应试的情况依然非常普遍。今年高考做了一些改革,但还没有改变应试的基本局面。毕老师认为,比较理想的是采取社会化的考级方式,让课堂教学避免以应试为主,真正回归到英语教学的本质上,培养学生的学习兴趣和英语能力。

访谈实录(采访者:宋亚南)

采访者:您教了这么多年书,对上海的基础英语现状有什么评价?

毕红秋:上海的基础英语教育在全国范围内来说应该是处于比较领先的地位。上海是一个国际化的大都市,教育资源、教学理念、教学水平等方面比其他城市和地区有优势，这一点是比较明显的。

就上海本身来说，现在的基础英语教学其实差距比较大，有非常好的学校，但更多的是第二层、第三层的，存在比较多的不同等级。好的学校里师资好，条件好，设备好，很多最好的老师都在教那些最好的学生。然而一些学习薄弱的学生，进入的学校层次较低，遇到好老师的机会也比较少，这是教育现状中的一个问题。

采访者：好学校的各方面都比较好，如何照顾低层次学生的学习也是非常重要的。

毕红秋：教育就是要面对各种各样不同的人。我也去过一些体育专业的学校，这些体育生的英语很差，他们说起英语来结结巴巴，老师确实不容易教。但是，如果这些学校的任课老师能够想办法让学生跟着老师学，就算学生学到的知识程度相对低一些，只要学生还能够学的话，说明老师还是在发挥教的作用。这样的课应该要去研究它，要去提倡和发扬它，但是现实中却被忽略了。这种学校的老师在评职称时也是非常吃亏的。当然，上海要比别的地方好，但我们应该分层次来看，最好的学校要比别人最好的学校好，低层的学校也要比别人的低层的学校好，而且要想出办法来提高薄弱学校的英语教学。

采访者：这也是一个社会问题，如何减少差距，让每个学生有平等的教育资源。

毕红秋：像芬兰这样的一个小国家，人口少，他们跟我说就是因为他们国家人口太少了，人人都得要派用场的，人才不能浪费，所以他们国家可以做到学生没有太大的差距，这才是教育要追求的东西。

采访者：让教师流动起来可以解决学校差距问题吗？

毕红秋：现在上海教师也在流动，评了特级教师后就会流动到一些比较弱的学校，去两三年后还会回来。这期间可能做出一定的业绩来，也可能是正做着一件事情就要回来了。这些教师带去的先进的理念对薄弱学校确实有帮助，但重要的是需要具体的长效的机制作为保障才行。

采访者：因为刚才讲到芬兰，他们在 PISA 考试中属于欧洲名列前茅的。上海参加过两次都是第一，您怎么看？

毕红秋：这个应该说上海还是值得骄傲的，大家也挺开心的。考得好至少说明上海在教育上，包括在课程设置等方面，还是花了很多时间和精力的。另一方面，我们也要看看，芬兰人考到这个成绩每个小孩子花多少时间，上海小孩子考到这个成绩要花多少时间。如果说时间差不多，当然我们比他们好。如果我们花的时间比他们多得多，现在看来是比他们多的，那这个时间成本就大了。

采访者：您能谈谈关于上海市英语课标修订的建议吗？

毕红秋：近两三年来，因为开展了一些基地活动或工作室活动，我们很重视课标的研究和学习，研究怎样以课标为依据，提高课堂教学效率。

上海的课标要体现上海的特色，要有国际化的眼光，着重培养学生的学习能力，提高学生的语用能力。

新的课标代表一种新的理念，中小学教师要有一个理念更新，然后就看是否能够把这个理念落实到课堂实践当中去。所以不管课标怎么修订，我觉得关键还是学生真正能够在学校的学习中获得这些能力。

采访者：刚才您讲到课标体现出一个比较先进的理念，针对现在上海的英语教学现状，您觉得我们应该如何定位呢？

毕红秋：我觉得现在很需要培养学生自己去发现问题、分析问题和解决问题的能力。因为现在学生跟过去不一样，有广泛的获得信息的渠道，那么在课堂教学当中就肯定不再是像过去那样，老师一个人在不断地灌输，学生只是在接受。现在的课堂就一定会变成一个师生共同探讨性的，在关注学生学什么的同时，更要教会学生如何学。

采访者：您对课标修订在词汇、语法等方面有什么建议吗？

毕红秋：课标本身必须是非常完整的。高中应该达到什么水平，其实取决于在小学阶段和初中阶段制定了什么样的标准。高中是跟着初中来的，所以必须连贯。

采访者：您是虹口区英语学科高地的负责人，能谈谈你们是如何开展教师培训的吗？

毕红秋：英语学科高地主要是集中培养一些高端人才，我们做的一些研究主要是从教师培训这一块来做的。我们只针对高中老师,因为采用的都是高中教材当中的素材。我们把这些素材筛选出来,做了很多微课,就是 8 到 10 分钟这样一个小微课,只解决课堂当中某一个阶段的一个小知识点。同样一个知识点,可以用这个理论来解决它,也可以用另外一个理论来解决它,也就是用不同的理论来解决同一个问题,展示不同教师的教学手段或教学理念。

采访者:高地里面的老师从参加培训到结业一个周期有多长?

毕红秋:高地里的老师是相对固定的,它不像基地培训或者工作室培训,可能两年三年把这一批人培养好就走了。高地的这一批人现在就是形成一个研究团队,可以有新的人进来,但是原来那些老的一般不换。最初我们开发这个高地的一批人是我们的核心团队,然后还有其他老师陆续加入进来。

采访者:后续进来的老师有什么门槛要求吗?

毕红秋:门槛要求还是很高的。因为虹口区教师梯队建设在结构上有六个层级。最低的一个层次,就是刚刚入职的青年教师,然后一层一层上来,比如有虹口区的骨干教师、学科带头人、工作室的负责人、基地的负责人和高地的理事长。进入高地的这些老师往往就是骨干教师,或者是学科带头人,在不同层面的教学展示活动中获得了比较好的成绩,展示出他们比较扎实的专业水平或上课的功底。还有一个就是教师的理论水平,能够独立进行一些科研,写过一些论文的。总而言之,参加高地的都是在我们本区内来说是相当出色的老师。

采访者:对参加的教师有年龄上的要求吗?

毕红秋:原来主管部门是比较倾向于都要到达最高层次的老师,但是我觉得一个团队的成员要有不同的年龄层次,这样大家会有不同的思想火花碰撞,或者说大家的交流会更多元化一些。不同年龄的人会在教学中遇到不同的困惑,或者说他们所遇到的问题和对问题的看法是不一样的。

所以高地成员大概有三个年龄段:有比较年轻的老师,比如研究生毕业,在教学方面和理论方面都还比较扎实的;有教育教学工作已经做了八年十年了,在上海市甚至全国的公开课中都得了比较高的奖项的;还有一批就是年龄再大一些、教学经验更丰富一些的教研组长。这些教师在教学工作中遇到各种问题,大家一起讨论,一起解决。

采访者:你们研究出来的成果是推广到各个学校吗?

毕红秋:研究成果就放在我们的微信平台上,让老师们自己去看。除了线上的,我们也做线下培训,就是教师进修班。参加线上培训的这些老师,因为是线上的课程,他们比其他老师到教师进修学院去的次数要有所减少。比如说三周里面只要去一周,还有两周可以自己在网上学习,这样就减少他们到教师进修学院去的次数。但完全不去呢,可能有些问题也得不到解决。在教师进修学院大家参加小组讨论,一起进行交流,这个也有必要。然后这些老师再把问题提出来,或者甚至对我们原来做过的一些微课提出问题,他们自己再继续做,完成后再推到平台上。其实这是一个所有老师都可以共享的资源库,是一个人人都可以去做贡献的地方。如果老师觉得自己教学的某个方法也很好,那么把他的材料提交给我们,我们经过审查,然后做成微课,上传到平台。

采访者:对今后教师的培训您还有什么建议吗?

毕红秋:新时期的教师培训需要做些改变。现在大家都会利用上网来获取信息,不再喜欢按照一个规定的时间到一个规定的地点参加培训。因此我觉得可以采取网上的微课等灵活的形式。

除了微课,我觉得还有一个学习方法,就像我们现在在做的,教师之间的互相学习。其实同伴学习一直是我们非常提倡的。比如词汇教学,你教一个词汇,我觉得你的这个方法挺好的,我就从你这里学,另外一个人再贡献他的一个方法。这样逐渐形成一个更大的池子。在这个池子当中,每个老师都可以把自己的一些好的东西贡献出来,这就等于说是一个课例的收集。当然,我们需要把关这些东西能不能进入到这个池子里面去,需要进行审查。

采访者:教师线下互相学习怎么进行评价?有什么量化的标准吗?

毕红秋:像我刚才讲的线下课堂共享,我们对教师要进行考核的,对他们进行学分的管理。如果仅仅在我们的网上看看微课,是拿不到学分的。

首先，我们规定了教师至少看多少个微课。我们在每个微课后面设置了问题，而且给出一个小材料，一篇像课文一样的文本。教师要根据文本设计一个微课，比如如何教材料中的某个单词。又比如要求教师根据给出的四套理论体系，在每一个理论体系里面寻找一个文本，做一个微课课例。如果我们这里审查组审查完以后，认为他的微课是可以上传到平台的，那么他就算是完成任务了。如果审查下来达不到我们的上传标准，那么他就拿不到这个学分。他也可以再继续做，去改进，直到他的微课能够达到上传标准了，就可以得到学分。

微课放在微信平台上还有一个好处：微课平台就像一本字典一样，随时可以去查询。因为现在大家基本上都是手机不离手的。网上这样一个丰富的平台，传播得更快、更便捷。实际上，我们努力的方面就是怎么样能够为更多的人服务，能够让更多的人去享用。

采访者：做微课涉及技术问题，对老师这方面的技术要求高吗？

毕红秋：要求还是蛮高的。我们也遇到过一些技术上面的问题，现在在高地就聘请了一位电脑方面比较有专业能力的人提供技术支持。他教我们下载软件，然后用这个软件在电脑中录制微课。这个电脑软件做了一段时间后，他会帮忙更新，教师们经过学习都可以掌握的。

采访者：老师经过基本的培训后自己录微课，应该是没有问题的吧？

毕红秋：对，我们要对新学员进行微课制作培训。培训班的时间我们往往会放在暑假前，然后要求他们在暑假里每人做两到三个微课。最后通过核心小组成员的审核来决定微课是否达标。

采访者：对于将来教材的修订，您有什么建议吗？

毕红秋：将来教材修订的话，要考虑文本材料如何为培养学生的能力服务。学生的探究能力、整合信息的能力或者多元文化意识，这些内容在现有教材中还是比较缺乏的。目前，这些材料都是各个学校在自编。但是教材其实是一个权威的东西，并不是每个老师都可以编教材。从知识标准到整个国家的政治文化标准，不是随便什么人都能够把握好的,稍微偏差一点可能就出大问题。所以我觉得教材在这次的课标修订当中,应该要放到一个比较重要的位置。

采访者:你们学校现在用什么教材?

毕红秋:我们从一开始就用牛津教材,一个学期一本教材,有六个 unit,每个 unit 里面有一篇课文和一篇 more reading,这样两篇文章组成一个单元。我们根据每个单元的主题,增加更多的文章,都是围绕这个主题的。

比如这个 unit 是专门讲环境保护方面的,那么我们就去找关于环保的内容增加进去。一篇课文学完之后,我们做两到三篇文章的 extra reading,都是围绕这个主题的。一篇课文加三篇 reading,一篇 more reading 又加三篇,这样实际上就是本来两周读的是两篇文章,现在两周读的起码就是八篇文章。这样做的另外一个好处是扩大词汇量和扩大阅读量,我觉得词汇量的扩大如果没有阅读量的跟进,那么词汇的掌握也是不可能落实的。

采访者:所以建议将来教材增加每个单元的文章数量?

毕红秋:对,以前我在澳洲的时候,发现他们的教材一本书非常厚,一个单元里面收录的文章有六篇到八篇,每个学校老师按照自己教师和学生的能力,选择在这个 unit 当中用哪一篇文章。按照上海现在不同的学校层次,完全有必要在教材中提供不同水平的文本。

现在的教学理念是一切为了学生,如果老师手上有这么多的材料,好一点的学生就选高层次的文章,大多数学生可能学的是中等难度的这一篇,薄弱一些的学生就读稍微简单一点的。这样的话,我觉得每个学生都会有一些成就感。

采访者:都能照顾到。

毕红秋:各取所需。如果编教材的专家能够把这些事情为老师们做好了,老师们的精力就可以集中到如何去教。我比较希望看到的就是一套全新教材的出现,这套教材在科技方面一定会体现时代性,但是从人的责任感、道德素养、人文精神等方面的培养来说时代性不必那么强,倒是应该多放一些各个时代的比较经典的文章,这样教材的寿命也能够长一点。

采访者:教材要体现人文素养这方面的东西。

毕红秋：要有体现，而且教材需要在一个不断反复、不断循环的过程中体现这些东西。小学、初中、高中教材一定要有机结合，有所衔接。小学教过的东西，到了初中要重现并提升，到了高中再重现再提升，形成整个体系。

采访者：您对教材内容设计还有什么建议吗？

毕红秋：教材应该体现"听说读写"的多元要求，在课堂里学习的时候，能够让学生有足够的机会去体验和实践，更好的是有所发挥，最终获得必要的能力。但是现在往往是受到进度的限制，能力的培养没有达到预期的目标。

采访者：为什么呢？

毕红秋：教学进度变成了一个最重要的东西。到了要期中考试、期末大考了，如果还有内容没讲完，时间不够用，老师们会去想办法增加一两节课，无论如何要把这些内容讲完。实际上就是讲完，学生也未必学到了。

采访者：比方说一学期六个单元、十二篇课文，您觉得这个时间比较紧张是吗？

毕红秋：时间非常紧，现在高一、高二学生还要完成军训和其他各种社会活动。英语高考两考之后，对于高中生来说，不再是高中三年了，实际上是读到高二就必须把所有的东西都学完。如果到高二结束的时候没有把高中该讲的语法全部讲完，学生考试就有问题。所以就变成了三年的东西要两年学完，第三年就是刷题。

采访者：这个模式应该要改变。

毕红秋：对，现在教学模式的一个问题就是压缩的教学进度，因为现在实际上都是被教学进度压着。

另外一个问题是，我们现在已经到了一个不分年龄层次来进行教育的一种状态。我去听课，初中在提前学习高中的一些内容，高一在学高二甚至高三的一些内容。

采访者：超前学习。

毕红秋：人为拔高以后，其实小孩子很没有成就感，经常被挫败。他的成长和他的能力是没有阶梯性的，所以我觉得一定要改变这样的做法，遵循人的发展规律。但是很难得到大家的认同，包括学校的领导。大家都比较急,都觉得要快点教,教多点,你不教,别人教。

采访者:高考的压力太大。今年高考改革,改成一年两考,您怎么看?

毕红秋:现在进行高考的改革,一年两考,当然这都是可以不断地去改进,不断地去改革的东西。一年两考本来是为了给学生减负的,但实际上效果并没那么明显。

我知道在有些国家,比如说社会公民学习外语,然后参加外语考级,从第一级考到第十级,不管在什么时候,你有能力了就去考。

采访者:面向全社会的。

毕红秋:对,社会化的一个分级考试,这就不是说高考变成两考,还是变成三考的问题了,学生自己去考就是了。就像现在弹钢琴一样的,可以是一个 8 岁的孩子就拿到了十级,也可以是个 18 岁的人拿到一个钢琴十级。你有能力你就去多学,你能去考的就去考,考几次是你的事情,考完了就拿到这张证书了。就像现在考 CET,考托福一样的,你就定好时间,学生自己去考。在全社会大家是统一标准的,每个想考英语的人,就说你拿到一张英语证书是几级的,大家一听就明白,你是多少,我是多少,这个人的英语水平大家都明白了。

采访者:这样能让平时的教学从考试的压力中解脱出来。

毕红秋:这样我觉得中学的教育就没有那么的功利化了,老师也不纯粹地只为了帮助学生去考试,而是为了帮助学生去学习,教师可以开展各种各样丰富多彩的活动。英语老师就负责培养学生的学习兴趣,把文学作品拿来,把一些视频也拿来,把一些国外的报纸上的文章都拿进来,让学生们非常广泛地去阅读。我现在根本不敢给他们看这些东西,上外编的很多有音频的资料太好了,这些东西放到教室里面去给学生看,一看一节课的话,学生就说:"老师你不上课了? 课文不管了?"我也不敢弄了。现在有些老师也会有一个遗憾吧,他们有机会出国进修,看到国外的一些教学方法挺好的,很想拿到国内的课堂上去用,但是一回到国内的课堂上就面临现实的教学进度,面临种种考试,结果拿回来的这些材料,学到的这些游戏活动全都只能收起来。

采访者：您理想的英语课是什么样的？

毕红秋：有人会说，在国外的一些语言课上，老师怎么那么闲，那么舒服。小孩子一人一本英语读本，回去读了以后回到课堂上，小孩轮流介绍这本书是由谁写的，什么出版社出的，这本书里面写了什么、讲了什么，觉得里面有一段要跟大家一起分享一下，他就读一段，其他小朋友就在下面听着，老师就站在边上听着。有人觉得你这个老师怎么不干活啊，怎么那么舒服啊？但是一节课下来，学生把自己读过的小书拿来分享，小孩子就学到了很多。

采访者：对，其实学习真的应该是以阅读为基础的。

毕红秋：我觉得这就是语言学习的一种状态。能够自己看懂，又能够把看懂的东西拿来跟别人交流。老师可能会布置大家回去把看过的书中自己感受的东西画成一幅画。你看懂了这本书，它或者是讲述一个家庭，或者是描写某个庄园的一件事情，你就把他们画出来，里面有多少人物，人物之间的关系是什么，这是一个什么样的东西，就用画画来展现，然后把这些画拿出来进行交流。对书的理解，是从孩子的认知层面来进行理解。我觉得实际上他们是根据不同年龄学生的理解能力进行教学。

我们有些学员写论文，说在上课前先让学生看一段卡通，是为了提高学生的学习兴趣。我说他看卡通的时候，可能是有兴趣的，可能5分钟、10分钟。那么看完就学课文，这时候兴趣还在吗？能从第一分钟的兴趣维持到40分钟结束吗？就因为看了5分钟的卡通片，接下来的课文学习、词汇学习、语法学习的兴趣还在吗？这个兴趣是真的，还是假的？你说有兴趣他就有兴趣啦？我说你这是自我设定。我们时时刻刻在说要让学生有学习英语的动力，要培养学生的学习兴趣，要让他们能够感受到学习的一些乐趣，但是为了考试而去学习，你去问问学生，去问问家长，这样的学习是不是真的有乐趣？

采访者：今年高考，口语也算入成绩了，这会促使课堂上发生一些改变吗？

毕红秋：我是非常高兴听到高考有这么一个口语的测试的。我自己在1996年的时候就搞了一个"英语口语工程"这么一个课题。那时候用的是更老的一套统编教材，都是一些适合阅读的文本，而不适合用于开口讲话。我想学英语的人都不会讲话总是不对吧，所以我就尝试着搞了"英语口语工程"这样一个课题，就是利用学生的课余时间，提高他们的口语能力。我先跟学生头脑风暴，问他们希望能够就讨论哪些话题进行口语能力的训练。学生说要谈谈身体健康，或者要谈谈家庭生活，或者要谈谈兴趣爱好，或者要谈谈球类运动等体育活动，或者谈谈音乐，我们就把这些 topic 全部都写下来，我们收集了 20 几个 topic，一个一个 topic 来做，首先成立了一个口语领导小组，每次从口语领导小组当中选两位同学做主持人，布置大家事先就去收集关于这个 topic 的有用的句子、词汇，到了活动的时候，这两个同学就设计一些活动让全班同学围绕着这个 topic，或者是角色表演，或者是小组比赛，或者是辩论，这些活动都是在课余时间进行的，一般是 30—40 分钟。到了假期中时间比较宽裕了，学生的活动兴致也很高，一次活动可能两到三个小时，就一直讲英语，讲英语。后来我们班级同学就是在自己教室门口贴了一个牌子，规定要走进我们教室的人都得讲英语。

采访者：大家都很投入。

毕红秋：是的，这一批学生的英语口语能力确实得到很大的提高。这个课题做到最后的时候，最大的一个问题就是没有办法去检测和测定这些学生的口语水平到底达到什么水平，因为它是没有测试的。

现在高考有口语测试，对于学生的英语口语能力的培养和提高是非常有必要的。我们学校开设了语用实践课，学校做了大量投入，把一个班的学生分成两个小班，这样保证学生在课堂里有更多的实践机会。希望学生的听说能力能够有较大的提高。

充分考虑差异性，促进课程标准"落地"

——上海市英语特级教师车建琴访谈

(上海外国语大学国际教育学院 王 睿 编辑整理)

访谈嘉宾简介

车建琴，上海浦东教育发展研究院英语教研员，上海市特级教师。从事小学英语教学与研究 34 年，全面负责浦东新区小学英语学科课程构建和实施，并担任浦东新区车建琴英语教师培训基地主持人。自 1999 年起担任上海市九年义务教育课本《英语(牛津上海版)》(一~五年级)改编编委，上海市小学英语学科基本要求审查组成员等。多年来担任重大项目"浦东新区聘请外籍教师在中小学任教的管理与研究"和"基于标准的小学英语教学实践"负责人，先后参加"课堂教学改进计划的制定与实施"等二十多个研究性项目，课题"基于《指导手册》的教师行动研究"等被列为区级及以上课题，《区域有效教研探索》等十多篇论文发表在核心期刊上，主编《小学英语课程实施指导手册》、《融合中外教学，实现多元提升》、《世博礼仪》等专辑。《基于英语课程标准的教学实践与研究》获 2014 年上海市首届基础教育成果二等奖。

访谈内容提要

此次访谈围绕课程标准修订展开。车老师就上海市浦东新区小学英语课堂教学现状、测试与评价、教师培训、教材、课标修订等方面分享了自己的卓见。

车老师指出，浦东新区地域大，学校间差异性强，因此基于课程标准展开英语教学就格外重要。浦东新区相关项目已开展八年，现在单元整体教学和测试引领教学的理念已深入人心，并全面实施。车老师还分享了浦东新区推进聘请外籍教师、融合中外教学的经验。在不足方面，如何提高学生的语篇阅读、写话和口语表达能力还在探索中。

关于教学测试与评价，车老师介绍说学校普遍比较注重评价，有较为完善的课堂评价和日常检测体系。测评以市教委评价标准为基础，并充分考虑到学校、学生和学习阶段的差异性。新区也尝试采用了非传统测评工具，如通过高科技、互动性强的口语学习平台提高师生口语水平，或通过建设学校阅读资源来培养学生的默读习惯。

关于教师培训，车老师分享了浦东新区多层次的培训形式，如骨干教师和学科带头人的私训课程、特级教师基地的团队科研型培训、第三方测试、外教机构或出国培训等。以基地培训为例，所有培训遵循的原理是要尊重和调动教师的个人兴趣，培训内容要能落实到教学实际，形成兴趣、研究、写作、行动的良性循环，并最终辐射到一线教师个体。在规律化的区教研活动中，非常重视把较为抽象的课标内容通过案例转化为可以深入理解和实际操作的教学实践。

关于课标修订，车老师表示正在进行的课标修订工作富有科学调研精神和全球化视野，因此最大的挑战是如何将好的发现转化为适合中国国情、充分考虑到地区差异性的课程标准。她认为目前生源有明显的分层倾向，建议课标充分考虑学习需求的差异性，并可以探讨如何增加课程丰富性、英语学习作为拓展课或活动课的可能，等等。

关于新教材的编写，车老师认可在语言变化发展的大背景下对教材进行定期更新的需要。她强调教材的内容要重视内部联系，还要考虑适切性、育人价值，并建议基地与市教研室或者市课改办联系，参考他们之前对教材的梳理意见。车老师也指出，没有一本教材适合所有的学校，没有一本教材是完美的。教材的不足需要通过教研来调整,教材不能改变的地方,可以通过学法、教法、老师的提升来实现改变。

访谈实录(采访者:王睿)

采访者:谢谢车老师接受我们的采访,请您先谈一谈我们上海市中小学英语课堂教学的现状,有哪些优势和不足?

车建琴:我对浦东的小学外语最为熟悉。浦东比较特殊,南汇2009年并过来以后地方很大,现在浦东一个年级的学生是4万多,大概是上海的1/4。浦东其实是整个上海的缩影,也是全国的一个缩影。它既有一批人们心目中的优质学校,这些学校有民办的,有公办的,如福山、福山正达、平和、竹园、二中心、六师附小、进才实验、建平实验、上海市实验东校(小学部)、浦东南路小学等等;也有沿江沿海的很薄弱的学校,这样的学校占30%左右。不同的区域课堂教学也不一样,比如农村学校相对来说更注重知识的教学。牛津教材改编后,各校教师们对教材编写的意图、核心板块和非核心板块的关系等理解也有差异。我们去调研时发现有的老师上课会降低教学要求,比如会把单词反复认读作为五年级的要求,有的五年级退下来的老师教一年级,又会把要求拔得很高。

所以,我们从2009年起做了一个项目,就是基于课程标准的教学研究。项目组在学校申请的基础上选择不同程度的40所学校,然后把教材每个模块、每个单元、每个年级的要求全部细化地写出来,写好后到教室里上课,上课后再回过来修改。强调基于标准进行教学的同时,我们还推进了2008年就提出来的单元整体教学理念,即老师教学设计不是单课的,而是单元的。他首先想清楚这个单元的目标是什么,单课课时里面怎么进行铺垫,重点是什么,需要学生做什么事情。到现在,浦东近两千位小学外语老师,几乎每人都知道了这件事情,每个老师都在做,每个老师都在想。

另外我们每年基本上有一个教学质量抽测。测试是一个导向,很多观念就是通过测试的时候去改变老师。我们和老师讲哪些点是要考的,大概要掌握到什么程度,比如见到这个音标能够拼词,拼了能够会读词等等。这几年调研下来也发现,老师们核心语言知识都落实得蛮好,比如教学生写词汇、写基本的句子等等,这些得分率很高很高。

我们也发现了不足,比如学生的阅读能力和写话能力。这里有历史的原因,过去小学一直只是重视单词和句子的教学,语篇阅读技能很弱。所以我们最近几年一直在讲语篇教学,语篇、写话等要求在课标当中是有呈现的。上海的 2004 版课标分成两段,一段是小学低年级段(一、二年级),一段是高年级段(三、四、五年级),在技能上、语篇上的要求很明确。但老师对要求不理解或理解差异较大。你一定要用一些典型的案例来告诉他。老师们对能提高效率的内容是很感兴趣的。绝大多数老师对基于主题的词汇教学掌握得都比较好,对词汇怎样算理解了也有明确的认知。过去强调要会读会拼,后来经常和老师们说要会理解会用。那么怎样算理解? 怎样算会用? 比如要求学生上完课以后能围绕这个主题说一段话。这一段话教师在教学设计时要先想好,学生学过的句型是什么? 大概可以用什么来表述? 比如课上学的是介绍 classroom,那么要求学生用几句话来介绍,比如 This is our classroom. It's … We can … 等等这些学过的句型来描述。这样一说,老师就知道了,所谓的要学生掌握,就是掌握到这种程度。

我们基于课程标准的教学项目,也出了一本《小学英语课程实施手册》,具体清楚地讲述了每个单元、每个模块应掌握哪些知识、句子,听说读写的要求,综合运用的标准,用星号标注保底和拓展的知识点。如此一来,老师就一点点理解了。

写话方面,我们今年一直在操练,但在达成上还有距离。比如说三年级的时候,应该要求学生写完整的句子,但是我们在教学上往往只让学生填一个词或几个词。这种方法有时也导致了学生一写完整的句子就错误很多,或者标点符号大小写等等出问题。

另外,现在非常重视口语,我们碰到最大的问题就是老师和学生的口语提高不容易。浦东的班级很大,一个班 45 名学生左右。一位老师如果教一、二年级的话,要教 7 个班级(一、二年级每周 2 课时),高年级(四、五年级每周 5 课时)要教 3 个班级才算满工作量,口试有的时候也没办法保证。所以我们开始尝试一部分学生借助有模仿、配音练习和分析、分享功能的网络平台。到目前我们做了一年多，发现学生的语音语调都有提高，有的提高还挺明显。老师也很惊讶，不敢相信是自己的学生。所以我们也动员一些老师让他们有空也去配配音什么的，也是蛮有趣的，提高自己的语言能力。

采访者：我在网上看到你们做过一个融合中外教学的项目，很成功。可以与我们分享一下吗？

车建琴：背景是我们浦东有一部分学校请外教上课，结果发现外教传播他的教学理念。2006 年有一次我们职称评审结束，那时候的浦东社发局尹后庆局长，后来任市教委副主任，现在是教育协会会长，就问我，政府出资聘请外教有意思吗？我就说当然有意思了，政府能出多少钱？尹局长说做了看。然后我就去做了一份全上海外教进校基本情况调研报告，也从全国范围了解了一下，看看人家聘请外教是怎样出资的，上多少课时等等，结果发现，整个上海肯定是没有一个区是政府出资购买服务的，都是学校或家长购买，后者容易导致一个乱收费问题。浦东作为第一个尝试这样进行外教进校服务的区，我们非常担心的是钱的问题。如果各方对钱的问题意见分歧很大，那就很麻烦。还有一个担心的就是学生的时间，万一效果不好，浪费的不止是时间，还可能对学生影响很大，到时候是钱也买不来的。所以我们设计项目的时候是很仔细的，全部预案想好后，召开了非常多的座谈会。合作的外教公司老总开始的时候很讨厌我，说我要求很高，很烦的。

接下来，我们浦东就开始大规模聘请外教。第一次是学校报名，中小学都有，我们选择了 20 所。然后政府出资 250 万购买课时，那时候还便宜，一百多块一节课。每周多少节，每个学期多少周，请外教上什么内容，我们都预先安排好。以前有"外教上课开无轨电车"的说法，所以我们开始的时候就和公司谈，外教上课由我们定思路，就是基于上海的课程标准，同时配合我们的单元主题。我们上海的英语课是基础性的课程，外教课是作为拓展性的课程引进来的，基本上是每周每个班级上两节外教课。学校里面找一个年级作为试点，一点点推进。

我们中国老师也进班听外教课。第一，教师可以学习，提高自己的语言。第二，教师可以记录整个教学课程，有助于在自己的课上给学生复现的机会。第三，教师也起监控外教的作用。中教进班按照助教算，每次计半个课时，我们对助教的职责有详细的描述。另外，外教服务必须提前安排，比如9月上课，必须在7月份之前把9月份开始一年的上课内容全部拿出来，拿出来以后我们还要去审的。我们请了由上海编教材、编课标的专家，还有一线教师组织的团队，把一学年的内容全部审一下，审好了之后，按照提的意见修改，修改好了以后再审。然后外教再拿着这个内容进教室上课。

我们编的内容是一到八年级全部都有的，学校自己选哪个年级，但是后来我们也发现一个问题。这个年级教材是有序列上去的，但是每个学校的程度不一样，这个教材想适合所有的学校是不可能的。所以我们就请每个学校负责外教的人每次提前一周或两周和上课的外教沟通下一次上课的内容。就是先根据这个教材，也就是他的备课内容，再和他一起看一下，明确要达到大概什么程度，完成什么要求。这样一个中外合作做下来，我们感觉还蛮好的。

另外我们每年进行一个外教教学效果评估。我们非常认真地设计了评估方案，包括家长问卷、学生问卷、执教老师问卷，还有一个测试。这样三方评估再加上校长访谈进行汇总。之后我们再开一个多方研讨会，领导、外教服务公司和他们的老总每次都到，也会请市里面的专家一起来看，专家们会从他们的角度谈谈还有什么问题。我们每次调研的情况会公布，比如这次有多少家长希望增加外教课时，有多少家长觉得不怎么样，有多少学生是喜欢这个课时。我们学生表示喜欢的几乎都在90%以上。通过这样的综合评估，我们的项目一直是优秀的，在政协也得到很大认可，《解放日报》还有专版介绍我们这个项目。项目一口气做了五年，后来我们成立了国际交流中心，有专门的人负责这个项目。现在浦东财政发生变化了，所有的学校超过30万的项目必须通过区财政走程序，对于项目来讲时间上无法操作。但学校可以做，所以我们现在就全部放到学校做，虽然现在政府不买单，但学校有兴趣做的会自己完全出钱去做。

项目的成果很明显，那批老师是得益的，学生也是获益的。小朋友出去看到外国人不怕，敢说了，思维方式也不一样了。中教老师就课堂教学怎样与外教合作也获得过市里青年教师课题奖。我们后来出了一本五年成果集。我们建立的一整套规章制度，包括评估方案、协议和注意事项等等很详细的东西，现在也在闵行区、嘉定区等地使用。天津开发区也尝试使用我们这套体系。

采访者：刚才您提到了测试，请问您如何评价中小学英语测试和评价的现状？

车建琴：学校里面比较注重评价，包括两块，一个是课堂上的评价，一个是日常评价。课堂评价主要是让学生养成一个好的学习习惯，比如面向一年级学生采用的学习习惯、表达习惯评价。一年级刚刚起步，为了鼓励他说，鼓励他参与，老师在课堂上采用的激励型评价比较多。教二年级或者教故事的时候，要求又不一样。故事要求学生进行表演、要有肢体表现、注意语调等等，所以学生投不投入也作为一个评价的依据。一、二年级的认读能力还是要培养的。因为学生不认读的话，到高年级跟不上。我们一般做的是过程性的评价和终结性的评价，每个单元上完后，老师会给学生一个简单的测试，现在相当一部分学校用的是口语版，就是有朗读的作业要完成，当然这样教师的作业批改量特别大。有的学校也尝试了高年级测低年级，比如实验东校通过这个办法培养学生自主性，锻炼了高年级学生，低年级学生也蛮当回事的。不足是用的人一多，标准不一样，所以也是偶尔这样做做。

市教委也出了一本评价的标准，低年级的、高年级的都有。在此基础上，每所学校会根据自己的情况，老师会根据学生的情况来调整。基础弱的学生，先养成一个好的习惯，比如说的习惯，有的学生则重在养成一种思考的习惯。

口语测试也很重要。前面我们提到过口语学习平台，学生读几遍后，会有激励性的语言，有智能机器人打分。学校要了解整个情况的话，可以很方便地查看学生练习多少次、作业量多少，平台也会每月给学校一个汇总表。学生既可以完成老师的作业，也可以发起作业、发起活动。在这个虚拟的学习空间里，还可以交流、献花等这种同学之间的激励行为。对老师来说，他可以布置固定作业，然后成绩可以在手机上很方便地看到。我原来碰到最大的问题就是学生不会说。学生实在太多,也没办法测试。所以用平台这个办法等于是把测试交给学校,学校可以多次检测,标准保持一样,我们想了解也很方便。

第二块就是平时的日常检测。我们还有一个模块检测,每完成一个模块进行一次检测。区里面的测试是对四年级或者五年级1/3的学生进行一个抽测。原来听力、阅读、写话全部是进行测试的,现在发现学生的阅读和写话比较弱,所以今年就测这两块。现在数据还没出来,我估计写会比较弱一点,阅读可能这几年稍微好一点点。

采访者:课标中对小学生阅读量是有明确规定的。学校里在促进学生阅读这方面的情况如何呢?

车建琴:的确学生的输入量太少,还有阅读习惯也没办法养成。我们这里和学校不能推荐书籍,但有一部分学校在搞试点,希望能帮学生养成默读的习惯。课内的 Look and read,Read a story 等栏目语篇资料比较短,不适合学生进行较长时间的默读。希望给学生比如说每天十分钟的时间进行阅读,培养学生阅读的兴趣。学校里也可以申请经费买一点原版的书放在教室角落里,或者图书馆里某个地方,然后大家分享,读好了,记一下,勾一下。这样做,可以提高学生阅读能力,自主选择书籍能力,培养阅读习惯等。

采访者:你们对老师进行了大量的培训,请问怎么让教师在繁忙工作之余,对自我专业发展有更大的动力?

车建琴:我们这里有各种层次的培训,比如骨干教师培训,我还有一个区里的基地。基地是两年一轮,也是自己报名,然后我们再选。所有这些教师的活动遵循的原理是,只有教师自己想要我们才能做好。所以我们不会直接命令他做什么事情,我们可以提供建议,然后他觉得这个好,有兴趣。对能改变他的工作、提高他的效率、尤其是能和他的特长结合起来的,教师还是很感兴趣的。比如我们的项目涉及40所学校,都是自己报名的,然后我们再挑选一下,让学员有差异性。加入一次以后,他们就知道了,我们做的东西是很实在的、确实能够改变课堂的。

培训中很重要的一块,就是激发起教师想提高的意识。一方面,教师们觉得这个团队氛围很好,大家一起做研究。同时,我们也常问问他们喜欢什么内容，我们在调研中看到什么问题，都可以作为一个项目研究的内容。有时碰到的问题比较紧迫，我们就赶紧在这方面找资料研究，然后让教师们一起来想办法，组织团队来研究解决。我们现在有阅读团队，还有一个学科核心素养团队，比如讨论育德树人在课堂上怎样落实。我的基地成员们在做的也很丰富，比如语言能力、思维能力、学习能力、文化品格等等。我们鼓励老师多看多想，而且想的时候要写下来，这样对专业发展有好处。慢慢地，他们也就养成了这种思维的习惯，做什么事情都会去多看一看、想一想，有课题申报就去报，形成良性循环。

比如我们基地组织了 15 位老师，分成五个组。每个组先大概定几个题目，按兴趣自由结伴，然后大家一起去找资料，再想一想在课堂上怎样落实。项目计划定好后，我们下基地活动，每次到一所学校上课，介绍自己的东西。其实就是在大的框架下，围绕着学科核心素养这个主题进行研究。比如话题是"怎样培养思维能力"，教师们就会去思考小学生的思维能力在英语课上到底有哪些呈现，怎样给词汇分类，怎样培养学生的注意力，不同年级对应的思维发展，等等。如果话题是"育人"，我们可以探讨教师课堂话语怎样可以让学生稍微觉得自信一些等等。做得比较好的研究，我们会在适当的时候向全区开放，邀请组长、骨干教师、教导，有近 200 多人，大家一起来谈最新的研究成果，改进提高，回去再落实下去到老师个体。就这样一点点地研究辐射同步走。

我们单位在教师培训方面还有一个要求，就是骨干教师、学科带头人等开设课程。我们那个团队里面研究的成果，也可以自己再进一步梳理，写好后去私训项目那里报课程，审批通过。这种班一学期上六个半天或者八个半天。另外，还有委托第三方的测试，也有很少一部分是通过外教机构培训或出国培训。

采访者：请问针对课标有一些必修性质的培训吗？

车建琴：每次课标修订，相应的培训是有的。市级培训相对来说比较宏观，强调大的方向。形式主要是分级培训，人员包括各区县的教研员，或市级层面的骨干、学科带头人。如果培训面扩大到教师个体，因为路途太远，占时太多，老师们会太累。

再往下就是分区域来做培训。我们会从区域的整体情况来进行设计。不过几百个人参加培训，两三个小时的时间，主要是输入式的培训，没机会互动，理解的效果不那么好。我们区现在的教研活动也有一些必修性质的培训，比如教师每学期必须参加四次区教研活动和两次网上培训。我们谈论的题目在网上列出来后，教师要跟帖，比如围绕这学期参加活动的主题谈谈自己是怎样做的，帖子有字数规定，比如 500 字。我们每学期做一次对老师参与程度的统计，然后给老师一个学分。每位教师总共要研修五年，基本上是一学期参加四次，加两次网上教研就是一分。不参加的人没有学分，到后面就比较麻烦了，因此教师必须每学期都来参加培训。老师们是很辛苦的，但是他们说了，做外语老师，单纯教外语还是蛮开心的。我们基地有的时候就是桥梁，因为我们不是研究理论的，也不是做纯理论的，考虑最多的就是培训的内容、讲的话，包括讲的话怎么让老师听得懂。我们最担心的就是讲的内容老师听不懂，听不懂是指他会说这个词，但是什么意思他不理解，也就不能转化到教学活动中，所以很多事情需要通过案例的形式，通过课堂的形式来演绎给他们看。我们双周三下午是固定的外语教研活动，每学期第十周和第十八周基本上安排网络教研，老师们有机会在网上围绕区域主题教研畅所欲言。

采访者：您对现在的课标怎么看？这次修订您有哪些建议呢？

车建琴：正在进行的修订工作我有一些了解。我感觉现在做的修订工作理性思考含量更高，更期望在科学数据调研的基础上进行，所以前期做了大量的文献阅读和调研，收集整理了几乎全球的课标，包括评价方面，大概希望学生学习后达到的水准和国际上的哪些标准对等，等等，都进行了非常详细的研究。我也看了一些，学习了一些。可能最难的就是怎么把这些好的东西本土化，根据中国的国情来做，转化为老师可以实际操作的东西。

上海的地区差异实在是太大了，所以最初制定课标的时候，就提出了下要保底、上不封顶这样的理念，并且还提出要学以致用。我感觉现在在修订课标，有很多东西可以做，毕竟现在发展很多。比如原来我们课程结构是单一的，就是以一个基础性课程来呈现的。拓展性课程在课程计划里是有的，但缺乏具体内容，需要学校老师去构建，因此，对于一般学校而言，操作性较差。现在可以探讨如何让课程丰富一些。另外，我们区一、二年级的外语课减到了每周两节，相对来说对学生是很不利的，学生有遗忘是很正常的。所以我们在自己区的教育场合就和学校领导建议在拓展课或者活动课里面拿一节作为英语课的活动课或者拓展课，即2+1。外语老师的负担很重，最多的教师一个年级教7个班，一个班级45名左右学生。课时增加以后，学习效果更好，教师负担也可以减轻一些，所以现在这样做的学校蛮多的。考虑到今后对学生的语用能力要求更高，是不是可以在课程标准里面直接写上学生的拓展或活动课程里面能放一些英语学习，来培养学生的阅读、写话等等。

我知道朱彦老师一直在研究任务型教学，目前主要是在一所学校做。但因为浦东各学校的老师、学生落差很大，而浦东是上海的一个缩影，所以在任务型教学的实验过程中也最好有不同层次的学校。学生现在大概分了三个层次，这种分化可能会越来越厉害。有些家长要求学生有国际视野，有领导力等等，有些家长还是希望学生多学习，在学什么这些方面要求比较高，还有一些薄弱的学校，学生外来随迁的很多，或者是民工子弟，对学习不够重视。现在农村还有一种情况就是动迁后钱很多，这对学生和老师的积极性等等都有影响。所以在课标研制的时候，我们可能需要在不同层次的学校去进行实验。比如说有一个好的想法，比如任务型教学，那肯定需要在最差的学校也试试看，中等的也试试看，好的学校应该没什么问题，老师跟上来也快，这样的话可能会有推广的价值。毕竟课标不是针对一所学校的，它要适合整个上海，而上海各学校间落差实在太大了。所以要写到课标里的内容，肯定要探索适合不同层次学校的方法，至少三个层次。

采访者：教材也是课标要思考的重要一块。我知道车老师您参加了现行英语教材的编写。您觉得这个教材有哪些优势和不足？

车建琴：现在的教材使用很久了。第一版是1999年，后来又改了第二版，现在用的是修订版，从2007年、2008年开始使用的。用到现在，老师们比较熟悉，但是问题又蛮多的。国外的教材也是满几年就有一个更新的，因为新的东西很难加到现有的内容中去。上海市教委教研室两年前成立了几个组,在大概一年的时间里,很认真地把修订版的英语教材每个模块、每个单元的内容都进行了梳理,记录了所有的问题,就是为以后的编写教材做准备。如果对教材重新进行编写的话,是否可以和市教研室或者市课改办提出来,把那些资源调出来看一看。

我觉得编教材是最难的。即使是初始阶段的编写框架和选取内容也是很花时间的,然后教材里面很多东西是前后有联系的,还要考虑它的适切性、它的育人价值。比如当初我们编写四年级教材,张民伦教授在一审的时候就说了,四年级学生是世界观形成的时候,内容要让学生一看就觉得很熟悉,是自己周围生活的情况,这样有助于他在生活过程中的语言的迁移。

采访者:现在这个版本的教材用了大约十年了。即使考虑到上海学校的差异性,现在看这个版本会不会偏容易?可以这么说吗?

车建琴:也不能这么说。外语特色学校可能把这个教材作为一个阅读性或衔接性材料过一下,基础性课程可能用朗文的教材,一周四节。但绝大多数的学校因为从几年前起课时减少了,就是每周两到三个课时,那么到四年级时就比较累了,因为语篇要求一下子跳上去了。三年级语篇词汇量大概在 40 到 60 词,到四年级是 80 到 100 到 120 词这样递增上去的,学生会感觉跟不上。

我们现在做的就是如果发现教材的不足,我们自己通过教研来调整。因为没有一本教材是适合所有学校的,也没有一本教材是完美的,回过头来看肯定会有这样那样的问题的。比如 Phonics 是一定要教的,音标我们是要求学校自己看情况,大部分学校是四年级第二学期或五年级上学期教的。阅读语篇方面,教材现在是不能动的,我们就动学法、教法,通过老师来实现改变。

语言发展也很快,十年可能又有一个变化,比如原来学习的东西和现在的事实已经不符合了,有的东西原来这样说算错误的,但现在其实完全可以。比如 too 这个单词前面是不是加逗号,也讨论了很久,现在最新的就是不要加的,但是小学里面学得很规范的,全部要加的。所以,考虑到语言发展,能有新的教材或内容出来也蛮好的。

总结经验，继往开来

——上海市英语特级教师何林松访谈

（上海外国语大学国际教育学院　陈慧麟　编辑整理）

访谈嘉宾简介

何林松，著名中学英语教育专家，曾担任上海师范大学兼职教授，上海市骨干校长、教师培训工程（第一期）英语组导师，编写《英语同义词近义词手册》、《美国生活用语图解词典》、《新世纪英语词汇手册》等，担任上海市二期课改《英语（新世纪版）》高中教材主编。

访谈内容提要

何老师认为上海英语教学的二次课改有以下特点：第一个就是要求老师要创造一个情景，真实的情景。话题是课程标准规定的，要求学生讨论。第二个就是对写作要求更高，每一个 unit 都有个写作部分。第三个就是重视学生英语口语，比如 debating competition 和 drama competition 都很活跃。第四个就是英语高考分数得到了提高，在总分 150 分里面，平均分达到了 90 多分，示范性学校要达到 120 分。

何老师认为，二期课改也有一些不足的地方。一是题海战术，很难抵挡。但是另外一个方面，在高考上面，过多地积累，过多地钻研，再加上校外机构炒作,大大地影响了按照课程标准、按照教材的教学。二是在中学课堂中,个性化的教学少,一个模式的多,face-to-face talk 没有了。第三,虽然高校自主招生有利于高校选拔人才,但是对于英语教学来讲,给高三的老师造成很大压力。因为高三老师除了满足课本的教学以外,还要考虑到高校自主招生的要求。因此为了应对高校自主招生,学生不得不在学校里面学课外知识,除此之外,还要去外面补课。

关于英语高考,何老师认为现在英语可以考两次,多给学生机会,这是好的。但是有两点值得考虑,一是老师负担会比较大;二是对于第一批考生,教学进度不一定来得及。

关于教师的素质,何老师认为首先应该从师范生抓起,一定要第一流的学生进师范学校;第二个就是英语教师还要尽量想办法到 English-speaking country 进修,要走出去;第三个是请进来。

关于课程标准,何老师强调,英语也是一门人文学科,光是识字多少,语法规则做了多少,这只是完成了一个部分。假如课程标准能够把文化体现出来,这个课程标准就更好了。何老师还希望课程标准能够对于 testing 也有要求。

访谈实录(采访者:陈慧麟)

采访者:如何评价上海中小学英语课堂教学的现状,有哪些优势? 哪些不足? 应该如何改进?

何林松:英语教学,我只能讲自己的高中部分,因为初中我没有实践,小学更没有实践。从 1965 年开始我全部的教学活动都是在高中。二次课改是从 2000 年一直到 2010 年左右,这时期上海的英语教学,我觉得有这么几个特点。第一个就是课堂的实践要比以前有一个跨越。举个例子来说,教研室在 2000 年以后,大概是 2004 年,有一个文件,要求我们 Teachers must create a real situation,就是老师要创造一个情景,真实的情景。话题是课程标准规定的,要求学生讨论,比如说旅行,比如说购物。关于旅行和购物,课本里的东西看懂了以后能够回答问题,OK。但是还要想办法 create a real situation,比如说教师来组织学生,让学生搞一个旅行,那么旅行里面的种种问题都可以讨论。

采访者：也就是说逐渐转向任务型教学。

何林松：对。所以说我们上海的高中英语教学，据我所知，有一点是做得非常成功的，就是 task-based，theme-based，就是要学生听、说、读、写都要通过完成各种活动来体现。与以前的课程标准相比较，在老的课程标准(syllabus)中，高中英语以读为主。那么这一点，我们没有受到这个制约。以读为主，有它的道理，但是以读为主，就把 listening and speaking 忽略掉了，这是很糟糕的。还有一点，最可怕的就是 writing。在二期课改以前的教材，writing 处理得相对简略。到了我们二期课改的时候，我们这个新世纪教材，每个 unit 都有写作部分，这样就把整个 writing 以及写作的 basic skills 都介绍出来了。所以到了高中毕业，如果按照教材这样进行下去的话，有这么一个优点，就是学生到了高考前已经知道 four types of writing，即说明文、议论文、记叙文、描写文。这些基本知识都掌握了以后，再应对高考 130 个字的作文要求，问题就不大。

上海还有一个优点，有几个方面是很活跃的，比如说一个是 debating competition，还有 drama competition，后来还有高三的 competition。有的学生真的是很出挑的，做 debate 是很出色的，这个过程很好。

还有一个方面，上海高考命题有个 examination authority，就是上海市教育考试院。高考 150 分，毕业生的平均分数一般都是 90 出头一点；重点中学，就是示范性学校，才能达到 120 分。这中间还有一个问题就是艺术类学校要求比较低，考试平均分不过是 70—80 分。

这是我认为我们二期课改里面的一些优点。

采访者：缺点有哪些?

何林松：不足的地方也有一些。在 20 世纪 90 年代的时候，在北方的某个地方，他们搞了题海战术。上海也有人响应的，他们认为对付高考就是要通过题海战术。但上海也有很多老师反对题海战术。不过这种潮流很难抵挡。华师大的《一课一练》应当是肯定的，但是有很多模仿华师大《一课一练》的练习册出现，很厉害。特别要提到一个现象，我想恐怕仅仅是教委教研室也很难对付，比如说在

2007 年,上海市订阅报刊的单子里,中小学生的练习也做得像报刊一样的了。

这个事情是很难解决的,它很有诱惑力,因为大家都觉得现在通过高考来进高校是最公平的。但是在高考过多地积累,过多地钻研,再加上校外机构的炒作,大大地影响了正常的按照课程标准、按照教材进行的教学。教委跟教研室拼命地一再做工作,还制定规则规定教师不能再到课外机构里面去任课等等。还有一个问题,就是中学的课堂里,过多地都是 copycat,较少 personality,个性化的教学少,都是一个模式的多。我听过很多高中的课,几个 teaching steps,一步、两步、三步都差不多的。现在的课堂,PPT 盛行。屏幕上展示一篇文章,老师把原来课文里面的东西简化了,抠掉几个字,让学生填空,填上去似乎就是学生理解课文了。那么正常的 face-to-face talk 没有了,我觉得现在我们面临这样一个问题。

另外,我觉得英语高校自主招生,有利于高校选拔人才,但是对于英语教学来讲,这给高三的老师压力太大。因为教师除了满足课本的教学以外,还要考虑高校的要求。比如说我们的课程标准里面有词汇量、话题的要求,高考的时候会考,但大学自主招生就要跳开这个东西,理由是我要选拔人才。这样一来,有的学生为了应对高校自主招生,不得不在学校里面学习课外知识,还要去外面补课。

关于教材,我的看法是,我们这个"新世纪英语"自 2000 年出第一版,到现在已经是第 16 年了,要修订的话,幅度会比较大。教育部的课程标准中提到,英语不单单是一个工具学科,还是一个人文学科。这一点很好。作为高中的学生,我念一个词,比如 Catholics,高中学生不知道,Islamic 也不知道,这怎么行呢?我给学生讲 religion,学生不知道,superstition 也不知道。所以一定要把这个问题考虑进去,就是英语是一个人文学科。这个问题现在已经提出来了,高校也要考虑思想教育,把英语看成是一个工具学科,不合适。比如教材,当年在编"新世纪"的时候,我们放了一篇《安妮日记》,这样就把第二次世界大战,特别是两次对犹太人的迫害这些东西都划进去了,这是一个大事情。现在能不能把 911 也放进去?学生就可以把外界到底是怎样的联系起来,而不是单单学知识。

采访者：请何老师谈一下关于测试方面的内容。

何林松：关于测试，我觉得现在的改革是很好的。原来到了高三，有的选地理，有的选生物，有的选化学，都要一把抓，现在教师可以让学生分层，这个是优点。现在英语可以考两次，多给学生一些机会，这是好的。但是要考虑一个问题，拿老师来讲，第一批考的学生老师要给他们准备，第二批考的学生也要准备。第一批考的时候第五册还没有学完，那么第五册、第六册怎么办？教师不能像以前一到高三复习就开始了，这样这一年的教学任务实际上按照课程标准是没有完成的。那么这个问题怎么解决？据我了解现在学生考下来情况还好，有的学生自己考一次后就决定不考第二次了。

有的学生会觉得："既然有两次机会，我为什么要放弃？"但是也有一些学生或家长比较精明，考虑的是："第一次考试是不是尽力发挥了？如果是，那么现在可以集中精力去对付其他几门了"。这方面是有它的优点的。那么对于老师来讲确实是很辛苦，既要对考一次的人负责，也要对考两次的人负责，都不能放弃。现在还是这个老问题，就是高中如果按照六册教材这样来估计的话，许多老师或者绝大部分老师，第五册可能是匆匆忙忙教，第六册就变成自学教材了。这样来处理是很可惜的。因为他们在编教材的时候，不可能用速成的方法。

第二个关于口试。1986年的时候，上海自主命题，最初的时候口试是参考分，后来口试计入总分。

口试对于英语来讲是非常重要的，因为如果音不准，一个是影响读，一个是影响听。从input这个角度来看，口试是非常重要的。以前在(20世纪)90年代的时候，是所有的学生都到外国语大学，由外国语大学的一个老师带两个研究生或者是大四的学生，就是这样面对面考试。现在全部是机考，也没有什么大的问题，但是，现在学生这么多，假如再要面对面的话，像线上购物一样，再回到过去是不大可能了。

那么，关于考试改革，我觉得以前我在教学的时候，有一个相当于学业水平考试一样的考试，我们叫会考，再有一个就是entrance examination，这是高考。这样的区分，能不能省掉一个。

还有一点,我总觉得既然任课老师得到了 certification,就是承认他有教学资格,那也应该承认他的命题,他出题目应该是 authoritative。可以采取一个方式,比如对学校进行测验评估,师导团来评估以后认为你这个分数是一分值一分,没有虚假的,以后你这个分数我们承认。

采访者：教师的总体素养有哪些优势？哪些不足？应该如何提高？

何林松：关于教师的进修,教师业务水平的提高,上海有一件事情做得很好,就是教学资源共享。你是这个学校里面的特级教师,你教学有特长,那么想办法让你到周边的学校去见习课,这个也很重要。我还有一个想法,坦率地说,考师范,考普通大学,这些学生并不是最优秀的学生。所以师范生一定要挑最好的,要高分才能录取,而不是觉得不上不下就让他去读师范,这是不行的。认为"教书乃文人之末路也"的观念是错误的,现在一定要让教师真正做到是灵魂的工程师。所以我觉得应该从师范生抓起,一定要第一流的学生进师范院校,这是一个。第二个就是教英语的教师应该尽量想办法到 English-speaking country 去学习一段时间,要有进修的机会。到英语国家待过没待过完全不一样,因为你一到那里去之后,你往往一个中文字都听不到。

采访者：请谈一下您对课程标准修订的看法。

何林松：我们二期课改就出了这个课程标准,以前我们都叫教学大纲,到 2000 年以后,我们就用 course standard 了。我们说的时候,这个课程标准是作为我们制订教材参考的。当时我参加高中教材的编写,我们这个课程标准也是比较严格的。当然课程标准分三个部分,小学、初中、高中。我讲的主要是高中。高中课标有几个内容,一个是 language,这个方面,课程标准分得很清楚,规定了 listening、speaking、writing 和 reading。而且高中还定了五级标准,高三毕业一般是四级,优秀的学生就是五级,但是后来没有执行。大学的学生,比如说你是四级通过了,他是六级通过了。我从来没有听人家说你中学二级了,中学三级了。所以这个东西确实形同虚设。

就课程标准而言,老的版本我觉得也没有多大的问题,问题只在于执行。但是新的版本要明确这一点,因为英语是一个工具学科,它也是个人文学科。作为工具学科,在测试考试当中体现得是相当充分的,比如说考虚拟语气,考陈述语气等等。但是人文怎么体现? 所以我觉得课程标准出来以后,除了规定 topic area,是不是能够在课程标准里面再体现出一个要求,就是时效。比如说对教材里面所选用的 passage 应该要有考量,比如说 20 世纪的是多少,21 世纪是多少,总是要想一个办法,在这方面要提出要求。课程标准不动,但是教材要更新。

课程标准我觉得要强调英语也是一个人文学科。文化这个东西怎么把它体现出来? 光是识字多少,语法规则做了多少,这只是完成了一个部分。假如课程标准能够把这一点体现出来,这个课程标准就 OK。

第二,希望课程标准能够对于 testing 也有要求。不能因为教育考试院是 examination authority,就把课程标准抛到一边,离开课程标准出题目,这我觉得不靠谱。

还有希望上海的课程标准还要参考国家的课程标准。为什么?根据国家的课程标准编的一套教材我也接触过的。我曾经到外地去讲课,我到过十几个地方,就用到了他们统一的课本。我觉得他们这个课本也有很多优点,不错的。

希望在编写高中词汇表的时候,尽量想办法体现学生能够接受的、生活当中频繁出现的词汇。

中学老师的素质提高以后,一定要想办法给平时老师给学生打的分数一个地位,不能说这个分数不算,然后来统考。话说回来,英语教学最最关键要落实,还是要靠老师。教师是一个崇高的职业,还是借用中国人的一句老话,"师者,传道授业解惑也"。英语教师不光是教英语,还要帮助学生树立人生观。

拓展教学空间，丰富教学资源

——上海市英语特级教师何亚男访谈

(上海外国语大学国际教育学院　宋亚南　编辑整理)

访谈嘉宾简介

何亚男，上海市英语特级教师，特级校长，上海市普教系统"双名工程"英语学科名师培养基地1-3期主持人。曾任上海市第三女子中学校长、上海市中小学英语教育学会副会长。从事英语教学工作41年，始终致力于英语教学研究和学校英语特色的创立。近年来活跃在英语课堂上，进行青年教师的培养工作。撰写和主编的主要著作有:《英语写作》《高中英语课堂教学设计》《高中英语必修课教学设计与案例研究》《英语课堂教学启示录》等。曾获"全国中小学外语教师园丁奖"以及"上海市劳动模范""上海市三八红旗手""上海建国六十年百名杰出女教师"等荣誉称号。

访谈内容提要

此次访谈围绕上海市英语课标的修订展开，何老师就上海市中小学英语课堂教学现状、课标修订、教材、测试与评价、教师培训等方面分享了自己的见解。

何老师认为，上海的英语教育在全国起领头羊的作用，在教学理念、教学方法、学生英语能力等方面都超出其他地区一大截。这主要得益于上海国际化大都市的优势，教学改革力度大，比如使用两套教材等因素。

关于课标修订，何老师认为上海英语课标应该按照国家课标的基本指导思想和核心理念去做，同时突出上海的多元文化、国际化的特色，加强学生能力、核心素养等方面的培养。何老师还指出，新课标应根据学生的不同层次体现分层教学的理念，体现学生学习的自主性，满足学生的不同需求。

关于教材修订，何老师认为单一的一本教材已经不能满足教学需求，应该建设与教材配套的资源库，及时更新内容，为教师提供更多的选择。何老师建议给各个学校一定的空间和自主的选择权，让学校根据自己的情况构建英语课程，选择所需要的资源和教材。

关于教师培训，何老师认为职后教师培训要以问题为导向，突出实践性，帮助教师解决教学实践中的问题，引导教师开展行动研究、实践研究。针对不同阶段的教师培训重点要有所不同，开展分层教师培训。培训的老师应以专家学者和一线教研员、一线教师的结合为主。

访谈实录（采访者：宋亚南，王蓓蕾）

采访者：您能谈谈上海市中小学英语教学的现状吗？

何亚男：近十年我做的主要工作是教师培训，尤其是高端教师培训。因此这十年我做得很多的一件事情就是带着我的这些弟子到全国各地进行聚焦课堂的同课异构，去过的学校遍及许多省市。组织者是华师大的高中教育研究所的霍益萍教授，她带着我们这些特级教师开展聚焦课堂的教学研究活动和教师培训，各门学科都有。近年来，在上海我的大多数时间也都是坐在英语课堂里听课，给予青年教师一些建议和帮助。所以就有了这么一个机会，把上海的英语教育和全国各地的英语教育进行一个比较。另外，我现在还在包玉刚学校担任导师工作，每周去一次，主要工作是听课、带教青年教师，这些青年教师就不一定是英语学科的了。这些使我对于课堂、教师和学生有了更多的了解和比较。我觉得上海的英语教育和全国各地比较而言,的确起了一个领头羊的作用。无论从教育的理念,还是从具体的教学方法和教学效果,都是超越其他地方的。

采访者:具体体现在哪些方面呢?

何亚男:2003 版全国课标的核心是综合运用语言的能力,现在提核心素养了。但是全国差异太大了,很多地方还是停留在语言知识上面,甚至就是大量地刷题,对着高考的题目去做。在上海,比如阅读教学,我们觉得阅读教学应该要培养学生的,不仅是语言能力,而且应该是学习能力,培养他们的学习策略、阅读策略,促进思维发展。现在许多英语阅读课基本上是 fast reading, careful reading, detailed reading,就是这样“三部曲”的模式。比如第一遍,找到 main idea 是什么,学生讲出来了就 OK 了,然后是所谓的 careful reading,问几个有关事实信息的问题,学生能回答了就可以了。然而,我们需要的是真正带着学生走进文本,去体会作者的意图,领会文本内涵深层的含义,或者说是能够和文本进行互动去思考一些问题,这个非常重要。阅读教学教什么,这就是一个理念问题,在这方面我们上海的确是领先的。

另外,学生的实际能力也是领先的。2016 年之前的十年我一直参加高考审题的工作,我觉得上海试卷的导向其实是非常好的。不管全国有没有听力,我们 30 分的听力是一直坚持的。教育部看上海的卷子时,有人提出听力这么难,而且速度快,学生行吗?这就从一个层面上反映了我们学生的英语能力。听说考试虽然是今年第一次正式计入高考总分,但是我们已经实际开展口试与听说测试 20 多年了,从上世纪 80 年代末、90 年代初就有英语口试。虽然没有计入总分,但是对什么样的题型考核学生哪些基本的品质能力,命题目标是非常清楚的。只不过因为口语评分的主观性较强,而且老师个人差异和压力大,所以虽然很早就有人建议要计入总分,但是一直没能做。不是因为我们没有做,而是因为高考关系实在太大了,一直没有下这个决心。所以从这些来看,上海学生不仅书面能力较强,而且他们的说、写等表达能力都很强。虽然还有不那么令人满意的地方,但是相对全国水平来说,整体上还是超出一大截的。

采访者:您觉得这跟上海的城市定位有关系吗?

何亚男：上海本身国际化的社会氛围确实是有影响的。在十年前我申请做名师基地第一期主持人的面试时，于漪老师问我的问题至今令我印象深刻。她说上海现在那么重视英语，是不是和英语的考试有关？因为当时有很多的英语等级考试。我说我觉得不是这个原因，而是城市定位。就像我们以前看香港地区一样，香港那里不学英语不行，人人都会说。在上海也是这样，不单是我们老师在教，家长也督促着孩子学。上海是一个非常开放的城市，有其英语学习的社会与文化氛围。我喜欢旅游，去过世界许多国家，国内也走了不少地方，我觉得拿中国来讲，上海真的是最国际化的，比北京还国际化。所以，上海市在英语教学方面推进的力度比较大，比如牛津教材的引进，国外教材的引进改编。上海是最早开始使用两套教材的，很早就开始自己编教材了，这确实与上海的国际化氛围有关。

采访者：在这个国际化的背景下，上海市英语课程标准应该如何定位呢？

何亚男：根据国家教育部的相关文件，语文、历史和政治学科必须是全国统一的，统一课标，统一教材。英语学科跟它们不一样，我们还是有自由度的。即便如此，修订课标这件事情还是很有挑战性的。因为我们从一期课改开始争取了自己编教材，自己定课程标准，有自己考试的命题权，我们可以比较放开手来做。目前已经确定国家教育部在两年多的调研基础上，提出了核心素养的理念，国家英语课程标准已基本确定。因此，我觉得上海的英语课标基本上还是应该按照这一思路去做的。

采访者：如何体现上海英语课标和全国英语课标的差异性呢？

何亚男：首先肯定是要按照国家课程标准的基本指导思想和核心理念来做的。但是，我个人认为，要想做出一些上海的特色来，可能就是要突出上海国际大都市多元文化的特色，国际化、国际视野，在这个方面能够有所加强，有所突出。特别是在学生语言能力、思维品质、文化品格、学习能力等核心素养的培养上，四个维度的体现应该是更强的。其实，虽然目前国家教育部英语课程标准还没有正式发表，但是到中学老师当中去会发现他们对于英语学科核心素养都已经有这么一个概念了，这与市教研室走在教改的前列、对于教师的引领是有很大关系的。

另外，我想可能还是要体现一个分层的要求。我曾去过刘京海校长的闸北八中几次，这是一所生源相对来讲比较差的学校，但是他们做得很好，我觉得刘校长很了不起。刘校长能从本校学生的实际出发，认为英语学习对于不同学生应有不同的要求，因为学生今后的发展不一定都是人人上大学，或者人人都上重点大学，或者人人都要出国，所以他提出了应有不同的要求和评价方式。我认为，基本要求应该是能够让我们所有的学生有一种成就感，学了12年英语后能够用英语来做一些事情，这个最起码的应该是所有学生都能做到的。所以，上海的课标应该在语言能力、语言知识、学习策略和学习能力这些方面思考如何加强学生的自主性，如何让学生能够根据自己的需求去学习，这一点非常重要。我们在教材上，是不是也应该给学生更多的、更广的、更优质的资源，能够让不同学校的老师根据学生的情况来进行挑选？现在，我们对教师的要求其实是很高的，他们不仅要备课，要参加培训，还要开发编制校本教材。但是，是不是人人有这个精力或者能力去编教材？而国外的做法则不同，更多的是提供资源让教师选择使用。这样，就可以减少教师一些不必要的负担。所以，英语教学资源的开发和建设，我认为是很重要的。

采访者：基地在新课标制定之后，可能会开发编写新的教材，您有什么建议吗？

何亚男：我只能对现在上海用的两套教材提提我的看法。牛津教材1998年2月份开始在上海试点，我所在的市三女中作为试点学校，使用的是香港版的牛津教材，非常原汁原味。这套教材重交际，是以交际法的理念来编写的，所以它在练习的体例编写和我们传统的教材完全不一样，它更加注重学生口头及书面语言应用交际能力的培养。我特别欣赏教材中练习的编写，如 integrated practice 的综合技能练习，例如：如何编写 flow chart 等对于学生实际运用语言有很大帮助。但是现在这部分改动很大。目前用的是本土化的上海版牛津教材，它的优点是重交际、重学生的语言能力，它的话题非常贴近生活，学生很喜欢，这是它的优点。但是另外一方面不足的是，经典的如文学方面的材料少了一点儿，也就是说学生可以咀嚼的、可以细细品味的那种东西就少了一点。我曾经向牛津教材提过这个意见，他们说我们有啊，在高三。但是，你们知道吗？高三的教材很多学校根本不上，所以我总觉得这块是很大的缺损。还有，有一些课文语料比如白色农业啊，已经有点过时。所以这套教材如果要改编，应该在这些方面有所加强。另外，单靠教材本身不行，还需要有一个资源库来支持，来更新。

采访者：那新世纪教材呢？

何亚男：新世纪教材我用得不多，但是在听课当中有所接触。它基本上还是结构与语法那么一条线来的，是很多老师比较习惯的。新世纪教材在高中大概和牛津是一半一半，还是平分天下的。新世纪教材有一些选材很好，比如说有 *Oliver Wants More* 等文学经典，有一些可以去品味、咀嚼的东西；也有一些结合当前社会的，如：讲海洋污染的、环境污染的。但是它的语法和文章匹配的不是很多，就是说，语法归语法，内容归内容。至于语言的地道性，我觉得牛津英语读上去的感觉比较好。所以新世纪也有它需要改进的地方。它们是各有千秋，各有自己的优点。那么不管哪一套教材，到现在都已经十多年了，都已经比较老了，都需要更新。

采访者：您觉得可以从哪几方面入手？

何亚男：我和吴小英老师经常交流，她是审教材的，我建议你们要找找吴小英老师。她一直参加审定上海市小学、初中、高中全部教材，对于教材的了解要比我更深刻。我认为，牛津教材以前的难度是比较高的，我指的是 original 的版本，现在改编后的版本实际上难度是降低了，同时，语言的味道也有一些下降。教材编写者的想法是教材要适合绝大多数的学生，我想这是正确的，但是单靠教材来解决所有的问题是不可能的。如果教材是面向大众学生的，那么对于上海市中高层次的学校，或者像市三女中这样英语特色的学校就不能满足需求了。现在，面对这样的情况，各个学校采取了不同的做法。有些学校选用大学英语教材，市三女中增补了文学的阅读，七宝中学则构建了"一体两翼"的英语课程，以报刊阅读作为英语阅读的一个主要部分。我很主张读英语报刊。

采访者：报刊什么都有，包罗万象。

何亚男：我们教材的时效性不够的问题就可以解决了。语言与社会同步，是日新月异在变化发展的，学生通过阅读报刊可以学到最新的发展。我想以后的教材一定不是单靠一套教材，孤零零的几本课本，它应该具有多样性，而且应该建立一个比较大的资源库，让我们教师能够挑选使用。

采访者：所以教材不能只是一本，可能是一个系列，可能会针对中级、高级开发出系列教材，然后再补充其他的一些经典。

何亚男：但是现在上海市教委对补充教材还是有规定的。

采访者：不能统一买是吗？

何亚男：对，各校根据教委的订书单订书。刚才所说的牛津教材与新世纪教材，都在这个订书单里面。但是在订书时教师看不到样书，只看到书名，不知道具体内容。我想怎么让这些教学资源成为 available 和 accessible 的，教师可以查阅，看看是否适合自己的学生。

从市三女中的英语教学发展来看，要满足学生的英语学习需求单靠一套教材是不够的。市三女中从上世纪 80 年代开始，除了统编英语教材，还使用张明伦教授编写的 *Step by Step* 听力教材、《新概念英语》和《上海学生英文报》。所以我想在课标里面，也一定要给各所学校一定的空间和自主的选择权，能够根据学校的情况构建自己各门学科的课程，选择所需要的资源和教材。

采访者：校本的资源库也可以建设。

何亚男：自己可以建设。但是校本的资源库需要语料来源，目前适合的语料来源对于中学教师来说是很有限的，要求中学教师去找原汁原味的适切语料真是既困难又耗时。我觉得我们国家要做的就是这个事情，就是给下面一线教师一个坚强的支撑，提供很多东西让教师可以去挑选。

采访者：现在有一个要求是，学生要会用英语介绍中国文化。其实上海在这方面已经有要求了，现在是要凸显这一块儿吧？

何亚男：现在是比较强调用英语讲中国的故事。我们在教学生用英语的时候，不忘中国心、不忘初心还是很重要的。不要到后来我们都是为别人培养、向国外输出精英。所以市教委和市教研室一直非常强调学科育人，有专项课题在研究。不要什么都是国外的好，对于我们的教育我们要有足够的信心，真的，我们有我们好的地方。

采访者：以前在国内老是谈国外的好，出去了发现国外也会有其不好的地方。所以比较以后，我们真的是有很多做得很好的地方，应该有信心。

何亚男：最明显的是我们对于教师的培养。我曾作为交换教师在美国的中学工作一年，也曾去过国内的一些国际学校，最近十年担任名师培养基地主持人的工作。对比起来，我们学校的教研活动和教师培训，比国外要强得多，而不是比他们差，要比他们强得多。国外还是 individual 的更多一点。

采访者：对，个性自我的东西。

何亚男：但是我觉得这两方面是要相结合的。我们既要鼓励教师 individual，也要强调合作，加强集体教研。根据去年公布的数据，上海初中教师是最好的。为什么是 30 几个国家中最好的？我仔细地看了数据，上海教师对于教研、集体备课、听课学习、对教学及专业发展的作用的认可度都是最高的。这是事实，不可否认的。

采访者：您觉得根据新课标开展教师培训的话，我们应该做些什么？进行哪些方面的补充或者调整？

何亚男：我是三届名师培养基地的主持人，自 2006 年以来就一直在进行教师培养的工作。培养对象是我们说的高端教师，经常听的是这些优秀教师的课。但同时我也到各个学校听课，听基层学校的教师的课。在与不同教师的接触中，了解了他们的成长历程。我觉得，成为教师之后的培训和之前的培训是不同的。职前的培训可能更多的还是专业知识和教育教学基础理论知识的学习等等。但是，职后的培训，可能更多的是要引导教师去解决教学实践中的问题，通过以问题导向的培训，从中获得提高和发展。比如，现在所提倡的核心素养，就可以作为我们的一个很大的研究话题，引导教师思考在英语教学当中该如何去培养核心素养。不要让老师认为这是很空洞的东西，又是什么新的概念。其实已经在发生了，而且已经在做了，只不过我们是需要进一步的明确，知道这些东西是一定要抓的。我自己在名师培养基地一直是很强调课堂的，因为教师的培训，是一项实践性很强的工作。英语教师的语言能力和素养可以通过国外进修培训,或者是集中的外教培训,或者自己通过多看多听、自学来做到。但另一方面,教师要在课堂里站得住、立得牢,就需要在教学实践中不断提高自己的学科素养和教学能力。这几年,之所以我所主持的名师基地得到了广大教师和学员的认可,其主要原因就是我们一直在带领着他们研究如何破解一些教学中的真问题。最近几天,一期和二期的学员来看我,都说他们虽然在名师基地时间不长,但是学到了很多,促使他们去思考如何改进教学。

采访者:帮他解决问题。

何亚男:引导帮助他解决问题。许多老师平时忙于事务,疏于理论学习,或者觉得这些理论跟我教学无关。在与学员一起读书学习理论的过程中,我体会到读书要抓住它的核心理念。比如说在读那本《语言教学:从语法到语法技能》(*Teaching Language: From Grammar to Grammaring*)时,要抓住它的核心理念是什么。首先,语法不单单是知识,而是一种技能,是除了听说读写之外的第五种技能,是技能就需要 practice。那我们就要思考在课堂里如何 practice,如何引导学生去用。第二,它的核心理念是三维语法教学观,教学语法应该关注 form、meaning 和 use。抓住这两个核心观点,再自己细细地去读、去理解,进而在教学中实践探索,这样就可以抓住核心的东西有所突破。所以,我体会到要提高教师培训的有效性,重要的是以问题为导向,具体地去思考如何通过解决问题去进行教师培养和提高。可以在一个大课题下面搞许多小课题,例如,最近北京的王蔷教授领衔的阅读教学研究是一个很大的课题,可以分解为许多小课题,教师有兴趣的就可以结合自己的教学实践选择一个项目。有问题作为导向,带着问题去进行研究,我觉得蛮好的,可以促进教师的内驱力。教师的确是应该做一点研究。

采访者:行动研究。

何亚男:做行动研究,实践研究。理论不一定需要很高深,但要懂得最基础的理论,知道做什么、为什么,然后在实践当中思考该怎么解决。我觉得教师培训也要考虑不同年龄段教师的需求,比如说新入职的教师,他们可能更需要的是先要在讲台上站得住,先要学会做教师;过了三五年,是他的成熟期,可能就要引导他做一些课题研究。教师培训既应有像名师培养基地这样以高端教师为对象的,也应该有针对不同教师的分层次的培训。我们的培训一定要针对不同层次老师的不同需求,他们有什么困惑需要解决,我们尽力去设计和实施,这点太重要了。所以我想以后的教师培训,首先应该是分多层次的,另外一定是以问题为导向的。

采访者:还有一线教师专家也很重要。

何亚男:对,一线教师上课的智慧如果能在培训当中拿出来共享,真的是很好。所以我想,以后的培训也应该是大学和中学教师的一种结合,和一线教师、一线教研员、一线特级教师的一种结合。

围绕学生需求修订英语课标，优化课堂教学

——上海市英语特级教师刘健访谈

（上海外国语大学国际教育学院　黄　蕾　编辑整理）

访谈嘉宾简介

刘健，上海名师基地主持人，长宁区教育学院研修部主任，上海市特级教师。从事中学外语教学研究工作和师资培训 30 多年，期间发表了多篇教学论文和论著，承担了多项区级重点课题和市级课题研究，曾赴英国兰卡斯特大学和澳大利亚昆士兰大学进修，常年服务于英语教师的培训工作。

访谈内容提要

课程标准的研制是基础教育课程改革的核心工作。此次访谈主要围绕上海市中小学课程标准的修订工作展开。刘老师从英语课堂教学现状、教材修改意见、测试与评价、教师培训、课标修订等方面，分享了自己多年的从教经历与课标修订建议。

刘老师表示，与全国相比，上海市的中小学英语教学质量还是很好的，尤其口语交际能力很有优势，因此我们也应有足够的底气与其他地区的英语教学相竞争。

就教学现状的问题，刘老师通过对自己多年的教学与培训经历

的观察与感悟,为我们指出了目前教学中出现的问题:(1)课堂教学目标的确定偏重于预设目标,教学过程有程式化的倾向,生成空间不大;(2)课堂教学过分局限于 target language(目标语言);(3)词汇教学没有完成意义构建,而实际上词义要在不同的情景里构建;(4)教学中过分强调了 accuracy(准确性),忽略了 fluency(流利性);(5)教师的语言能力有待提高。

就新教材的编写,刘老师强调教材要重点回应两会期间社会对英语教学的需求,认为教材编写应重点注意以下四点:(1)教材语言要地道,与时俱进;(2)教材内容要有趣,可考虑童谣、绘本、电影等不同类型;(3)教材编写要遵循一定的体系;(4)教材要有选择性,除了必修教材外,还应有选修教材和校本教材可选择。

关于教学测试与评价,刘老师谈到了以下四点:(1)测试内容与形式都会影响到学生的最终评价,所以一定要做到客观、公正;(2)教学评价要多样化,不能以分数作为唯一标准;(3)测试语言要地道,简洁有力,不要拐弯抹角;(4)测试设计要拉开学生的考试分数差距。

关于教师培训,刘老师提出了四点建议:(1)开设工作坊,鼓励培训者和教师一起提出问题并共同解决问题;(2)建议教师多学习一些教学理论并与实际教学行为联系起来;(3)指导青年教师做课题,参与书籍编写;(4)安排教师出国培训,深入了解国外教师教学,相互借鉴。

关于课标修订,刘老师表示,课程标准应按照需求分级,对不同地区的学生要有不同的要求。另一方面,随着国际课程在中国的广受欢迎,刘老师还就两者课程设置之间的联系与不同提出了借鉴性意见。此外,随着日常口语交际需求的加大,我们新的课标制定将涵括实际交际中的语言表达。

访谈实录(采访者:华夏,黄蕾)

采访者:刘老师您好,我们想就上海英语课程标准改革听听老师们的建议。背景是这样的,目前全国修订了中小学新英语课程标准,作为全国英语教育的领先城市,上海要结合本地区英语教学的特点与需求来制定中小学英语课程标准。您从教这么多年,不管是对具体一堂课的课堂教学,还是对整个教学系统都有了相对全面的认识和丰富的个人经验,所以我们想就上海英语课程标准改革意见听取一下您的心声。

首先,您觉得我们目前上海中小学课堂教学有哪些优势? 又存在哪些问题?

刘健:对于优势和不足,我先简单谈下优势,再重点谈谈不足。上海市的英语教学应该说还是不错的,比如我们上海中小学的教师、学生到全国去比赛的话,都还是有很大优势的,尤其是口头交际能力。下面就重点谈谈不足的地方,应该说不论是教师培训、课程标准制定还是教材编写,我们现在都有需要提高的空间,而且社会现在对我们英语教学的效率问题很关注。

比如两会期间有人提出说"不要考英语了",初一听这个"不要考"好像是很荒唐,现在全球融合,怎么能舍弃外语呢? 但是根据网上统计调查,82%的人竟然同意这样的意见,甚至还有人表示"这样的英语课不上也罢"。这就需要我们深思问题到底出在哪了,尽管提法有些极端,但是仔细想想我们普遍低效率的英语教学现状,似乎又有道理。两会有这么大的反响,我想它集中反映在以下两条:一是社会批评了我们现在的外语教学,学了没用,花了数十年时间学外语,通过了英语等级考试后就完全丢掉,效率极低,没有达到实际应用的效果;第二个就是大量的英语考试确实浪费时间、金钱和精力。如果说有82%的人支持舍弃英语的话,那意味着社会已经形成很大反响了,所以我们的教材编写与制定,要重点回应社会的诉求,这是很严肃的问题。还有人对英语课堂教学进行批评,认为我们不少课堂仍存在大量的机械记忆。至于语法,语法就是要形成语感,而我们的教学太注重语言的结构,却不重语言的应用。此外,我们的单词量不够,学生的单词量还是很单薄的。

我当了40年的教研员,带了五年的初中英语名师基地,也参加督导工作,期间听了不少中小学的实际课堂。具体的教育环节我们不谈,我还是谈谈我发现的问题:第一就是课堂教学目标的确定偏重于预设目标,教学过程有程式化的倾向,生成空间不大;我们的教学要注重规范以免课堂教学出现偏差,比如说阅读和词汇教学都要一些规范,这种规范是好的,帮助了一部分教学能力薄弱的老师,但是随之而来的就是教育步骤程序化,比较刻板。PPT 做得都很好,但有时 PPT 完全控制了教学进程,课堂生成空间不大。举个例子,有次我督导的时候,发现同年级的老师讲课几乎没有什么差异,原来大家的 PPT 做得是一模一样的。所以 PPT 使用有时会使教学过程刻板化,失去了对教学生成性目标达成的关注。去年参加了一次中英专家关于课堂教学评价的交流会,会上交流的时候,有一个英方专家问我们这堂课有没有提前排练过,我向他解释并没有,他绕了一个圈后又提到这个问题。后来我反思了,大概原因就是我们的教学过程太过机械化,显得不真实。第二个就是教师过分关注 target language(目标语);教师上课的时候很容易集中注意力在语言目标的达成。比如说学了 can 的用法,"I can xxx. You can xxx ...",这个 can,可能就是一堂课的语言,也就是说,除了 target language 就很少有其他语言了,缺少扩展性以及和学过的相关内容的 overlap(交叉)。我们说了,上海的英语课堂口语方面还是比较好的,但机械模仿的比例还是很大,真正属于学生的自我表达比例还是不多。第三,我们的词汇教学没有充分完成意义构建,而实际上词义要在不同的情景里构建;例如教 desk 这个词,要扩展到这张桌子的大小、颜色以及用途等方面,这个叫意义协商过程,在运用中构建正确的词义。但是我们的实际词汇教学很重词形,就是 desk(d-e-s-k),而且动不动要求学生抄很多遍。第四,我们在教学中过分强调了准确性,我们都知道这是与流利性相矛盾的,学生的交流主动性因此受挫,应该适当平衡两者关系。第五,不少教师本身的语言能力与培养学生要达到的应用语言的水平还是有差距的。在课堂教学中,教师的语言也是一种输入,这对教师本身的语言能力要求也高。教师的语言反馈与课堂教学的交际性组织也很有关系。我们老师的语言反馈很多就是"Yes, sit down.""Excellent.",学生也大多仅是造句子给老师听,课堂教学过分强调了语言形式而非内容。

采访者:关于教材编写,刘老师您有哪些要谈的?

刘健:上海目前使用较多的是牛津教材。全国的英语教材有很多版本。当然教材涉及方方面面,例如教师培训还有商业上的经济利益问题。作为教师我们要考虑的就是教材的实际功能。牛津教材是从香港教材改编而成的。我觉得教材的关键在于教师是在什么样的指导思想下使用,教材很重要,但也不必过分拘泥于教材。前面说了,有人提议说我们不需要教材,也不用上英语课。关于这点我有个可以分享的案例:有个学生初中英语课没上过,就自己看书。一直到高二,才再进教室。他去图书馆里看英语名著,语法也不学。因为他读得越来越多,也会品鉴 *Wuthering Heights* 和理解马克·吐温的幽默。虽然没有学过系统的语法知识,但他有语感,考试也不错。不过他也有两个不足之处,一是他语言的精确性不够,二是缺少交际互动,但要补这两项相对比较容易。而相反的是,光局限于教材的学习,接触语言量少的话,要形成语感却很难。所以我回过来想,教材是很重要,但对我们语言学科来讲,它只是大海里的一瓢水。关键在于怎么用教材,教师对教学内容灵活取舍,删减补充都可以。这就是所谓"教教材,还是用教材教"的区别。

教材的语言质量和内容很重要,比如有篇课文"Shanghai — an interesting city",但是 interesting 内容并没有,最多是上海面积多少、人口多少,还有佘山、浦东新区的介绍这些干巴巴的信息,青少年会感兴趣吗?所以我想语言要地道,承载的文化信息要丰富,最重要的是能使现在的青少年感兴趣。

采访者:关于教材内容的"有趣",老师可以给我们举些具体例子吗?

刘健:我们常说学习要有一定的趣味性,孩子感兴趣就学得快。比如互联网时代下,小学生很容易学会 iPad,拿在手里不要教,一会儿就摸索出了。现在小孩接收的信息量很大,但你要让他带着兴趣去学。比如说我们学习进行时,不能光想到"He is sweeping floors." "We are planting trees." 这些枯燥的句子。我印象深刻的是有关进行时学习的国外教材,大概情节就是夫妇两人,丈夫在哇哇地叫,妻子说"Please stop that noise. What are you doing?" "Noise? I am learning Japanese!" 然后,丈夫发出很响的"Wow ...",妻子问"Is that Japanese?"丈夫说"No, you are standing on my feet."。紧接着有一段弹唱,小孩们对这个就很感兴趣。对于生活在网络时代的学习者,我们的教材也要有相应的语言变化。

采访者: 现在校本教材越来越受关注,我听说一些学校直接找了本校教师参与教材编写,关于这点您有怎样的看法?

刘健: 其实编校本教材,我们最好的办法是选择内容。歌曲童谣、绘本漫画、电影动画、报纸杂志都可选用,资源丰富,你只要选择符合学生实际需求的,不必浪费时间动笔。校本教材要给学生一定的选择性,不必强求统一。最理想的学习状态是根据个人兴趣选择。教材内容也不需要所有学生100%掌握。我们是语言教学,不像数理化学科那样地系统性。编写英语教材要兼顾听、说、读、写各方面,还要为师生提供多种资源以供选择。我对动画英语就很感兴趣,动画英语系列包括英语歌曲、英语绘本及英语电影等。我觉得学习语言主要有两条途径,一条是学校的系统学习,也就是正规的语言训练;另一条就是 acquisition(习得),慢慢接触语言并不知不觉地 pick up(学会)该语言。我们对语言学习有过不少研究,例如怎样开设阅读课,怎样开写作课,怎样设置听说课程,但对学生语言习得的问题研究得还不够。此外,尽管你讲到有校本教材,但是我觉得目前校本教材还是做得不太理想。

采访者: 您刚才提到了英语动画系列,那您觉得应该如何将其应用到实际课堂中?

刘健: 学习语言不能光局限于课堂教学。这好比光靠上语文课不可能提高语言水平一样的道理。譬如在小学,可采用歌曲、童谣、视频等多种感官结合的方式,利于小学生吸收。比如,很多人熟悉的系列动画 *Peppa Pig*,小孩喜欢看。另外还有与之配套的绘本、视频以及游戏等。应用于语言教学的迪士尼动画也有很多可供选择。总之,教师可以根据学生的年龄特征和语言水平尽量扩大学生可理解的语言输入量。

采访者: 感谢您对英语教材及实际课堂方面的分享,您可以再谈谈测试评价吗?

刘健: 作为教师,教学评价是个重要议题。测试的内容与形式都会影响学生的学习和教师的教学。因此首先要做到客观、公正,比如我们现在采用人机对话的口语测试,有好多环节还需要改进,因为涉及学生的升学,操作比较麻烦,对硬件设施要求也高。第二,我们的语言教学不能过分强调正确性,还要顾及流利性,比如说阅读的速度、口语交流的即时反应。语言结构方面少考一点。讲穿了 few/a few 用错了又怎样?第三,测试的语言要地道,不要为测试语言结构而生造语言。第四,目前有的考试存在效度问题,学生的考试结果与实际应用能力并不匹配;有的考试区分度不大,分数集中在某一区域。这也是为什么社会对我们语言教学效率的评价不高,但我们学生分数并不低的原因。第五,有的测试造成了错误的导向,很多面对升学压力的学生要花费一年的时间专门做试卷,很浪费时间,收获也很少。

采访者:作为多年的教研员,您对教师培训问题肯定有自己的想法,想听您谈谈该问题?

刘健:对于教师培训,我确实有几个比较深的体会。第一,教师肯定需要培训。不少来自同一个教研组的教师基本还是处于一个比较封闭的工作环境,也就是国外同行常说的"Group Norm(群体规范)",就是教师在课堂教学上会直接形成一种习惯,这个小组里面成员往往就会相互影响,形成一种较为固定的教学程式,很难改变。所以培训时需要注意拓展教师的专业视野,突破所谓的"Group Norm"。另外,培训的形式,我建议不要偏重于听专家讲座这种唯一的形式,因为互联网时代,我们不缺少信息,但最好的形式还是工作坊(workshop)。

采访者:您可以就"工作坊"这个词具体展开吗,比如如何通过"工作坊"来培训教师?

刘健:所谓工作坊就是培训者和教师一起提出问题并共同解决问题的培训方式。这个形式最有效,我们也多次成功施行过,也叫做任务驱动(task-driven)。比如说我们与初中老师一起探讨教学中常常困扰的有哪些问题,然后大家一起想想如何解决这些问题。针对问题的解决提出一些任务,譬如写作指导、阅读理解、单词教学等等。带着任务,大家讨论,尝试。结合同伴互助的过程,再读一些相关的教学理论,征询专家指导。这个过程也是对教学理性反思的过程,最终逐步改变教育行为。此外,指导青年教师做课题,参与编写书籍也是非常好的培训形式,因为课题就需要对教育现状进行分析与改进。

采访者:那参加过国外培训的学员回来后对他们的课堂教学有哪些影响?

刘健:影响肯定是有的,不过短期内要有如何大的转变是不太现实的。通常变化有两种,一种是长期过程的变化,不是及时性的变化。但是我们发现也有相当一部分老师产生了对另一种文化的感悟,这也是我个人期望看见的,这对教师反思也很有帮助的。我们长宁区接受培训的教师人数应该说在整个上海市里是最多的,教师的教学任务已经很重了,但很多老师也支持这个项目。同时我们也正在想办法减轻教师参加培训的经济负担。

采访者:上面我们谈到了学生测试评价,那么教师的教学评价应如何实行?

刘健:对教师教学工作的评价,是我们各级教育行政部门教学管理的一个重要方面,已有很多成功的经验。评价的激励作用也有充分的发挥,比如除教师职级外,还有很多诸如学科带头人、教育能手、教育新秀的荣誉称号。我的想法是:对教师的教学评价要全面,不能光以学科成绩为依据。考试不排队,这是我们大家都耳熟能详的,但实际上并没有做到。口号已经没用了,甚至于大家已习惯了讲的和做的不一样。片面追求考试成绩而产生的弊病大家也清楚,我想学校与社会要一起努力。不指望一蹴而就,但起码要朝着正确的方向去努力,科学评价就是一个很好的手段。

采访者:我们都知道,"在过程中掌握方法,获取知识,形成能力,培养情感态度价值观"是三维目标的内容,那么它与您刚才提出的核心素养之间是怎样的关系?因为很多人理不清两者的关系。

刘健:两者实际上还是有联系的,教育口号不在于新旧,而在于是否能真正落实到我们的课堂里,继而产出实际的效果。之前我们长宁区为了强调三维目标的达成,设计了一个课堂教学评价表,增加一个评价维度"课堂文化",就是在课堂里面我们不光要关注学科的目标达成,也要关注课堂文化、师生及生生之间的互动情况、精神面貌等等,这些都涉及人的全面发展。我觉得相对于三维目标,素养更具有内在性和终极性的意义,且素养导向的教育更能体现以人为本的思想。这是好的征兆,即开始将关注的面从知识传授转到能力培养再到人的发展,回归到了我们的教学本质。就比如教育,实际上不是要教育小孩去考好大学,我们的目标是教育他有个成功的人生,考上大学并是成功人生的唯一途径。

采访者:所以我们在评价老师的时候,更应看中老师的哪些方面?

刘健:我觉得我们需要采取定量和定性相结合的方法,学校肯定想要看到定量的一面,但我们的教学不能仅是如此。我们可以有前期的测试,比如说这个班,老师开始教的时候学生是怎么样,我们做一个定性测试与定量测试,然后教师工作一年后,学生有哪些变化以及有什么定性、定量的变化,这都有待专家进行设计。但是卷面成绩不是唯一,这种班级面貌的变化,最好也要以定量定性相结合的标准来衡量老师。当然教师的工作热情与态度,以及家长、同事、学生对其的反馈都是重要考量因素。此外,还要注意学校之间的差异,不能用一种模式来要求所有的学校,尤其是绝对不能用重点中学的模式来要求一般的学校。而且我们还有不少职业学校及特殊学校,他们的学生群体都是不一样的。记得有一年在盲童学校听了节课,教师讲得很动情,满眼充满了泪花。我觉得那位教师对盲童的人性教育,是无法用分数来衡量的。

采访者:我听说有的学校要能制定出本校的学科指南,比如英语也要有英语学科指南。那老师您觉得在制定指南的时候要注意哪些方面?

刘健:各门学科是不一样的,有的是知识性学科,有的是技能性学科,像我们英语更注重能力的培养,这点和语文差不多。其实学校的学科指南就是根据本校的教学对象将学科目标、内容、评价指标细化。细化后,可以规范、指导教师的教学。学校制定学科指南的过程可以使教研组加深对课程标准的理解。但一定要体现我们英语学科特点,要防止一种可能产生的偏向,就是过分强调语言知识点,一定要听、说、读、写全面衡量。学校要知道制定的时候应对能力性学科要有相应的评价纬度,不要仅关注几种时态、几个词汇,还要考虑到涉及听、说、读、写的语言交际能力,特别是英语学科核心素养的各方面都要有所体现。

采访者：之前您谈到了关于英语课堂教学的问题，谈到听课的时候发现几乎所有老师就像彩排一样地讲课，那您觉得这是否跟我们的集体备课有关系？因为不少学校里的英语教研组就很喜欢集体备课，大家使用相同教材，然后基本上就是走同样的套路。

刘健：倒不是这个意思，集体备课，大家共同商讨，这是个很好的形式。我的意思是教师在备课过程中，不要把教学的结构过于程序化。各个教学班情况不一样，上课时出现的情况又千变万化，任课老师的风格又有差异。集体备课可以确定预设性的教学目标，但实际课堂教学中的生成性目标也很重要。比我们有一堂公开课，课件里有 36 张 PPT，但我们的一课时只有 40 分钟。那么要在 40 分钟里播放 36 张 PPT。很明显，在有限的课堂时间里，等老师放完 PPT，学生已没有多少自我表达的时间了，而课堂是学生与教师共同完成的。很多经过设计的公开课看起来都很顺利，但没有体现真正的教学过程。

采访者：谈了这么多英语课程设置，您觉得上海高中英语课程设置效果如何？

刘健：现在高中英语课程设置除了每周五节精读之外，还安排了一些选修课作为拓展，目前是这种情况。我的想法是精读是必要的，但像前面我提到的，教材最好有个系统。我们英语学科的根本任务就是让学生学习语言并接触语言，而接触语言就不是光靠一本英语教材就可以的，所以对目前课程设置的话，我觉得接触的语言还是少了一点。比如说听力类教材、泛读类教材及其他报刊等拓展类的阅读教材，最好给学生更多的选择，选修课程的自由度应该再多一点。

采访者：您觉得全国课标与上海的英语课标在本质上应该有哪些区别？上海地区有哪些特色性的东西？

刘健：以前我们提三维目标，现在全国都在提学科教学的核心素养问题，当然也有很多人提出质疑。我觉得这种争论其实没有什么必要，我们现在教学的视野，从学科教学到培养人的全面发展，我非常同意这个变化。对学科教学的视角不应局限于我们本学科的知识和能力,更要注重人的发展,这个是对的。我们英语学科的核心素养包括语言能力、思维品质、文化品格和学习能力四个方面。我觉得全国这样提,上海也会这样提。没有必要在概念口号上面刻意拔高。当然上海英语教育要求会相对高些。我觉得课程标准不要一刀切,比如规定所有高中生的英语词汇量都要达到 5000 是不太现实的,因为要考虑到不同地区、不同学校的学生差异以及当前减轻学生课业负担的时代背景。词汇量确实是衡量学生阅读量的重要标准,但也是通过后期高校与专业学习慢慢提高的。所以制定课程标准一定要注意分层次,也就是说,课程标准就是要对不同层次的学生有个梯度。我再举个例子,南京师大附中学生的外语学得蛮好的,他们曾要求高中毕业时通过英语四级,于是被安排与大学生在同一个考点报考。开始时大学担心中学生参考会降低学校通过率。结果考下来,南师附中的中学生们比大学生考得还好。其实仔细分析并不惊讶,大学生来自全国各地,英语教学水平不如南京市的学生。所以教学要求要体现地域和学校间的差异,对上海部分基础好的学校可否当提出 6000 认知词汇量的要求,我想是可以达到的。

采访者:您反复提到词汇量,那您觉得学生应如何有效记忆词汇?

刘健:词汇量能够体现阅读量,阅读量越大,词汇量越大,英语水平也相应提高。但不是通过背字典的方法,或是像准备考试突击背单词那样。我希望上海的学生词汇量大一点,也就是希望阅读量大一点。像上海这样从小学一年级就开设英语课的情况还不是很多,加上社会环境、家长的受教育程度,上海都有优势。靠阅读积累下来的认知词汇达到 6000 或 5000,我认为部分学校应该可以做到。

采访者:在英语听说教学这一块,课程标准的设置有哪些方面要注意?

刘健:实际上我们高考越来越重视听说部分了。现在在老师在课堂上也注意到了这点,教材编写也有体现。我们原来课程标准上有语言功能项目,老师也根据这样的功能项目训练学生正确应答。应该注意的是,听说是一种口头交际活动,如果与外国人交流就涉及跨文化的交际,这就是说"应答"不光要正确,还要得体。我们的课程标准涉及听说方面,要考虑到初步的跨文化交际能力的培养。例如对于"提出要求"这个交际项目。不是只要学到了一个"Will you …?",所有的交际场合都是"Will you …?",要根据我们的交际对象与交际内容的变化做出不同的表达。假如向不太熟悉的人借用电脑,最好就要以委婉的"I wonder if it is possible to …"来询问,这个叫交际的tentative(试探性)。加强听说这一块课程标准的制定,将基本的功能项目涵括在内,而且涵盖不同的交际对象和交际内容,都要让表达更加 appropriate(恰当),也就是要在一定的情境下或是跨文化的交际情况下完成得体的交际表达。

采访者:刘老师您之前有过国外培训的经历,有接触到国外的中小学课程。我们上海很多学校近年来也陆续引入了国际课程并取得不错的成绩。您觉得上海市的国际课程对我们基础教育来说有哪些值得借鉴的地方?

刘健:国际课程跟国外培训是两回事。我们长宁区也有国际学校,有开 IB 课程,也有 AP 课程的,这些课程与我们基础教育课程还是有很大差异的,学习国际课程的学生很多将来就是直接考国外大学的。A-level 是针对英国的,我们长宁区也有相应的学校,由于目标指向不一样,就课程内容而言对我们基础教育借鉴度不是很大。但就从语言学习方面来说,国际语言课程还是值得我们借鉴的。不管是A-level还是 IB 课程,它们都把英语作为工具来学习,有点像一些学校的双语教学,用英语来学习其他课程,此时注意力不在语言的结构了,而在意义上,这也是最理想的语言学习方式。国际课程也正是以这样的关注点来教授语言,最理想的也正是用这种英语思维来学习。此外,国际课程所体现的教育理念值得我们借鉴的一点是,它的课程不强求学生背公式,和我们这里学习数理化不太一样。其实公式,最好在实际应用中掌握。国际课程更强调获取知识的过程,而不是单纯追求结果。

求务实存真，去浮光掠影

——上海市英语特级教师刘砚访谈

(上海外国语大学国际教育学院　许江媛　编辑整理)

访谈嘉宾简介

刘砚，上海市特级教师，华东师范大学第二附属中学英语首席教师。长期以来一直潜心钻研课堂教学，突出课堂教学的人文气息，注重与学生的情感交流与互动，将课堂教学视为师生共同创造的一种生活方式。她带教的多名青年教师在各级教学大奖赛上获奖。多年来，刘老师受聘于华师大外语学院，为免费师范生讲座授课，带教实习生、见习生；主编出版了《高中英语拓展读本》、*Helen's Workshop Fiction*、*Poetry & Drama* 等校本课程教材。多次参加各类教育教学重要课题研究，包括全国教育科学"十五"规划教育部重点课题"义务教育阶段学生学习潜能开发研究"、华师大 211 工程重点学科建设课题"教育理论与教育技术"和华师大教育管理学院课题"教育评估"等。结合对教学的探索与实践，刘老师撰写了多篇论文，并获得国家级和市级多个奖项。

访谈内容提要

从上海市中小学英语课堂教学现状、教材、测试与评价，到教师培训、课标修订,在长达 3 个多小时的访谈过程中,刘老师娓娓道来,细致详尽地分享了她在中学英语课堂教学实践中的观察与思考。

根据刘老师的观察,上海市的中小学英语教学的确存在诸多的优势,从市领导到学校领导,再到教师以及学生家长都对英语教学十分重视。但在课堂教学过程中,尤其是从初二开始,英语课堂教学明显偏重于应试方向,非常不利于学生英语习学兴趣及未来英语综合能力的培养。

在上海中小学英语测试和评价方面,刘老师重点结合自己曾任教的高中阶段对英语高考的题型改革,特别是对主观题部分提出了自己的建议。同时,刘老师还指出,上海从 2017 年开始英语高考一年两次,而对于英语一考后学生的指导以及管理工作还需要进一步细化。

对于英语课标的修订,刘老师结合现有课标中存在的问题,提出了若干建议:(1)新课标应做到细致务实,忌空话套话;(2)新课标应对一线教师的教学具有切实的指导意义;(3)小学、初中、高中阶段的英语课标应具有各自明显的特色,难度应由浅到深,做到阶段性和衔接性相结合。

在英语教材编写方面,刘老师认为:首先,应当保证英语的原汁原味,即英语语言的纯正性;其次,课文内容及形式宜丰富充实,忌乏味或脱离学生生活实际;此外,课文应适当提高经典内容的比例。

刘老师对近年来上海中小学英语教师的整体素养非常看好,认为整体素养水平在逐年提高。新任教师的岗前及在职培训得到了学校及教育部门的充分重视。

访谈实录(采访者:许江媛)

采访者:请问您如何评价上海市中小学英语课堂教学的现状,有哪些优势?有哪些不足?针对不足又应该如何改进?

刘砚:上海中小学英语课堂教学方面,总体上讲,其中一个优势就是现在查找备课材料非常方便,因为有多媒体,有网络,资源非常的丰富;其二,就是领导非常重视,包括教师、学生家长也都非常重视。这是我们外语教学方面一个非常好的发展趋势。

但不足在于,往往从初二开始,为了迎接初三的中考,就已经开始应试教育了。小学、初中阶段应该强调的是大量的听说、模仿,以及课堂组织活动。在这个阶段,学生初步接触语言,就像婴儿学语言一样地去习得这个语言,慢慢地熟练起来。其中重中之重,就是提高他们学习英语的兴趣。在这个阶段如果学生产生了学习兴趣,那对他/她将来的自主学习,都是非常有帮助的。可是,我们看到的一个现象是,预备班还可以,初一还可以,可是到了初二,就开始已经大量的题目上来了,做卷子,刷题目。上课的时候,老师不断地一次一次地测验,然后一次一次地讲解题目,表扬成绩好的,对于考得不好的学生,个别不注意教学方法的老师就是当场批评。我觉得这非常挫败学生的学习积极性和自信心。因为学习一门外语,初中的时候不一定就能体现出很好的成绩。有的学生很可能在口语练习、对话表演当中做得很好,但在笔试的时候有所疏漏,成绩不理想,几次测试不能完全体现学生的外语水平。往往这样的同学,他/她一旦有兴趣,且有自制力的话,可能以后会学得很好。我的学生当中就有这样的例子:一开始高中进来的时候,成绩很差,甚至不及格;等到了高三的时候,就已经赶上去了;然后到了大学里,很开心地打电话说,"刘老师,我现在是班级外语课代表"。就是这样一种情况。所以,我觉得初二就开始搞应试,是蛮大的一个缺陷。而且,学生们反映,从初二开始就没有全英语上课了,教师都是用中文讲题目、做题目。所以初二到初三整个阶段他们的听力和口语水平是下降的。所以,这个问题是挺大的。有一次,我跟一位非常了解初中英语的教师谈起来,他就提到初中的应试已经到了登峰造极的地步。如何改进呢?我觉得一两个老师是做不到这一点的,肯定是要整个大环境,比如说整个中考招生体系、评价体系,乃至整个教育体系,总体地来考虑。如果大环境没有改变,局部的改变是没有用的。

采访者:是的,没错。那么您如何评价上海中小学英语测试和评价的现状,存在哪些优势? 有哪些问题? 在什么方面需要改进?

刘砚:就我所了解的高中阶段而言,实际上现在基本每个月都有月考,考试的模式参考高考的题型。高考就是像一个指挥棒。我觉得一开始的高考,确实是有它缺陷的地方,都是那种 ABCD 选项,教师给学生的试题里有大量的选择题，ABCD，拼命刷题，刷到后来学生都机械化了。一年 365 天，天天都在刷题的话，那么到了高考的时候，刷过的题就会很多很多，虽然不是原封不动的题，但是肯定是很相近的那种。所以，基本上是反映不出学生的能力的。真正到了大学里，学生的理解能力和创造能力都是很薄弱的。所以后来进行了高考改革。我想谈的是词汇试题的改革。本来词汇考题都是 ABCD 四个选择项的辨析。其实我问了很多外国人，他们自己有时都讲不清楚。所以，我就觉得这个改得真好，把词汇放到语篇当中，在语篇当中抽掉了几个词，基本上是动词、名词、形容词、副词，就是我们所谓的实词。抽掉以后，学生就要根据上下文来判断这个地方应该是选哪一个词。学生们也觉得这不仅考察了他们对词汇在语篇当中的理解，而且也会促进他们对一些句子结构的理解，所以高考的这个题型改得特别好。这给高中外语教学带来了一个什么现象呢？就是大家重视对语篇的阅读理解，而不是去拼命去刷题了。我觉得这个改得特别好。但是最近高考又改了，题型又改了。今年是开始改革的第一年，外语是考两次的。第一次已经考过了，题型有所改变，阅读理解部分题型发生了变化，改成了一篇 summary。有点儿像语文的大作文、小作文了，作文本来就是 25 分，本来那个提问是 8 分，现在变成，翻译去掉了一题，翻译分值变少了，然后这个分值给了 summary，summary 就变成了 10 分。summary 事实上就相当于一篇小作文。看一篇篇幅在 300 字到 350 字的文章，要求写一个 60 字以内的 summary。因为写作以及阅读理解能力已经在前面其他的考题体现出来了，我觉得真正可以看出考生语言水平的，还是翻译。作文除非写得特别出色，一下子吸引了阅卷老师的眼球，那么他会给你一个高分，如果写得就是一般的，但是语言写得还是蛮漂亮的，和一般的语言平平的，成绩基本上是拉不开的。我们区里面统测的时候就有这个问题，就是其实有的同学他平时成绩很糟糕，前面做得一塌糊涂，作文得了 20 分的高分；有的很好的同学，前面都做得很好，怎么这个总分很低呢？一看作文才得了 15 分。把这篇作文拿过来一看，就发现 20 分的人因为他的字写得很好，但是里面语法错误一塌糊涂，而这个分低的，其实仔细读，他的句子写得很好，可是他的字写得不好看,就有这个现象。主观题的出题方面,我觉得需要谨慎。

采访者:刘老师,今年的高考改革之前,有没有提前下发给各校一个考纲,通知题型会有变化,以及题型变化的设想?

刘砚:这个有。但是今年是非常紧张的。可能是 11、12 月的时候市教育考试院来做的具体报告。因为马上就要一考了,大家都很紧张,就开始拼命地准备。有提前,但是时间很紧。要给大家适当足够的准备时间,比如一个学期。

采访者:我们来说一说上海市中小学的英语课标的制定。先来看现状,就是现在的上海中小学的英语课程标准有哪些优势?有哪些不足的地方?然后再看有哪些地方需要改进的?

刘砚:课标我觉得定得蛮粗的,给人的感觉就是大家都很懒得去阅读它。因为很多都是那种比较空、比较大的话。让人在读的时候不会去细看,因为细看就是那些好像人人都知道的话。第二个,有一些该细的地方,比如说一级要达到什么水平,二级要达到什么水平,三级要达到什么水平,课标又不够细。其实我觉得做课标的时候可以去参考一下英语国家的课标,去看看他们定的英语课标。国外的这种课标是非常非常细致的,想得非常周到,而且很有实用性,然后各校的教师就真的会照着一条一条做。可是我们的课标,让人看了以后没有什么帮助,所以到后来就不愿意再看课标了。因此怎么样能够让课标更具体,更适用,更有指导性,让大家能够愿意去跟着它的内容要求去做,这是关键。

比如说,课标中有一个表格,会在每一个细节的地方,语音、语法、词汇下面标明哪个阶段是要学的,哪个阶段不要学。结果我就发现重音的这个要求小学、初中都没有勾,只有高中的时候才强调。我觉得语音、语调的问题,应该是从小学就开始重视的,因为我们有一些学生进入高中以后,我发现发音是很奇怪的,比如说最典型的一个就是 interesting,很多同学,就连很好的同学也会发 in'teresting。我觉得重音真的是挺重要的。

此外,现有的课标中提到了探究性学习,并且给了两个案例。第一个案例是讲感恩节和春节的区别,第二个案例是关于生日。第二个案例让学生去探究为什么中国人生日的时候都吃长寿面,西方人都是吃蛋糕，我就觉得这种案例如果再出现在新的课标当中就没有新意。要叫学生去探究这种内容吗？这个能叫探究性学习吗？如果要给案例的话，至少要有一点儿启发学生去思考的东西。比如说旅游的时候是不是有 culture taboo，要尊重人家那里的宗教信仰、风俗习惯，还要注意自己的言行举止。所有这些，包括情感的表达等等，去探究比较深入的、引人思考的问题，而不是简单的对比：人家生日吃蛋糕，我们吃长寿面；外国人过感恩节，中国人过春节。其实现在外国人也过春节了，中国人也过很多这种洋节的。所以我们觉得课标是一个有指导性的纲领，给出的案例不能太肤浅。还有就是素材方面，文学艺术、文化风俗、人与自然、变化与发展、城市与国家，这些素材主题我觉得全是重复的。小学阶段的素材是变化与发展、城市与国家、文化与风俗、地球与太空。一直到了高中，素材还是变化与发展、城市与国家。既然给出这样的主题，能不能再细化一些，讲到比如说文化与风俗，小学初中是围绕着这样一个 level，高中又是围绕着另外一个 level。我觉得细化的问题很重要。比如说词汇方面，列了好多好多的核心词汇，那么核心词汇肯定是要掌握的。但它指出，核心词汇当中只包括英语国家的地名，比如说 America，England，就不包括 Thailand，Germany，France 等非英语国家的地名。为什么这些词不能进去呢？现在是一个大地球村了，为什么还有这种规定，其实很多国家现在学生已经很了解了。

此外，课标列明了分一级、二级、三级、四级，规定一级要达到什么水平，二级要达到什么水平。可是我们现在不是考级，而是整个一个班，初一、初二、初三这样去教学。那么即使这个一级是相当于初一、初二，那么问题是班级里有一些人能够达到，有一些人不能够达到，怎么办？然后，这个年级比如说我们有特色班，那特色班可以达到，非特色班达不到这个水平。那教师怎么办？所以课标不够细，考虑得不够周全。各个学校的具体情况不同，一个学校里面各个班级的情况又不同，同一个学校各个年级的情况又不同。学校有时候整个这一届招上来的学生水平相当高，就连普通班都非常好。有时候就很有意思，就像橘子有大年小年一样，等到下一届，连特色班的学生都没有拔尖的。所以有这么多的不同，怎么去达到课标的某一级水平？

采访者：课标说的一级、二级、三级，是老师凭着自己的判断，还是说有一个什么样的测量手段呢？

刘砚：教师去朝着这个方向努力，至于学生实在达不到，教师也没办法。没有全市的统测，比如一级，学生的通过率是多少。比如说我们学校，一级通过了80%，还有20%没有通过，也不能留级，又不能分出去，又不能像国外一样的走班制，这些学生还是要跟着集体一起上二级。所以说很多相关措施是不配套的，没有具体的相应规定。我们应当重视学生的个体差异、不同的需求。

采访者：所以要建立一个新的上海市中小学的英语课程标准的话，这是大家期待的一个方面？

刘砚：是。要有指导性，真的要有指导性。此外，要能对学生个体差异做出相应的评判或出台相应的指导措施。

采访者：好的。那么在目前使用的中小学英语教材当中，刘老师您发现有哪些优势和不足的地方吗？

刘砚：我们现在用的是牛津教材，牛津教材是从香港地区引进的，然后进行了改编，加上了上海的元素，虽然里面有一些港味的东西，很多东西还是原汁原味的，整个读完到高三差不多有7000左右的词汇量。到了二期课改的时候，要减掉一半的难度，就是7000的词汇量要删到3000到3500。

修改后的牛津教材，词汇量减了很多很多，我们觉得不太能理解。有一些很好的词汇不应该减掉。举个很简单的例子：*The Phantom of Opera* 本来是原汁原味的一篇课文，学生很喜欢，老师也可以发挥，做课本剧什么的，很开心的。文章一段里有 chandelier 这个单词，就是大的水晶吊灯，Phantom 想找 Christine 做主角。但是剧院的老板不肯，后来 Phantom 趁一次表演的时候，把绳子锯断了，然后那个 chandelier 掉下来砸伤了人，老板才答应让 Christine 做主角。那么整个这一段，为了把 chandelier 这个单词删掉，这一段故事就没有了。如此改到后来，原本很丰富、很丰满的内容没了。还出现一个什么现象呢？就是本来这句话是很原汁原味的，但是为了后面的 grammar 部分，因为要介绍定语从句，就把这句原汁原味的话改成了一段定语从句的话。于是读起来就觉得怎么读怎么不对劲，就是为语法而语法的一篇语篇了，而且很粗糙，里边的语法没有体系，错误较多。用下来其实给我们老师增加了很大的负担，由于课文变成了这么简单的一本东西，学生上课一定是觉得很乏味的。

那么我们只好还是像过去一样的，让学生们看电影，看完电影，我们教师还去找小说，然后节选了小说的片段补充进去。我们加进去原文片段里原汁原味的内容，学生读得津津有味，虽然很难，但他们会翻字典去读。然而一接触到课文的文本，就觉得boring的感觉，学生感到索然无味。当然我们有的班级也组织学生编剧本，演课本剧，就等于说我们借了这个话题，借了课文的主题增加很多东西。当然，话说回来，我们老师也是应该做这些事情的。但是作为一个教材的文本，这就明显不够了。

再比如说教材加了一个孙桥，就是上海郊区的农业，有white agriculture，好乏味枯燥的一篇东西。学生读得很没劲，老师教得也没劲。还有一个问题，就是每篇课文后增加了一篇小短文，编教材的时候，可能出于时效性的考虑，但过分强调时效性的文章必定会过时很快。当时编教材的时候是杨利伟上天，那么后面还有一篇很短的文章，讲述的是嫦娥奔月的故事和杨利伟上天。现在都神州十一号了，上课的时候我们老师就找来神州十一号的相关英文报导，宇航员在天上做什么，加以补充。等于说就是借着这个话题，再读其他的东西。

现在的教材，第一信息量非常少，第二有很多过时的东西，而经典的东西太少。首先，我觉得经典的东西不能少；其次，原汁原味要保留。我觉得学习外语，原汁原味是应该强调的，不能按照中国人的Chinglish去进行一些改编。其三，教材应该具有启发性。教材内的文章应该引发学生思考。此外，每篇课文的warming up提供的信息量太少，没有办法利用。我们教师需要warming up，但我们还要去准备很多其他的东西。等于说二期课改以后，学生的负担其实没有减轻，老师的负担也加重了。我们要让学生吃饱，要让他们感到有趣，就得去找补充材料，这样真的是压力很大很难。然后，等到考试的时候又是分数说话，那么教材编得那么简单有什么用？我觉得其实不怕词汇量多,词汇量多了,好的同学就吸收得多,比较落后的同学可以少吸收一些,少掌握一些。何必要一刀切,把好的东西都删掉,好的同学也只看到这点儿词汇量,这个就不能够适应所有学生的个性发展。

采访者：在外语教师培训方面,现在上海有没有采取一些措施来帮助教师理解和执行原有的课标?

刘砚：关键是这个课标能不能吸引老师们的兴趣。其实组织一次进修,给教师培训不难的。找个时间,大家集中过去,或者组织一次区教研活动,这都是可以的。关键是这些培训老师觉得参加了真的有用吗? 愿不愿意去花那么多时间在这个上面。有很多报告对教师是没有什么实质性的帮助的。如果课标制定得好,能够吸引教师,我们可以组织一些小组讨论,大家坐下来细细地一条一条阅读学习,这一条对我们的指导意义是什么? 或者分阶段,比如说我今年教高一,那么我们就专门把高一的这一块拿出来讨论一下,看看我们要怎样达到这个目标,可以做哪些补充。课标实际上是带有统一性的,那么是不是能够统一性和灵活性相结合,有上面统一的东西,还有下面根据各个学校有所不同的东西,区里能不能做一个灵活的调配,或者可以在这个统一的纲要上面加一些灵活的东西。所以要统一性和灵活性相结合,这样教师可能会觉得切合实际。

采访者：好的,在中小学英语教师的整体素养方面,我们有哪些优势和不足呢?

刘砚：我觉得中小学英语教师的整体素养这几年肯定是提高的。因为就我们学校来说,前些年招聘的都是本科生,华师大的本科生。这些年我们招的都是研究生,本科毕业生寥寥无几。研究生必定比本科生要更成熟一些,他们的经历也更加丰富,有些人做过家教,有些人在培训机构工作过。比如说研究生进教室上课,我们看他上课的状况,肯定研究生比本科生要好。所以我们最近招进来的都是研究生。

采访者：刘老师,新教师进入学校以后有没有什么相关的在职教育?

刘砚：有的,一般进学校以后,有一年的见习期。这期间,新教师在做本职工作的同时,每个星期都会给他们培训。浦东新区就有见习期的教师培训。学校有一位副校长负责统筹安排,比如说请外面的教师来给他们讲怎么备课,怎么写教案,什么样的课效率比较高。一年以后,要让他们上一节公开课,请外面的老师来评课,还会搞说课比赛,让新教师轮流说课,每人给一刻钟的时间。

借课标修订契机，保持教学先进性和代表性

——上海市英语特级教师祁承辉访谈

（上海外国语大学国际教育学院　王　睿　编辑整理）

访谈嘉宾简介

祁承辉，上海市教委教研室小学英语教研员，2011 年获"上海市特级教师"荣誉称号；曾先后获得"全国首届小学英语优质课竞赛一等奖""全国首届外国语小学优质课竞赛一等奖"；所撰写的《全教学环境"交互、强化、童趣"小学英语教学》一文获"第七届全国中小学外语教育教学科研论文一等奖"；主持的"基于适切性的小学英语教材整合运用的策略研究"被列为中国教育学会外语教学专业委员会"国家 K-12 英语教育创新研究"重点课题。

访谈内容提要

此次访谈围绕上海市小学英语教学展开。祁老师就小学英语课堂教学现状、课标修订、测试与评价、教师培训等方面分享了自己的见解。

关于教学现状，祁老师认为上海小学英语教学目前比较关注单元整体教学，通过该项目近十年的实践与研究，使得小学英语学科课堂教学效率、教师教材解读能力、学生学习策略等方面都有较大提

升,但区域、校际、教师间的教学执行能力仍存在差异性,一定程度上影响了学生学习效率的进一步提升。祁老师建议各级教研活动围绕单元整体教学的关键元素进行进一步研讨。

关于测试与评价,祁老师认为上海市评价活动已非常体系化,具体包括:市教委和相关部门针对学校、教师、学生、家长等的调查问卷,16个区域教育行政部门的定期调研卷或监控卷,及富有区域特色的学生学习成果集中汇报等。期待行政部门、学校、教师展开更多沟通,创设更加丰富多元的测评方式。

关于教材与师资,祁老师给予了充分认可,并指出课时与教学内容间冲突、不同年龄段师资培训需求差异等问题。

关于课程标准修订,祁老师建议充分借鉴与我国类似的国家和地区的课程标准,传承过往课程标准行之有效的部分,并彰显上海地区小学英语教学的先进性和代表性。希望课标与当下正在实践的语言教学的重点工作较好结合,并配有教学案例或示例,便于在教学工作中实际上手操作。在课标制定和推广方面,祁老师建议在编制前、中、后三个阶段都需从学科专家、教研员、教师、家长等多群体那里获取信息和反馈。尤其在课标制定的进程中,建议在特定学校进行实验,并安排数据统计、即时反馈与调整。

访谈实录(采访者:王睿)

采访者:谢谢祁老师接受我们采访,请您先谈一谈上海市小学英语课堂教学的现状,优势与不足何在? 如何改进?

祁承辉:目前的上海小学英语课堂教学较为关注"单元整体教学",即:教师们通过对教材单元进行整合,在内容整合的基础上,通过创设符合小学生年龄特征的语言情境,引导学生感知、理解、操练并开展初步语用。

整体而言,课堂教学的效率,特别是在培养学生综合语言运用能力方面较十年之前有了长足进步。另外,教师对于教学素材的解读、统整能力,学生在学习策略、情感体验方面也有了较大的提升。

由于学校、教研组、教师在英语学科课程建设、学科研究、教学能力等方面存在着差异,造成了区域之间、校际之间、教师之间对于教学执行能力的参差不齐,也一定程度上影响了学生的学习效率。

为改进上述存在的问题,市、区、校三级学科教研机制宜围绕"单元整体教学",引导和组织教师就"目标""内容""方法""评价"等关键元素开展研究、培训、交流、提炼等,从而推动整个地区的教学质量。

采访者:如何评价小学英语测试和评价的现状?优势与不足何在?如何改进?

祁承辉:目前的上海小学英语没有全市性针对学业水平的纸笔测试,教委每年有针对特定项目(譬如:绿色指标学习指数)的相关测试,参与者为覆盖全市各区的抽样年级,测试形式主要是依照课程标准设置,成绩主要作为学校执行项目情况的参考。

16 个区域的教育行政部门(譬如:教育局、教育学院等)会定期对小学学段的学生英语学习情况采取调研卷或监控卷的方式进行评价,主要针对即将升入初中的毕业年级;另有体现各区域特色的学生学习成果集中汇报,譬如:英语口语比赛、小品竞赛、讲故事比赛等,也是各区域、各校的学习评价的体现方式。

这样的做法,总体而言在市级层面本学科给予学生更多关注语言能力形成的空间,减轻了学生对于学科学习的恐惧和过重的负担。不过各校在依照区域教育工作要求而开展测试和评价时的执行力度和频度不尽相同。

希望在日后开展测试和评价工作中,教育行政部门、学科部门与学校、教师能有更多沟通与协商,从而在继续保护学生对学科热情的同时,创设丰富多元的测试与评价方式。

采访者:如何评价上海市中小学英语课程标准?有哪些优势与不足?如何改进?

祁承辉:在新课程标准出台之前,教师们参照的大多数为《义务教育英语课程标准 2011 版》或是市教研室最近两三年间陆续出台的《评价指南》和《教学基本要求》等课标转换成果。前者顾及全国层面,编制的规范性较好,但可能在"地方化"方面有一定局限性;后者因为是转化成果,故而只聚焦于特定维度和群体,还没有一个完整的内容覆盖。

希望新的课程标准在由有关编制专家引领的团队的不断研磨过程中，结合上海的小学英语教学现状，尽早跟广大教研员和教师见面。

采访者：新的课程标准应当重点突破哪些方面？

祁承辉：首先，应当充分学习英语学习国家、地区（特别是英语学习情况与我国类似的国家与地区）的课程标准，探索其值得借鉴和参照的内容。

其次，应当传承过往我国及本地区颁布的课程标准行之有效的部分，使得一线教研员和教师在学习课标方面有一个逐步上路的过程。

当然，为彰显和保证上海地区小学英语教学的先进性和代表性，在课标的定位、目标、核心内容、板块设置等方面要一定程度上能体现上述特征。

采访者：对新的课程标准有什么期待？

祁承辉：作为教研员，希望课标与当下我们正在实践的语言教学的重点工作较好地予以结合（譬如：培养学生的语用能力，大语言学习概念等）；作为教师，更希望课标在具体叙写的时候，既有前瞻性与科学性兼备的内容表述，也应有配合的教育教学案例或示例，便于在教学工作中实际上手操作。

采访者：如何评价现行英语教材？有哪些优势与不足？如何改进？

祁承辉：目前，上海市各区统一使用的是《英语（牛津上海版）》，杨浦区、崇明区仍有若干年级使用《英语（新世纪版）》。牛津上海版经过了两轮修订，采用"主题模块"式的编写体例，依照若干与学生生活经历相关的特定主题，分成学习单元与活动板块，在每个年段内容螺旋式上升的过程中，达到培养积累学生语言知识，增强语言技能，形成学习策略，体验语言情感的目的。同时，其内容设计、素材配合等方面也得到了广大教师的认可。

在使用该套教材的过程中，暴露比较明显的问题是：课程方案规定的课时无法满足完成单元时段内的教学内容的要求，特别是在一部分非中心城区或是生源基础较为薄弱的学校。

采访者：有关方面采取了哪些措施帮助教师理解和执行原有课程标准？

祁承辉：从市级层面而言：通过每学期一次的学科大培训，组织教研员和教师代表展开对课程标准理解和执行情况的交流与探讨，专家的引领帮助各区域初步形成共识。从区级、校级层面而言：更多的是采用政策学习、实践反思的方式，将课程标准的指导思想和核心内容在课堂教学中的实践情况进行区本化与校本化的讨论与整理，从而促成广大教师在理念和行为两方面的基本规范达成。

采访者：有关方面应当采取何种措施帮助教师理解和执行新课程标准？

祁承辉：首先，应当是在编制之前或过程中从多种参与工作的角色那里获取信息与反馈（学科专家、教研员、教师、家长等），便于课标文本的形成少走弯路。其次，可以结合课标专家与各层次教学从业者的面对面探讨，达到课标制定的形成性完善。再次，可以在课标制定的工作进程中，物色有条件的区域和学校进行实验，并安排一定数量的研究人员进行相关数据的统计与汇总，并即时反馈与调整。在新课程标准颁布后，也应通过多种渠道加以实践化地公布和宣传，从而保证所有教研、教学人员的知晓度和执行力。

采访者：如何评价小学英语教师的整体素养？优势与不足何在？如何提高？

祁承辉：虽然整个上海地区的小学英语师资队伍仍处于新陈代谢的过程中，但青年教师（30 岁以下）的比例正以较快的速度增长，因此师资的总体情况有如下特点：1）教师本体语言能力较十年前有了较大幅度的提升；2）教师对于小学英语课堂教学的"套路"（即实践内容）存在着一定的认识与操作落差；3）各年龄阶段的教师在职后培训方面暴露出各自不同的问题，新入职教师需要实际教学能力的指导，骨干教师需要专业提升的帮助，资深教师也希望能有中外融合的培训机会。

一体两翼,助力教学

——上海市英语特级教师施国华访谈

（上海外国语大学国际教育学院　迟晓虹　编辑整理）

访谈嘉宾简介

施国华,1978 年进入上海市闵行第三中学工作,1996 年转入上海市七宝中学工作直至退休。多年来在自己热爱的中学英语教育领域辛勤耕耘,取得了傲人的成绩。作为上海市七宝中学英语教研组组长,以"七宝中学英语一体两翼"教学法模式引领了整个教研组的发展。2004 年获"全国中小学外语教师园丁奖";2007 年由他带领的七宝中学英语教研组获"全国首届中小学英语教研活动示范学校奖";2010 年获得"首届全国中小学外语名师"称号;2011 年被评为上海市英语特级教师。

访谈内容提要

此次访谈围绕课程标准的修订展开。施老师结合自己几十年的教学经验,就上海市中小学英语课堂教学现状、"一体两翼"英语教学模式、教材、测试与评价、教师培训、课标修订等发表了意见和建议。

关于上海市中小学英语课堂教学现状,施老师认为跟全国相比,上海的外语教学还是比较按照语言教学的规律办事。施老师随后分享了他在七宝中学主持创立的"一体两翼"英语教学模式,即教材为主,报刊阅读与小班口语为辅。这个教学模式是按照语言教学的规律来进行的,学生在高中三年的时间里要进行报刊阅读,并写读书周记;通过小班口语课训练学生演戏、演说、讨论和辩论四大技能。施老师还特别强调了"一体两翼"模式的成功有赖于教研组教师们的互助共享精神。

在教材的使用上,施老师认为教材活用非常重要。不要把教材看作圣经,教学内容要活起来,教学材料可以打乱次序、搬来搬去,材料要为教学目标服务。教师一定要有资源意识,要不断地去看更多的东西,从报纸杂志、互联网获取最新、最地道的语言材料。

施老师是测试与评价方面的专家,在教学中实践了多种评价方法。学生写的读书周记,除了教师批改外,还采取了学生自评和互评的方式,学生从中受益良多。在口语课中,他使用捆绑式评价,即每个小组得到同样的分数,鼓励小组成员之间互相帮助、互相监督,维护小组的集体荣誉。施老师还让学生参与到评分标准的制定中,这样制定出来的评分标准,学生很信服。施老师多次参加高考命题,对于测试方面也积累了宝贵的经验。他认为命题一定要有严谨性和科学性,要严格依照课标和考纲来;同时要考虑学生的具体水平以及想要考察的目标,有针对性地进行命题;题目要精心打磨,不能从别的地方随意复制、粘贴。

关于教师培训,施老师认为要雪中送炭,而不是锦上添花,要面向广大普通教师,要为他们提供更多的培训机会,而不是始终把精力投注在骨干教师身上。关于职前教师培训,施老师也带一些实习生,他认为这些学生有着很好的教育理论基础,需要更多的实践指导,多去听课,观察教师在课堂上的一举一动。

关于课标修订,施老师认为学生的总体水平提高了,上海市应该适时推出新的英语教材,或者为学校多提供几种选择,不管大家选择哪种教材,最后都依照统一的课程标准来考核。他认为课标是宏观的,应该让各个学校在课标的统令下又有自己的特色,这就需要在评价上下功夫,要使评价与学校的教学相关,不能一把尺子量所有的学校。

访谈实录(采访者:迟晓虹)

采访者:您觉得上海中小学的英语课堂的现状是怎么样的?您对它的整体评价如何?

施国华:现状就是存在一定差异,因为我在我们区(闵行区)里各个地方听课,听了以后感觉到有的地方还是按照语言教学的规律办事,但是有的地方的教学现在确实问题很大。关键问题是过于强调应试,教学都是围绕着中考或者高考,各种考试太频繁,比如联盟考试、月考,甚至还有周考。每次考完之后,就按照考试的结果组织教学。

跟全国比起来,我们上海做得还是不错的,我们的外语教学还算是比较正常。我经常到贵州去支教,还有指导外地的中学教师。外地的考试还要厉害,每一次考试学校把老师的名字都写在成绩榜上,这样子老师们肯定会焦虑的,所以他就把所有的压力都转嫁给学生。

采访者:请您分享一下您的教学经验,七宝中学的英语教学模式"一体两翼"是由您创立起来的,它的理念和特点是怎样的?

施国华:"一体两翼"是按照语言教学的规律在安排。总的目标当然是让学生在高考中考出好成绩,但是在英语教学当中,如果仅仅围绕着高考去开展,效果其实并不好。这方面我们有过教训,在前几十年的时候,我们七宝中学的外语成绩,一直不被学校看好。我们有两条线,一条是全市的平均线,150分里面90分算及格,还有一条线是全市重点中学的平均分数线,一般要达到112、113分,有的时候116分,这条线我们学校永远是落在后面的。我刚到七宝中学的时候,我们采取的方法还是做试题,尤其到了高三,几乎就不上课,天天就是训练做题,但是海量的题做下来,每一次考试还是落在重点平均分数线下面一到两分。碰到这样的情况我们就开始对教学进行反思。

我们学校其他的学科,如数学、语文、生物、历史、地理,全都可以超过市重点平均线,只有我们英语一直是拉后腿,这在学校里面也是很难为情的。为了扭转这种局面,我们开始搞"一体两翼",我们感觉到还是要从教学上面去找源头,跟人家拼做题是拼不过的。大家原来押题的概念非常强,就是希望通过做大量的习题,能够碰到这种文章,但是高考英语试题里的文章都比较新鲜,押题这种做法是没有意义的。我们开始寻求更好的资源,于是开始看报刊,让学生阅读《21世纪报》。如果学生认真细致地阅读三年报纸,他的词汇量远远超过高考所要求的4000多的词汇量。

刚开始学生们是有抵触情绪的,这就需要我们在实践当中不断地跟评价挂钩,幸运的是,我们学校的校长还是比较明智的,他认为搞外语教学,英语教师是专家,给我们自由进行教学改革。我们学校有一个好处是不参加区统考,我去调查了一下,凡是中学里面不参加中考,直接升上去的学生,比如说像上海实验学校、上外附中,他们都是三年初中以后直接升入高中,这些学生的外语特别好,究其原因,就是因为他们这三年里面不参加这种所谓统考。我们学校也是如此,如果我们参加区统考的话,区里面又不读报的,也不会把报刊内容融入到评价体系里面,学生就没有动力去看了。为了鼓励学生的读报热情,我们在考评中加入了这部分内容,最初报刊内容占期中考试、期末考试分值的20%,现在发展到占一半的比重,学生们在做这些部分的时候很开心,这个内容我看到过,我能够做出来,之后他们会更加主动地去看报。

当然,评价内容的改变意味着教研组要进行报刊题目设计,这时候就需要教研组的合作分享文化。我们这一点做得比较好,每一次学生拿到新报纸以后,某个年级组的某一位老师,就会把这个报纸先看一下,然后精选出五六篇文章,把里面重点的词汇、句型都列出来,列好以后打成Word文档发给学生。这样学生就不用再去查字典了,减轻了学生的负担,但是老师的负担就重了。之后这位老师会检查学生是否读了这几篇文章,他就依据这五六篇文章做一张试卷,进行语法、阅读或翻译检测,这个成绩会记入学生的平常成绩,这样就督促学生去进行阅读。我们倒不在乎他因此提高了成绩,而更在意三年中潜移默化的影响。我就看到高一学生大概十周以后,会有一个飞跃,词汇量一下子提高了很多,这个时候,学生读报尝到了甜头。三年这样读下来的话,五六千词汇应该有了,有了这样的知识储备,再去参加高考,他的成绩肯定好。

除了这些,我们的班主任、任课老师还让学生写读书周记,要求学生每周看一篇文章。高一的时候，会让学生摘录里面好的词汇、句型，还要能讲出自己之所以选择这篇文章的理由，这就像写一篇小文章一样，要用一百字左右写出自己对一个问题的感想。这样坚持三年，对老师们而言，当然也意味着更多的工作量。过去我们做的时候，学生们周一把读书笔记交上来以后，我一直要改到周五，到周五的课上我就会来评价他们的报刊阅读。批改读书笔记时，我的要求是老师不能简单在上面写一个 good，excellent，而是一定要跟学生有交流，文章好在哪里，要给学生写一段话。从这种写作练习中，会看到学生们的进步很明显。我们也有很多创意点子，比如学生第一次做的我就把它放着，到了十周以后，我把学生第一次和第十次的读书笔记一起发给他们，这时他们就会 gain a sense of achievement，自己第一次做得这么差，十周以后就做得这么好了，他们的信心倍增，同时感觉这样读报刊是有道理的。我们叫学生写一百个字，到了后来高一下半学期，有些人写三四百字，有些人写五六百字，有的还写诗歌。

从这里面你也可以看出，我们的教师没有分享精神是不行的。报纸是每个星期都有，一个老师负责一个星期，选五六篇文章，出一张报刊的检测题，这样我们学校高一、高二、高三连成一体了。当时的报刊是不分高一版、高二版、高三版的，所以我们全部 30 多个老师轮流出，我们的负担就大大减轻了，所以我们外语组的文化共享是非常好的。

采访者：这个"两翼"里边，还包括小班口语，这个具体怎么操作？

施国华：这个效果非常好，我一直在搞小班，见证了小班课从诞生一直到现在的整个过程。我们的班级都是 50 个人左右，如果要搞口语，那就不能搞花架子，一定要保证学生有充分练习的时间，而且要练就一门真正的手艺。在口语当中学生要学会演讲(Public Speaking)，要学会参加学术讨论(Group Discussion)，我们称作 Academic Discussion，还要参加辩论(Debating)，还要能演剧(Drama)，一共四项技能，即演戏的技能、演说的技能、参加讨论的技能和辩论的技能。如果掌握了这四项技能，这些学生的口语自然会好。我们在进行口语教学探索的时候,初衷是要做实实在在的事情,保证每一个学生都要掌握这四门技能。

高一第一学期的目标是上台就一个题目做两分钟的演讲,我们把这个都拍摄下来,考试也都进行录像。演讲题目多种多样,比如说你是校长,要发表一个新年开学致辞,或者你是体育老师,你来做一个开学致辞。首先我们给学生看往届学生的演讲,选取好的、中间的和比较差的,放给学生看,看了以后就让他们来讨论这些演讲好在哪里,不好在哪里,等到他们知道了以后,我们就让他们做一个Evaluation Paper, speaking 应该是怎么样的,你的 voice 怎么样的,你的 body language 是哪样的,还有你的逻辑思维,都要一条条列出来,之后就按照这个评分标准来执行。每一次的评价表都是学生们制作的,制作好以后就严格按照这个去打分就可以了,所以学生无话可说。

我们再给学生看奥巴马的开学演讲、卡梅隆挽留苏格兰人的演讲,这些都是很好的材料。让他们看了以后自己选一段,在演讲的一分钟里面就做卡梅隆、奥巴马。每个人都要上台讲,然后评价谁最像。学生们看了大量的东西以后,我们再给他们搭个题目,给他们时间去准备,到最后学期结束的时候,每个人上台汇报。我们组织下面的学生,拿着他们的评分标准来打分,老师也打,这样打出来的分数学生们信服,而且学生也愿意做。每个学生我都给他录像,这样一个学期练习下来,学生们在镜头前表现得非常好。人家都说你们七宝中学的学生怎么都落落大方的,这是因为他们有这样练习的机会。

第二学期我们就开始演戏,正好有一课叫 *The Phantom of the Opera*,我们这一学期就搞 Phantom 这个剧。我们给他看一些关于 Musical 的东西,看了以后让他们知道演戏的一些 evaluation 的标准是怎么样的,让他们自己总结,我们也制定这样一个规则,由学生为这个剧编一个结尾。为了保障每个学生都参与进来,我对学生进行分组,一个组六个人或者八个人都可以,角色由他们自己定、自己分工,比如说你做导演也可以,你做 narrator 念旁白也可以,有些人就是跑跑龙套也可以,有的人是主角,各有分工。最后我们要求一个学期以后,他们进行汇报演出,我们也是给他们打分。

这个剧整体呈现的时候学生们很开心。我说你们这个道具自己制作一下就可以了，他们会自己到淘宝上面去借戏服。同学们演得真好，我要求他们把写好的剧本传给我，每个组的剧本都不一样，他们的想象力非常丰富。这就等于给了他们一次做 writer 的经历。戏剧的要素要跟学生们讲，要有开始、人物、戏剧冲突、高潮、结尾。他们还要制作多媒体，因为还要有音响效果，有的还要唱。这些都要跟学生讲，不能是背台词，是演台词，背是没感情的。

学生们非常投入，特别是在演出之前，由于演出就是考试，在这个时候就会看到他们在角落里几个人一边演一边对台词。有的时候我就把一次小班课给他们做排练了，他们整节课就在讨论剧本、排练表演。有的在导演，说你这里应该躺下来，这里应该要怎么样，我在旁边观察，我就在想这个家伙以后可能是做导演的料子，他可以是个很好的 organizer。而有些人做 PPT、做音响做得很好，我说这个人以后可以做技术方面的东西。这样的活动，对他一生而言，曾经演过这一台戏给他的印象会很深。他回想起来有的时候上英语课没有什么感觉，但是做过主角，在台上演过这一台戏，他一生都记得。

我就感觉到七宝中学的学生到什么地方参加比赛，获奖的人很多，这就是因为有这样一个土壤。比如说辩论，辩论也是分好的，每一个人都要参加，外语再不行也要参加，每个人都有角色，三个人一组。而且每个人都要贡献一点自己的想法，没有想法是不行的，所以逼着他们这样去做。像这种学生他参加过比赛，参加过小组讨论，参加过演讲，参加过戏剧表演，你说他的英语会考不好吗？肯定会考得好，他做一次演讲要准备很多东西，要看资料，还要写自己的辩论词，还得记下别人说什么话，要去驳斥他。所以七宝中学的学生他们都受过这样的训练，他们就比较幸运，发展得非常快。

我们进行的小组讨论，也是很实用的。我们要求组长要把整个讨论组织起来，发言者要怎样 further somebody's idea，同意怎么说，不同意又怎么说，如何委婉地表达，让他们知道得体的表达很重要。经过这样的训练，他要去面试北大、清华，只要坐在一群学生当中，面试的老师马上就可以看出来你这个人是很有才华的，知道怎么样说话得体，不是很咄咄逼人的，也不是不顾人感受的，所以我们这个也是人文教学的一种非常好的方式。现在说要提高素养，做人的素养是很重要的。

采访者：您对于当前英语教材的使用情况怎么看？

施国华：对于我们学生来说这个牛津教材太简单了，像他们教实验班的学生，实际上牛津教材都是让学生自己看，一段时间完成几课，到时候考一下就好了。当时为什么要把牛津教材改成这么简单，是因为当时上海外语水平不行，把香港地区的教材引进来以后，他们跟不上，感觉到太难。其实我看老的牛津教材是很好的，现在给我们一改，改得太简单了。因为要推开来，下面阻力比较大，都说这个牛津教材难。对于重点中学来说一点都不难，但是对于下面的学校难，他们就开始改，改了以后很简单。我们这个教材为什么用了这么多年以后没有修订，这也是一个问题。现在学生总体水平高了，教材也得要适当地推出点儿新的，或者多提供几个选择。考试的时候，按照标准来考，不管你是学牛津也好，学新世纪也好，看报纸也好，都是在这个标准之下来进行评价。

像我们学校已经有校本的教材，就是报刊，我们的报刊永远是新鲜的，我能感觉到有一个好处就是逼迫老师不断在进步。如果一个老师一直教一本教材，他教到滚瓜烂熟以后，他就不去备课了。也就是说第一年很激情，第二年已经开始慢慢磨平了，到了第三年就没有动力了，到第四年以后感觉到这个教材一点都没用。所以我们要找一点有刺激的东西来教，我们学校有一些好的老师，会找很多的材料，甚至现在感觉到《中学生英语报》也太简单了，就开始搞其他的。这些资源可以由杂志上来的，也可以网上找到的。现在网上的资源很丰富，比如现在的 TED 非常好，另外一旦有美国总统辩论了，老师们马上就会把这些音频、视频里面的文字整理出来给学生看、听。现在我们的考试就是把美国总统发表的演说改成一段语法填空题、词汇题或阅读理解题，这些都是非常好的材料。每一次教研组里只要说一声，"谁有奥巴马演讲？""我有。""视频有吗？""有。"我们就分享。只要一个人有了，所有的老师就都有了，他会印好，大家分享。

对于教材，老师应该要有整合的观念，这里面牵涉到 adaptation。是不是符合我这一课的目标？能不能完成？或者这里面是不是缺了什么东西？老师看到一个材料首先要思考，我的学生能接受吗？在什么方面用什么方法可以更好地接受？或者这个东西是不是太难了？教师都要有这个思考，通过什么方法，设计什么活动来实施教学。首先教材是不是太难或者是太容易了？缺了什么东西？老师要能够另外去选一些内容跟它配合起来。要有这种观念，就是说教材不是圣经，不是不能动的。很多老师都认为这一课就这样了，我就按照这个顺序，教材第一课我就第一课教，第二课就第二课教。其实没有这个关系，我把最后一课提到最前面也可以，只要我的学生舒服就可以，也可能某一课它正好符合了现在发生的一件事情，可以提前来教。比如我在命题当中就有很有趣的经历，为了要符合我的情况，我把几个不同的材料剪裁变成一篇文章，作为教师，要有这种能力。

这样一来教学内容是活起来的、搬来搬去的，所以还是要提倡整合，特别是课标里面有整合，教师要会非常好地使用教材，也可以改编教材、增加教材，一定要有资源意识。我们的学生觉得用原文太简单了，这样就逼着老师也得去看更多的东西。越是好的老师，越会对资源进行整合，选的教材也都是非常好的，他有这个眼光。

我觉得学生的潜能是无限的，有的时候我们自己在吓唬自己，感觉学生不行，其实真的把学生激活了以后，他们的词汇量远远超过词汇表里要求的。真的是这样，如果教师一直认为学生不行，就不敢尝试，其实要好好激发他们的学习积极性。我从口语课上就感受到了学生的变化。高一刚开始上第一、二节课就感觉到他们是很闷的，一个学期下来以后，发现他们一下子人就变了，都变得愿意说了。有的时候在辩论之间就会突然之间冒出一个人特别厉害，其实他有一个积累的过程，他有一个小宇宙爆发的过程。

我们教研组里高一、高二、高三基本上是互通的，有的时候高一做的东西也很好的，高二说我也要，高三说我也要，大家就互通，要打破年级的界限。现在网上的资料很多，有好多网上教英语的网站里面的资料真的很好。我们每个教研组每年有一个库，在学校内部网里边都有，所以只要你今年教高一的，你就可以到上面某某教研组里去找这个视频。但是我看了一下补充进去的多，真的去原封不动地拿的很少，现在我们的老师都与时俱进了，他去年用过的，今年就不会再用了,他可能用一部分,有的就自己去找。在教学当中老师们互相交流。我们学校还有一点是很特别的,这是我坚持的,我们办公室都在一起的,这个办公室里面有高一、高二、高三的,那个办公室也有高一、高二、高三的。这有什么好处呢?就是交流起来方便。比如一个高三的老师那里有好多学生写的日志没时间看,能不能请高一的学生帮忙改一改?高一的学生看傻了,惊叹高三学生这么厉害!这时候教师和学生们说等他们到高三时还要更厉害,学生们很开心的。这种互相之间交流的做法很好,把高一、高二、高三的分割线给打破了。第二次就可以给高一学生布置一个任务,请他们把读了高三学生的周记以后心里的想法写篇周记。我们学校的老师做这些事情很活,所以我对我们七宝中学的教研组是非常有感情的。

大家都互相无私地分享,形成了 a culture of sharing。我们的成功之道就在这里面,如果不是这样的话,就做不了报刊阅读。如果一个人做报刊阅读,等于是要把教材全部推翻,搞新的一套,那就变成了拼体力了。但是如果一组,五六个老师大家轮流做,五个星期以后做一次,还可以承受。像我们一个学期就做一次,高一、高二的老师轮流做,高三的老师不做,但是他享用。一个学期大概 20 几个人轮下来正好。我们的学生已经养成习惯了,报纸一发下去,他们就在看,而且用很多他们学到的报刊里面的词汇来写作文。

采访者:您自己慢慢形成了一套评价体系,这个是怎么发展来的?

施国华:最初我是被学校推荐去做高考命题,去了以后我才知道原来命题是这样的,它是按照课标和考纲来的,出一套高考题要将近一个月,磨那一套题。我开始反思我们平常出考题,就是这里截一段,那里截一段,拼起来就是一张试题,从来不考虑它是怎么回事。参加高考命题几次以后就感觉到命题是很重要的,是一个良心活,然后我就开始在那里面反复磨,反复看,让它百分之百没有错误。大家五六个人一组,每个人都要看很多遍,每个人都要提自己的想法,怎么改动。以后我自己再去命题的时候,就不会这里截一个,那里截一个了,因为这样的题出得并不科学。学生做得不好或者成绩起伏很大,有时是因为题的变动太厉害,有的是太难,有的是太容易,有的是不科学的。所以我就对这个命题自己稍微注重一点，自己尝试着命了几套题，反响也蛮好，后来慢慢地人家以为我是这方面的专家，其实不是专家，只不过是特别当心认真，考虑得比较细。

有一次我们有一个13校联考，让我来命题。在一个学期之前说下一次是我们学校出题，把这个题目交给我以后，我真的是一个学期慢慢在磨，磨出一套题。学生们一做以后，这十几个学校都说好，我很开心，而且这次考试把每个学校在什么位置都分得清清楚楚，跟他们后来的高考名次的排列是一样的，所以他们就觉得这个题目出得很好。像我几个比较要好的朋友就说你们七宝中学的卷子我们一定要做。但是我们的卷子比较难一点儿，这个难主要是新，因为我们报纸上的东西太多了，跟课文的紧密度不够。所以，我就跟他们说，你要我的卷子我可以给你，但是你自己一定要再去看一眼，好的你留着，不好的你把它去掉，自己换一些东西。

我们的老师也是如此，对于测验我们的要求就是不要去抄袭别人，尽量用新鲜的东西，自己编。哪怕要用别人的东西，也要有所改动，不要照搬。因为我们只参加高三最后一次和高一第一次的统考，其他就不参加了，所以我们的评价都自己做，按照我们的要求去做。我们做评价的时候是非常慎重的，评价出的试题质量都比较好，我们学校也规定了期中考试、期末考试合格率要达到75%，我们出的试卷基本上都在这个范围波动。

我跟我们教研组的老师们说，你们要出题也好，教学也好，要看看课标，高考肯定不会随便出题的，所以要关注的是高考它是怎样做的，我们下面就自己不要再折腾自己了。很明显的就是搞一个月考，搞一个几校联考，考好以后，领导就按照你们学校的位置在评价你。你们学校考得好一点了，他就认为你们的外语就好了；如果你们的成绩差一点，就认为你们不行。当然这里面是可以看出一些东西，但是不能只看这个评价，还得看学生总体的水平，有些东西你是看不出来的，特别像我们七宝中学的学生，如果没有口语考试的话，只是做一个卷子，跟其他学校的学生不是一样的嘛！但是一旦到了大学以后，我们的学生回来之后说："我们在班里外语都是很好的，老师你一直给我们听VOA，我们现在大学里也是听这个VOA。班上的同学都觉得太难了,我们就觉得很亲切,一天到晚在听的,我们就感觉到一点困难都没有。"

上次碰到刚刚退休的一位市教育考试院的副院长,他一直负责出高考卷,我就问他,我们七宝中学的名次算是怎么样?他说你们学校名次蛮好的,基本上就在全市第六名左右。我们现在每一次高考平均成绩一直保持在120分以上,从来没有跌到110几。而且有一年全市学校的成绩都下降了,我们是唯一上升了两分的学校。人家都跟我们说,你们学校怎么回事,我们都下降,你们怎么上升,我心里笑笑,我想我们这个时候就体现出来了。领导问,你们高考怎么样?我说没问题,我有底气。这些学生能够在我们小班课里面有这么好的表现,还怕他们考试考不好么,那是不可能的事情。所以你看他们每一次考试平均成绩总会在120分以上,没有掉下来过。

采访者:在分享"一体两翼"教学模式时,您提到了让学生自评和互评,请您再分享下自己在教学中使用的其他评价方法。

施国华:在口语课上,我给学生们的分数都是捆绑式的。什么叫捆绑式的?无论演戏、辩论还是小组讨论,我不是给学生个人打多少分,我是给这个组打多少分。只要你们团队是80分,你们全部团队5个人全都是80分,对组织的比较好的人,我再酌情加分,这样一来要求每个人都不能拖小组的后腿,也就是说我们在英语教学当中用了很多种评价。

这叫做捆绑式的评价,因为我们学生的发展肯定有差异,有些人外语特别流利,有些人比较胆小内向,不太善于说,总是拖在后面,不能把这些人给忘了。所以我就要求只要在小组里面发挥了你的作用,尽到了最大的努力,我这分还是给你的。捆绑式评价就有这个好处,让每个人不能够做对不起自己小组的事情。我跟他们说如果你们在小组讨论当中有一个学生不参加讨论,你们整个组都不及格,就说明你组长没有做好,组长要帮助他准备,这样做就比较科学。

我在评价的时候,看到学生用到了他们报纸上面的句型和词汇,我就要表扬。我说这就是学习,你刚输入了以后,你又输出了,你能够输出了,这个就是你的了,你只会输进来还是不会用,还不是你的,过一会儿就忘了,但是你用过了就不会忘了。学生学习的过程就是输进来以后还得输出去，没有出口是不行的，把学生当作容器拼命地灌，灌到最后他什么都没有。一定要有内化，然后自己再用出来就好了。

采访者：施老师您主持过闵行区高中英语骨干教师培养基地，请您就教师培训方面跟我们分享一下。

施国华：教师培训，其实就是跟学生同时发展，老师不要落下来，学生上来了教师也要上台阶，教师的词汇量要跟着学生一起成长，这一点非常重要。我觉得教师培训，要做雪中送炭的事情，不要做锦上添花的事情。我们到国外去的时候，人家外国人就跟我们说，你们来学什么，你们的语言功底这么好。当时有个日本英语教师在那里，英语结结巴巴地讲也讲不清楚，他倒是能听得懂我们讲话，因为我们的英语还是比较好的。我们就问他你们日本为什么不派个其他的，他说正因为我不行我才要出来。我们这里都是层层选拔，把最好的送出去培训。后来我主持一个基地的教师培训，但是我没有权力去选学员，是由区里面的人组织考试，还要看他有什么荣誉，得过什么奖，才能够有资格进来学习。后来我们第一批培训的全都是最好的老师，其实这些人根本用不着培训。于是我们就提意见，想要进来的不给他们进来，不想进来也用不着进来的让他们进来，这就没有意义了，等于是把这个名额浪费了。所以现在开始逐渐面向下面的普通老师进行选拔，我们也有了一定的选择权，我就把这些名额给那些非常想要学习但又没有机会，没有各种荣誉的老师们，这些人确确实实有提升的空间，他们也愿意学习。

在给这些老师做培训的时候，我是比较实际的，他们要会上课。理论学习会有，我会请专家过来给他们做报告、做讲座，同时我也会跟其他区县的工作室合办，我们就一个主题，他们到我们学校来进行开课，我们也在这里开课，"同教异构"的方式比较多。这种形式就是我们出一个老师上课，他们也上这个课。现在也开始不是同教，我们就是有一个主题，比如说现在要听说教学，他们去准备一堂听说课，我们也准备一堂听说。还有一个就是给他们看各种各样的课，主要是开阔他们的眼界。有些人他自己是比较弱的，过去一直闭塞着从来不出去，现在到各个地方去听各种课了，听了以后就学了很多，感觉到自己的不足,突然就思路打开了,改变的意识就有了,否则他就没有这个机会。

另外就是给老师们一个开课的机会,比如我们帮助有的老师开全市的展示课,还进行全国转播。我们给他打磨了一个多星期,从他开始有这个想法,到每一个环节该怎么讲,还让他去听课。开过这种课对教师有好处,至少让他知道这个课整个过程是什么样的,要考虑些什么问题,在今后的教学当中,他会有这样一个意识。

还有一个内容是关于科研方面的,比如有次请了一个专家讲如何写好科研文章。这里牵涉到评职称的问题,我们在这个基础上面,尽量给这些老师提供机会,让他们能够在各个杂志上面发表一些文章,对他们以后评职称有帮助。

现在闵行区对教师的培训抓得挺紧的。新教师有一个为期一年的培训,一直在培训。我还带一些研究生实习,现在有 8 个学生,七宝中学有什么课我就让他们去听,还有区里面有老师开课,我也带他们过去听课。实践对他们很重要,因为他们理论方面学得蛮多的,要去听课,要去体验我们老师上课,要去看一下平常课,观察老师要做一些什么事情,如果你以为老师的工作很轻松就错了,实际上是很苦的。这些人要去找工作,没有实践经验还是不行的,所以就提供他们这样一种机会,我们来做他们的实践导师。每一次的实习,我就告诉他们,你每参加了一次活动都要做一次反思,记录下来,如果两年里面你一直在思考,你就会提高。

采访者:作为专家,您在听课、评课方面有些什么感想?

施国华:我去评课的时候,主要还是看教师的教学目标是什么,在教学过程当中目标是不是达成了,这个目标是不是正好适切的,还是太大了或者太小了。一般小倒问题不大,就怕它太大了,来不及。还有就是教师的教学的设计是不是比较符合我们语言教学的目的,到底是以学生为主的,还是以教师为主的。他的教学活动跟学生的生活实际是不是紧密结合的,让学生能够有所发挥的。

我想外语教学说到底是要设计一个场景,让学生用这个语言来说话,解决一件事情,这样学生才能提高。现在知识性方面,靠死记硬背的东西太多,花费了太多的时间。比如讲被动语态,要设计一个被动语态的场景出来,让学生参与进来。不要先讲出被动语态的形式是怎么样,先给学生大量的语言的东西,然后让他们去发现这种共通点。学生自己总结出来的,要比你跟他们讲的要记得牢。有的老师抱怨怎么给你讲了 20 遍你还记不住!因为这是老师讲的,不是学生讲的。我在做老师的时候,过去也有这种抱怨,怎么讲了 20 遍学生还记不住,后来我反思了一下,是记不住呀,这 20 遍是我说的,不是他说的,他怎么记得住呢?

采访者:关于上海中小学英语课标的修订,您有什么建议?

施国华:我们上海的课标做得还是可以的。要提建议的话,我们这个教材用了这么多年以后没有修订,这是一个问题,现在学生总体水平高了,教材也得要适当地推出点新的,或者多提供几个选择。考试的时候,按照课标和考纲来考,不管是学牛津也好,学新世纪也好,看报纸也好,都是在这个标准之下来进行评价。

英语语言学习就是要交流,就是要说,要写,但是我们这些都锻炼得太少了,全都是以考试为主,这样语言能力就下降了。所以课标里边的评价如何把学生的能力评价出来,这是一个难题。现在只能是看他掌握了多少语言知识,考试也是考这些内容。不过我感觉我们上海外语高考的走向是对的,倒是能力好的学生考得好,能力不行的就不行。

课标做的都是比较宏观的,怎么样让各个学校按照课标的统领下面又有自己的特点?我感觉英语教学的自由度就在于按照学生的水平来组织,应该给老师更大的自主权。我们不是说不要考试,而是考试要跟教学相关,评价也要做得相关,不能一把尺子把什么学校都量了。现在我们有一个最大的问题,就是考试评价做得过多。因为我们各个学校的层次不同,一定要有自己校园独特的文化和自己的校本教材和课程,要有个性化的东西。

紧扣课程标准，推进教学评一致

——上海市英语特级教师施嘉平访谈

(上海外国语大学国际教育学院　王　睿　编辑整理)

访谈嘉宾简介

施嘉平，上海市徐汇区英语教研员，正高级教师，特级教师，40年来一直从事小学英语课堂教学研究和小学英语教师培养以及在职小学英语教师培训工作。曾获"首届全国中小学外语教师名师"、"全国外语教师园丁奖"、市劳动模范、市教科系统"三八红旗手"、"市园丁奖"等荣誉。兼任教育部"国家级培训计划"项目专家组成员，经教育部审定的义务教育教科书《英语》(三～六年级)主编以及经市课改办批准的九年义务教育课本《英语(牛津上海版)(试用本)》(一～五年级)主编，市普教系统名校长名教师培养工程小学英语学科基地主持人。主编、合编或参与编写的著作、独立撰写的论文30余本(篇)，并多次在国家级、市级的教材、课题或论文评比中获奖。

访谈内容提要

此次访谈围绕上海市小学英语教学展开。施老师就小学英语课堂教学现状、课标修订、测试与评价、教师培训等方面分享了自己的卓见。

关于教学现状和课标修订,施老师指出,从全国角度看,上海的小学英语具有优势。这是历史沉淀厚、师资较好和社会需求共同决定的。但由于学科教学应该面向全体学习者,课程标准的修订需要考虑让100%的学习者过关,另外,受课时的限制、减负的导向、生源多样性等因素影响,上海小学英语课标需要与国家标准比较,不能低于它,但也不需要刻意拔高。施老师非常认可任务型教学作为主流教学模式的益处,尤其是对全国课标提出的能力要求有促进作用。但任务型教学需要本土化,要能适应中国的国情,能与教学目标、课程标准挂钩。施老师以教材模块、单元整体设计为例展示了如何按照目标、任务、教学内容的顺序进行逆向设计。虽然在课标中不能也不应指定教学方法,但课标可以提供任务教学案例,任务教学型的教材也的确减轻了教师运用教材的难度。

关于教材使用,施老师介绍说区内45所学校的需求不同,对牛津教材的使用程度也相应不同。语料不足的问题的确存在,但用好教材更重要,不提倡通过教师自主进行文本架构解决,建议从已有的教学资源中提取语料,按需、适量增加到自己的教学中即可。

关于测试与评价,施老师认为应将评价融入到教学中去,也就是追求目标、教学与评价的一致性。为此,首先需要将基于主题的牛津教材做针对教学目标的"一纵两横"梳理,厘清同一主题的纵向关联和模块内部的横向关系,然后在教学和测评中呈现出这样的理解,才能真正帮助学生不断向上进步,帮助教师成为课程的执行者和领导者。施老师也指出目前小学尤其是低年级的英语教学应该以听说活动为主,对学生实施多维度的评价,但目前学校里口头的听说评价因为教师配比的缘故比较缺乏。

关于教师培训,施老师谈道,区里的教研活动多年来一直在努力做到主题化、系列化的分层推进。通常会按照区内教学的关键问题设置主题,近十年的关键议题就是任务驱动下的教学应该怎么做,而每次聚焦的点会有不同,但都会跟课标、跟市里的新文件接轨。目前区域内的小学都已建设了完备的英语课程校本化实施的学习目标梳理表,并根据学生变化和自身成长对梳理表实施动态管理。针对课程标准或其他政策文件,区里都会组织及时、深入的讲读,并通过有针对性的评课等活动对讲读效果进行跟进。同时,施老师鼓励市、区名师基地的学员针对教学中的关键问题自主选题,帮助众多教学骨干促进教学和科研间的双赢互动。

访谈实录(采访者:王睿)

采访者:谢谢施老师接受我们采访。首先请您谈一谈上海市小学英语课堂教学的现状。

施嘉平:从全国角度看,上海的小学英语还是有优势的。我自己做上海的教研40多年,也担任过全国版教材主编,从我了解的情况来看,上海的积淀比较厚,所以我们在教学方法的探讨上、教学策略的运用上,整体会比较好一点。从教师入职的条件来讲,上海的优势比较大。因为上海现在的示范性高中(俗称重点中学)的老师基本上都是硕士或者博士毕业,而且比较多的英语学科老师都是从外面读教育学方面的专业回来的。普通中学教师基本上是硕士毕业,小学教师现在本科毕业是肯定的,硕士也越来越多了。

另一个原因就是社会的需求使得上海必须往前走。很多家长对孩子期望高,基本上从孩子两岁开始,就双休日带孩子学东西。在这种氛围下,不这样想的家长也怕自己的孩子从一年级开始就不行了,所以好像也不得不跟着大家走。看上海民办学校的招生情况,也知道家长对孩子学业方面的要求高。这个大环境促使上海整体英语教学比较好。

采访者:那么这次上海修订课标,您看和以前相比,标准需要拔高么?

施嘉平:我参加过上海2004版课标建设和现在新出台的基本要求制定。我的感觉是,因为课程标准不是选拔标准,面对的是全上海所有的孩子,因此写课标希望的是上海百分之百的适龄儿童都能达到这个标准,而不是只针对民办学校等等,所以就是下要保底,上不封顶。我们区里面关心的就是保底。我们全区45所学校,大概有三分之一的学校里,外来务工的农民工子女是超过75%的,这些孩子要能够达标的。从这个角度来说,再考虑到现在上海一、二年级课时较少，我觉得现在的课程标准差不多了。

另外，现有上海课标已经比国家标准高了。这两年市教委一直提倡减负，把核心词汇缩减到六七百以下，而全国是四百多个。不论是全国课标还是上海课标都是底线，但对于出版社写教材的人员来说，他肯定会超标。对于学校来讲，它用的教材肯定是超标的。现在上海小学用的是牛津教材，牛津的总词汇量就是超过一千的。所以如果再超这个，我觉得是会有困难的，尤其我觉得我们区目前最大的问题在转学生，从其他省市四年级转进来，通常是三年级开始读英语的，而上海市一、二年级开始读，转学生基本跟不上。

从区域的监测来讲，全区不合格人数大概在 5% 以下，但是学校差异很大。有的学校十几，就是我们讲的小型学校，80% 以上是农民工子女，而且有很大一部分是四年级以后进来的。教育局曾说过，三年级进来的孩子要想办法让他合格，因为这就是上海课标所规定的两段，一、二年级听说为主，是习惯的养成，三年级的牛津教材实际上有 92% 的内容与一、二年级是重复的，但是一、二年级对学生的读和写是不做要求的，三年级开始做要求。那时候我们局长就说学生四年级转进来，有的孩子还有口音，你让他口头上一下子跟上很难。但是笔头上不能差，否则他没办法读中学，因为中学里的英语是连上去的，并不是从头读的。

所以，从课标知识模块的要求来讲，现在已经差不多了，没有必要拔得太高。就像我跟我们大型学校说的，比如高安路一小、汇师小学，你提前教，比如一、二年级就把笔头的要求都跟上去了，三年级干什么呢？既然三年级还是用三年级的教材，一、二年级不要压得太紧。再比如世外小学的学生，如果毕业不能进世外中学而是进普通学校的话，他过去学的一直不用，还是得重新来了。

采访者：任务型教学一直是探讨的一个热点。您觉得小学英语任务型教学开展得如何？

施嘉平：任务型教学是一个导向。1999 年开始，徐汇和闸北率先全面铺开任务型教学，从一年级开始一点点用上来到现在。我自己是 1999 年开始用牛津教材尝试这种方式的教学，2001 年在北京读了全国骨干教师班，回来以后有了更多研究。目前上海有很多老师想做任务型教学,也有老师说任务型教学过时了,但我觉得很多老师对任务型教学的内涵到底是什么并不真正了解,这会影响到教学品质。真的能够做到的话,任务型教学还是很好的。

对于我们中国人来讲,就是要任务型教学本土化,要能够适合我们中国的国情,适合学生的特点。我去听过几次全球英语教师大会,里面任务型教学专家的讲话是有道理,但问题是我们是有目标的。专家认为如果是真实任务,老师不应该给出限制,不应该给所谓的guided questions,应该让学生自由发挥。但是我们是课堂,课堂就要保底,比如五年级讲 my friend 就要用过去时来说,还用四年级的现在时就不行。我们要本土化,就是还是要有一点要求的,还是要跟教学的目标挂起钩来。

比如我们现在提倡进行横向的单元整体设计,每个课时下来要做一件小事情,即有一个 sub-task(次任务),这个小事情和你单元最后要做的大事情肯定是相通的,是为它做铺垫。每个小任务完成了,单元结束的时候就能完成综合能力更高一点的大任务。这样的话,随意一节课来讲,你为什么要复习这个词,为什么今天要教这个词,都是跟今天完成的任务有关。但是有很多老师会出现这样的情况,比如今天的 language focus(语言点)是一般现在时态第三人称单数的特殊疑问句"What does he do?",但最后的任务是"Describe your father",那教 What does he do? 就用不上。所以我们提倡用逆向设计,就是目标设定了,然后先把任务想好,任务怎么来体现这个目标,然后再分析学生情况,哪些要教,哪些不要教,比如上面例子中,最后呈现的肯定要是 interview(面谈)这种任务,要让学生通过提问获取信息。

我自己感觉还是要做这个任务型教学,因为它可以起到促进全国课标提出的"Can do something"的作用。2012 年我在格拉斯哥开会,他们讲到"Use it to learn it",有两个解释。从目标上来讲,指的就是学以致用,也就是全国课标上的"Can do something",这是陈琳教授一直说的,就是我们中国人学英语就是要 Can do something,实际上就是任务驱动。

那么我把 use it to learn it 放到哪里呢? 放到内容上面,也就是最后要用的你就教他，最后不要用的就不要教。而我们有很多老师自己去改编教材的时候，跟他的教学目标根本没关系。比如我曾听到我们区的课，讲平面图形，老师觉得没什么好教的，就开始教立体几何的名称。孩子会用吗？不用的，以后也不用的。实际上最后的任务需要用到哪些语言，而中间肯定要有新的内容，这个新的内容就是你 while task（边做边学）里要一步一步从机械性训练到意义性训练的，然后到最后就是 communicate practice（沟通实践），台阶要这样子搭建。所以我们现在采用的方式就是这样，但并不是全上海都在做，这也是我们目前教学的弱势之一，就是有很多老师，好像知道了，但实际上还不知道。真的要做到教学评一致不容易。

从课标角度看，首先课标上是不能提用什么方式教学的，因为课标是标准，不能有太明显导向，而我们一直讲教无定法。如果去看 2011 年版和前一版的课标，差异就在这里，但是 2011 年版后面举的这些案例，实际上还是照 Can do something 来设计的，或者说用任务驱动的。当初课标出来，全国很多人质疑，难道只有任务型教学可以抓，其他就不能教了吗？但是我们为什么沿用？因为我们觉得它跟我们目前对英语教学的认识一致。Can do something 完全是可以按照这个实施起来，只不过需要本土化。牛津教材改写以后这方面的意识更强了。这么说不是因为我参加了改写，而是因为我看了这么多学校，跟学校的老师一起做，有一点感觉，就是让教材的任务概念更显性化一点，主要是减少老师使用教材的难度。练习册也凸显了任务的概念。只不过这些任务是我们的底线，也就是说你达到这个就可以合格，至于你吃不饱要往上走，你可以做更多。

采访者：一、二年级我们重点放在听说上，牛津教材它提供的语料可能还是有限的？

施嘉平：牛津教材提供的东西实际上是受限制的。课改办和审核专家规定一年级在 30 个词以内，二年级在 50 个词以内，怕加重学生负担，但 30、40 个词的小语段，很难表达一个稍微完整点的意思，所以我们自己都觉得不太灵的，但不这样审查就通不过。

采访者：老师是不是可以灵活操作呢？

施嘉平：老师灵活性大了以后也有问题的。前几年小学曾经提倡过文本架构，但我们不主张，所以也没推。这是因为让老师自己改实际上很难的。牛津教材所有的东西出来都是有牛津出版社这些外国编写专家在把关的，至少语言或语境上还好，而老师自己编的语料出问题的很多。另外，不能说语料大了，学习能力就上去了，这不一定是成正比的，实际上跟你的训练、你的目标都是有关系的，现在说的素养或者说老师的价值观会直接影响到孩子的语言能力，所以我们区不提倡做这个事情。我们就说首先你用好教材，如果孩子吃不饱的话，可以略微加一点。所谓加一点，就是原来教材里边因为受限制，有些应有的内容删掉了。比如买东西，它最后 Thank you 也不说了，这种礼仪上应该要有的可以加回来。还有一些大型学校大概90%以上的孩子，入学前虽然是零起点，但实际上多少都学过一点，你就可以适当地让他的语境完整一点，语言完整一点，比如多加那么一两句话，故事的推进就会比较好一点，但是不要大段的自己去弄。

采访者：在徐汇区这么多学校当中，大家除了用牛津教材之外，是不是还有自己额外的呢？

施嘉平：在过去的三年，教育局抓的是学校的课程方案建设，所以就看学校对英语学科的定位。一般民办学校都肯定不是用一本教材的，否则家长就觉得要落后了。家长要出钱，要朝你这边拥过来，学校肯定要有自己的优势的。但是大型公办学校基本上是上海户籍的孩子，没有农民子弟，学生起点相对来说高一点，家长、社会对他们的期望值也高，所以会有一点儿其他的内容。比如四、五年级都是五课时，牛津本身的语料不是很多，四年级限制在80个词以内，五年级限制在100个词以内，那么可以在教材的基础上，对教材做补充处理。对小型学校来讲，他们可能只用四节课来上牛津，还有一节课上补充阅读。在小型学校，要让两套教材同时走，它毕竟也有地段生。

采访者：您怎样看小学测试和评价的现状？

施嘉平：我们区教研室是按照市里面的方向、区里面的要求来做的。我们比较多的努力放在怎样把评价融入到教学中去，也就是教学评一致性。由我们教育学院牵头的教学评一致性这个项目做了三年了。它实际上是跟我们学校课程方案的行动计划同步的，学校有了它的方案以后，各学科再出个指南，徐汇今年各个学科指南都是中位的。区里边的学科指南也是按保底标准出的。课标肯定是按底线指标做的，上不封顶，但是下一定要有一个保底。学校就做了一个手册，再细化到每一个课时。我因为在做这个项目，才知道文理科还是有很大差异的。比如说理科里的三角形，小学解决三角形问题，解决了就过掉了，但是语文也好、英语也好，文科类的是一个积累的过程。假设也用三角形来讲，一年级是三角形，到五年级还是三角形，只不过内涵不一样了。牛津教材为什么它的市场会比较好，实际上也是因为它走的是主题，一年级到五年级共八个主题，但是它的内涵不断滚动。这跟现在国际文凭组织（IBO）这种理念比较接近，上海的二期课改比较大的部分实际上也是借鉴了 IBO 的这个概念，强调习得，强调主题。

使用这种基于主题的教材，教师容易出现什么问题呢？就是没有体现出一年级教 my friend 和五年级教 my friend 的区别。孩子的认知能力也变化了，教学内涵肯定也有很大的变化。牛津教材本来的理念就是用认知教学，所以它是以任务驱动学生的学习。我从 2001 年开始主持这个工作，就是觉得有这个问题在，我们想贯彻这个理念，但老师分不清主题相同情况下内涵上的变化，到五年级教 my friend 还是三年级的要求。

最早的时候，我们简单地称之为纵横，就是区里把五个年级每一个 module 的目标都重新梳理过，这样老师就知道不同年段教这个主题下的知识点和能力要求应该是有什么变化的。然后再做了两根横向的线。牛津是以模块（module）为中心，每个模块是一个主题（theme），同时每个模块有三个单元（unit），每个单元是一个话题（topic）。每个单元跟所属模块之间的关系，这是第一个横。比如这个模块主题如果是"场所和活动"（places and activities），三个单元要怎么样围绕这个主题开展，这三者之间是什么关系。第二个横向就是一个单元，单元整体设计。现在上海提倡单元整体设计，我们觉得光是单元还不够，因为这个单元是在模块里边，而这个模块又跟其他同样的模块怎样来区别，其中的差异、递进必须呈现出来。所以只有纵横都梳理清楚，才能够把这一课时的目标梳理出来。

最重要的是，这样才能帮孩子一步一步往上走。这样的理解对如何测评有直接影响。比如一个后进生到五年级写作文的时候，还把三年级写的文章背出来写，按照一般测评方法，肯定要算他合格。所以我们在写作方面的评分跟其他区不一样，其他区是写五个句子就得十分，写对一句就是两分，具体写出什么水平不很重要。导向就变成再好的孩子，他也就挑简单的句子来写。现在五年级的学生要跟中学接轨，短文写作的字数要求是70、80个字，但如果学生十个字也写不出来，实际上三年级他就没会写。三年级介绍朋友的时候，主要介绍他的名字、性别、外貌等，四年级开始介绍他的爱好、他的物品，还要像语文一样举个小例子，比如我跟他是怎样开始做朋友的。五年级就是看他的思维能力，比如相同爱好的人可以做朋友，不同爱好的人也可以做朋友。这些都是教学中和测评中要关心的。

所以我们的规定是写出 6 句正确的句子就是 6 分，然后就看你的逻辑、用词、句式等怎么样，用这种加分的方式来鼓励孩子。那么回到文本架构，老师自己去编文本的话想不到这么多，因为平时他站的就不够高。现在我们要求区里的老师把纵横线都理清楚，某种程度上来讲，这就是上海课改以后提倡的"老师也是课程的执行者和领导者"。原来老师都说我们就是执行者，实际上他的目标如果梳理不好，这个执行也无法执行好。他也要站到课程的高度，回过来看，才能够想明白很多事情。

采访者：小学对低年级的听说能力特别重视，听说能力的测评在徐汇区是怎么实施的？

施嘉平：因为教师配比的缘故，大多数学校都不做口试。我通过市里面的基地工作发现好多区每班要 50、60 个人，一个老师上六个班，300 个人，没办法做口试。从实施上看，听力的测评差异很大。很多考试是考字的，我说这样对学生是不公平的，没有学字母，结果考听力的试卷都是文字出来的。所以我认为就应该都是图片，或者像外国语小学那样，卷面上的句子全部是读过的。但大多数学校不这样做，就直接提前、加深。这也是我们为什么在做教学评一致性工作的原因。教的时候都是口头的，考的时候都要认识的。教学评真正保持一致是很难的，实际上这也是目前教学中的劣势。

有个别学校让学生录音，然后教师听，每个月至少每个孩子一次。但是教师的工作量很大的，少一点的一位教师也要带五个班。他们都说听下来以后，自己要吐了，因为在办公室一直要用耳机，听了以后还要给学生一个反馈。

采访者：前一段时间有的教育局统一推广硬件方式在线测，遭到家长一致反对。您怎么看？

施嘉平：硬件的提升是可以的，但我们区里不可以做这个事情。老师用也有顾虑，比如你提供了这个网站，学生上去读了，当场网站是可以给他评分的，但是家长不一定信任这个成绩。市教委2015年出的低年级评价指南要求分项评价，比如我们区三年级今年考听力。但如果线上测试，家长可能会说线上考的戴耳机，比较清楚，在教室里听广播的，有干扰。即便现在是等第制，90分和100分都是优，家长也会不满意。因为不管政策的初衷多么好，如果中考、高考不变的话，就会存在不科学性。

采访者：徐汇区在教师培训上、后期发展上，有哪些活动呢？

施嘉平：这个一直在做的，最近市教研室还主推了一个教研活动有效性设计研讨，其中朱浦老师讲的就是主题性和系列性。实际上我们很多年教研活动一直在推进主题化、系列化。我们一步步深入，到现在，老师都有一个总体框架，随便到哪个学校，老师的表格梳理都已经做出来了。十个学期的总体，从内容分项来讲，语音什么要求，词汇什么要求，词法什么要求，句法什么要求，语篇什么要求，听说读写什么要求，每个学期总的要求都有的。然后跟教材配起来，同一主题上，不同年级什么要求，还有每个模块里面不同的单元是什么要求。但是这个梳理我们做的是动态管理。因为随着学生的不同，随着老师自己对教材的认识，以前预设的这些目标都可能需要调整。所以我们也是不断深入，不断增强实践性、操作性。

采访者：课程标准方面的培训情况如何呢？

施嘉平：市里面发任何材料，比如评价指南，我们都要讲读的。我有个好处就是所有的这些我都参与，每一条为什么定出来，我知道它的背景是什么，我会去做解读。有什么报告我也争取都去听听，不退休，就得学习，不学习，跟下面老师说什么都过时，要与时俱进。特别是我们教研员，做研究、做教材都是我的副研，都是业余时间做的。

我的主要工作要先干好,要把前期的教师培训做好,所以我们很大一块精力确实还是在这上面。

把官方解读、PPT拿过来,照着说一遍,是不够的。各层级的人要做各层级的事情,我们就是需要帮老师弄清楚。讲读时首先讲和以前的认识有什么不同的地方。然后就是说每个点,哪里有变化。比如我上次做评价培训,我说你们看低年级的评价讲伴随,高年级的评价讲融入,教师对这两个字要敏感,为什么是融入,实际上就跟我们现在做教学评一致性一样,也就是说你的课堂活动本身就带有评价的因素在里边。比如一个 Fill in the blank(填空练习)做好了,学生做 Check(检查)的时候就是评价。只不过你让他自己对答案,就是自我评价;你让两个人交换自己的纸头,就是同伴互评。同伴互评的效果肯定比自评要好,因为有的人看不出自己写错了。同学之间,孩子的心理就是喜欢抓别人一点毛病出来,他能够抓出我的,我能够抓出他的毛病,我的水平也上去了,这实际上就是一个活动反馈,就是你的评价。

再比如分项评价应该怎么来分?上个学期期中的时候,我就把所有学校的试卷全部收上来看他们怎么来分的,因为等第不能用分数折算,我就看老师是到底怎么评的。请老师在卷子旁边写是怎么给学生打出来他是 A,他是 B,不能用 90 分就是 A,这是市里面规定的。我就看这些试卷,看了以后自己做一个分析,对全区说一说目前大家做得比较好的地方有哪些,应该怎样做。

还有一个问题就是老师上课讲一套,考试考另外一套。家长们也很无奈,我的孩子书都背得出来,考试就是考不好,回家作业也跟考试两回事。现在我去听课,就把这个单元的测验作业先拿来看。因为我们前面目标都已经树立好了,你考什么拿过来,考模块也可以的,要求是什么,要考的课堂里面是不是做了。

所以培训中我们就是按照自己区里边的关键问题设置主题,这十多年一直只有一个主题,就是任务驱动下的教学应该怎么做,每一次的点会有一点变化,但我们所有的培训都会跟课标,跟市里面的新文件接轨。因为光把文件拿来读,实际上老师的感受不是很明显,所以解读过了这个文件,比如说中高年级的评价标准,后面跟进的就是评课，就是课堂里边哪个点是评价点，它跟它的目标之间什么关系。我不评它的任务设计跟它的目标之间什么关系，因为我现在关注的就是融入，融入得怎么样。所以每一次可以抓一个小点，连续一个学期让老师通过观课、讨论、其他教研组的介绍等，也就是听说读写都有的，让教师有切身感受。

采访者：我在网上看到关于您的名师基地的报道，发现基地为教师提供了大量科研方面的培训。请给我们介绍一下？

施嘉平：名师基地五年一期，刚结束。现在基地很多，包括我们区有工作室。我的感觉是要做这个事情，必须是跟教学生一样的，就是老师要符合学生的需求，基地主持人也要符合老师的需求。一期基地只做一个主题，比如高中英语阅读教学、高中英语写作教学。我是觉得老师有自己的需求，所以在我的基地里每个人是自己选题的。我跟他说你这个题目要三结合，学校让你干什么，教研组需要做什么，还有你自己想做什么，就是你做完这件事，你自己成长了，学校教研组也带起来了，校长分配你的任务也完成了。

这么做也是因为老师太累了，比如小学英语教师的工作量是 16 节课，校长还看你考第几，多少人不合格。而且这种到市里培训的人，一般是教研组长、教导主任，他们都必须要申报学科的 360 分数。现在"第十三五"，学校要完成的分数又更多了，教研组一定要申报的。所以我让教师把所有事情都连起来，就像北京烤鸭一鸭三吃还是四吃。这样子的话主持人很累，这个做写作，那个做阅读，我自己都要去搞清楚，但是对学员来讲会比较好。我们区的工作室是新的一轮刚开，10 个人。2 月份的时候我跟他们说了要求，3 月份开学，我就一个个找他们做。我说你们不叫课题，叫项目。我把他们的项目一个个去调整好，给弄起来，一个个去指导，在这个过程中我也在不断学习。

采访者：这样您的工作量要翻几倍了。那么参训老师在科研方面有什么集中关注点吗？

施嘉平：一般老师不太会考虑自己到底想解决什么。我们希望他做的课题是他教学中的某一个关键问题，而目前比较多的老师会随大流，比如现在一直在抓单元整体设计，他就会也做这个。但实际上他不一定要抓这个点,因为像工作室也好,像有这种课题需求的人来说,相对来说都是有一定教学经验的,至少是 10 年、15 年以上,他完全可以根据自己哪方面见长去选题,或者根据所在学校的定位,比如说教研组都是很年轻的老师,希望他们做什么。

基地培训可以比较灵活。上一次我的基地就跟第三期的基地,也就是我们顾立宁老师的那个基地,合起来的。因为这个时候全市要推见习教师培训、见习教师基地校,而这些老师没培训教材,又没培训东西,只是师徒带教是不够的,而且这个徒弟每星期要五到六个半天在你旁边待着。我的基地是个人选个人的题目。其中有人做写作,后来市教研室汤青老师接了一个任务,撰写小学、初中、高中写作的专著,我就把做写作的人拉进来一起做。我们做见习教师手册,这个手册要提供的就是"应知应会",各方面都要包括,阅读、任务型教学、如何教词汇、课堂组织等等。我请基地的学员按照自己做的方向参与进来,所以基地成果就是这种综合性的产品。

采访者:施老师,非常感谢您提供这么多信息,和教学实际结合得特别紧密,能感受到您对教研工作的热爱。

施嘉平:这不过是一个人的工作态度。做教研工作总是希望对教师有一点帮助,对教师有帮助,就能提高区的整体教学情况,最后惠及的还是学生。

客观评价过往，立足时代需求

——上海市英语特级教师施志红访谈

（上海外国语大学　刘　辉　编辑整理）

访谈嘉宾简介

施志红，上海市特级教师，长期致力于初中英语教学、教材和命题的研究，曾公开发表论文20余篇，在长宁区、上海市和全国的英语教学比赛及论文评选中得奖，曾获"全国优秀英语教师""全国优秀教师"等多项荣誉称号。曾参与《快乐儿童英语》、《上海九年制义务教育英语课堂教学设计》、《上海市初级中学英语学科教学基本要求》、初中《英语（牛津上海版）》、《新编初中英语听力训练》、《初中英语写作教学活动设计》等多本/套专著的编写。先后承担本市多个区、外省市及国家级的中小学英语骨干教师培养项目，是上海市"中小学英语学科课程标准修订组"成员、上海市第二期、第三期名师培养基地（初中英语）副主持人、华东师范大学教师教育学院学科教学（英语）专业研究生实践导师、上海市教育学会外语专业委员会常务理事、长三角地区基础教育英语学科专家。

访谈内容提要

此次访谈围绕上海市中小学英语学科课程标准的修订展开。施老师分享了自己在现行课程标准的修订、教材的编写、中考命审题工作以及教学实践过程中的丰富经验，并就上海市中小学英语的教学现状、课堂教学、教材编写、教学测试与评价、课程标准修订和教师培训等方面提出了宝贵的建议。

施老师高度肯定了上海市中小学英语课程改革(一般称为"二期课改")所取得的成效，指出上海市中小学英语教育在全国处于领先地位，尤其体现在如下两方面：一是教师在教学理念、教学方法以及对课堂教学的认识等方面的转变；二是学生英语水平的提升，其语言表达能力尤为突出。

关于课堂教学，施老师指出课堂教学的转变对于"二期课改"所取得的成就功不可没，以培养学生语言能力为核心的课堂教学是学生英语学习的主要阵地。施老师表示，师生互动、课堂文化营造、学生参与和体验是课堂教学的重中之重。

关于教材编写，施老师回顾了牛津版教材的引进和改写历程，并指出：首先教材内容应注重时代性、生活性和文化性；其次，应依据课程标准设计和编写教材内容。

关于教学测试与评价，施老师指出，上海市中考英语突出以"重视能力，淡化语法"为导向的特征，测试以学生的综合能力为主，对学生的听、读、写技能及语言知识进行较为全面的考察。同时，她希望借鉴上海市高考及外省市中考的经验，尽快在中考中加入口试。

关于课程标准修订，施老师结合自己参与 2004 版课标修订工作的经历，指出现行课程标准是立足于本世纪初上海市城市发展，基于当时的社会需求和教学环境而制定的。课标的修订应突出英语学科的核心素养，明确标准和要求，语言表述具体化，并加强可操作性，引导广大英语教师全面落实课程目标，培养学生的跨文化交际能力，用英语了解世界，并用英语来讲中国的故事。

关于教师培训，施老师表示，在市教研室及各级教研员的引领下，上海市的教研活动呈现出主题化、连续性和时效性的显著特点。施老师结合自身教研实践及反思，建议应充分发挥教研活动的示范作用，更好地发挥区教研员、高端教师和拔尖人才的引领作用，形成全市、区级、校际、校内多层次、多范畴、多形式的教研互动模式，使更多的一线教师能学习、了解、参与对教学问题的关注和研究。而且，应将课标的解读、宣传与学习融入到常规的教研活动中，提升一线教师对于课标的认知。此外，在课改过程中，应理解一线教师所面临的工作压力，构建客观合理的评价体系。

访谈实录（采访者：刘辉）

　　采访者：您觉得上海市的英语教育整体状况如何？

　　施志红：整体而言，上海的英语教育水平在全国来说是比较领先的。通过一期、二期课改，更是发生了非常大的变化。教师的教学理念、教学方法，以及对课堂教学的认识都发生了极大的转变。从学生的角度来讲，他们的英语水平，特别是语言表达能力的提升最为明显，一部分学生的语言水平在某种程度上来讲已经可以适应在英语国家继续学习或者生活了。但是学生人数众多，差距也存在的。

　　采访者：上海市英语课程改革取得了如此大的成效，是因为课堂教学的作用吗？

　　施志红：课堂教学肯定是功不可没，对绝大部分的学生来说，英语课堂应该是英语学习的主要阵地。而且，在教师培养和培训过程中，历来强调课堂教学一定是要把学生的语言表达能力放在首位。

　　采访者：课堂教学中又存在哪些问题呢？

　　施志红：有待提高语言知识、语言技能、学习策略、情感态度、文化意识教学的有机整体融合，这五个方面的教学并非相互独立的。许多教师在课堂教学中还是存在对上述内容的单一化认识，割裂了彼此间的相互作用。比如，部分教师十分关注词汇和语法的教学，但忽视语言知识和语用的关系，忽略语言学习过程中学习方法、认知策略的教学。有效的英语课堂教学应该是要通过科学的方法和有效的教学设计让学生习得必要的学习策略，保持、培养和提升学生学习过程中的情感态度要素，并引导学生关注语言中所蕴涵的文化。再者，课堂文化的营造也对有效课堂教学产生较大影响，要改变灌输型、应试型的教学方式，构建以学生为主体、以教师为主导的师生积极互动的教学模式，形成充满激情的、充满思维碰撞的体验式课堂。

　　采访者：您如何看待现在的教学测试和评价体系？

施志红：在过去的 20 年间，我曾多次参与中考英语的命题、审题工作，因此，较为关注教学测试和评价问题。从理论上来说，中考英语力求考出学生的能力，上海市中考的指导思想一贯是"淡化语法，重视能力"。从分值比例来说，能力测试所占比例很高，中考英语 150 分里，能力考察占 100 分，知识层面考察只占 50 分。从命题的角度来讲，以阅读为例，不仅设置了找到 specific information 或 facts 的题目，而且对学生的总结、归纳和推测等深层次理解能力进行考察，比如主旨题、推测题或者发表读者自己的观点等等，力求对思维能力和语言能力进行考核和评价。目前中考共分为三个部分：第一部分为听力，占 30 分；第二部分为语音、词汇和语法，占 50 分；第三部分为读写，其中阅读占 50 分，写作占 20 分。语言技能的考核还是比较均衡的，但是现在口试还没成为中考内容，只是由个别区域、个别学校自主进行，未在全市开展。但众所周知，口试已成为高考的一部分，而且江苏省十多年前就将口试计入中考总分。因此，根据当前的形势及社会需求，增加口试肯定是中考测试发展的方向。在这一点上，上海的中考已经有点儿落后和保守。好在市教委已有相关文件，希望口试能尽快进入中考，从而使我们的测试和评价更加全面客观。可以预料，此举也将对进一步的课堂教学改革起到重大的推动作用。

采访者：根据您的简介，了解到您参与了中学英语教材的编写工作，能否谈谈您对于目前中小学英语教材的优势和不足么？

施志红：上海"二期课改"时有两套教材，一套为新世纪教材，一套为牛津教材。目前上海初级中学基本都在使用牛津教材。牛津教材是当年牛津大学出版社供中国香港地区学生使用的教材。当年市教委经过深入研究和分析后，决定引进此教材，供上海市外语基础较好的学校使用。自上世纪 90 年代末引进教材后依据国家发展需要以及上海市学生的特点，对教材进行了两次比较大的改编。第一次就是引进伊始，考虑到此教材是为中国香港地区学生所编写，教材中部分内容脱离我市学生生活和学习经验，因此，对教材中所涉及的大量香港的地名等"港味"事物逐一进行改编，同时，删除原教材中个别不适合青少年学习的话题（如迷信）。此次改编的总体原则是尽可能多地给学生提供原汁原味的教学材料。第二次改编是在上海市大部分中学都开始使用牛津教材之后，正如前面所讲，引进牛津教材的初衷是供外语基础较好的学校使用，因此，与其他教材相比难度可想而知。对于大部分学校来说，教材的内容过多、过难、词汇量过大等问题逐渐显露，于是进行了再次大修订，修订的主要任务就是减负，依据课程标准修订文章的长度、难度，删减词汇量。同时，依据课程标准进行词汇的比较，将课程标准上的词汇视为核心词汇，超出部分视为拓展词汇。客观来说，牛津教材的引进，对于广大初中英语教师教学理念的更新、教学策略的转变及教学质量的提高都起到了里程碑式的作用。该教材的编写体系、内容话题等至今仍不失其先进性。但是，随着时代的飞速发展，教材中的部分内容已经过时。如八年级的课文 Dealing with Trouble 这篇文章，讲述的是一对父子，如何在保护好自我的同时，智斗歹徒惩恶扬善的故事。但在手机早已普及的今天，学生对于父亲利用小店公用电话报案的情节很不以为然。又如 Computers 这一篇，对于电脑各个组件名称的介绍也早已 out of date。尽管教材的内容不可能超越现实，但也应秉承与学生生活紧密相关的原则，因此，教材应呈现动态修改的态势。所以，我们特别期待束教授这个基地项目的成果。

采访者：如果要进行再次修订，您有哪些建议呢？

施志红：教材要与课标同步修订，要符合课标的目标与要求，体现出时代性、生活性和文化性。

采访者：**您不仅参与上海市初中英语教材的编写以及中考的命题和审题工作，而且还是上海市中小学英语学科课程标准的修订者之一，您能否结合您多年的经验，评价一下上海市的课标？**

施志红：上海市现行课标为 2004 年版，距今已有十余年。在当时看来，课标提出"高中毕业生英语基本过关，能满足其今后学习、工作和生活对英语的基本需求"这个目标是很超前的。根据上海市前两年的 PISA 考试成绩，上海连续两年排名第一，这足以证明上海市英语教学确实是走在全国前列，当年设定的课程总目标在整体上也得以实现。为了适应新的形势，2013 年上海市成立了课程标准修订组对 2004 版课标进行了大修订。课程标准不仅是教学的依据，也是教材编写和中考命题的依据。很遗憾由于客观原因导致新版课标没能下发。但是已经把课程标准的研制成果转化为《教学基本要求》（俗称"考纲"）等文本。《基本要求》中的七个单元对初中阶段的所有教学内容做出了概述、明确了具体的内容结构与要求，并给出了具有导向作用的学习指引和可模仿、可操作的评价示例。《基本要求》提出的英语核心能力矩阵涵盖了语言运用、学习策略、语言文化的标准，其学习水平分类更是使我们的教学和考试有据可依，并能帮助教师更好地理解何为"语言运用"。《基本要求》已成为当前上海市中小学英语教学的重要依据。

采访者：您觉得课标修改的重点和突破点何在？

施志红：2004 年版的课程标准是在总结"一期课改"的经验和不足的基础上进行制定的，保证了"二期课改"的顺利实施，并取得了令人满意的效果。但是，毕竟十年有余，因此，客观评价课标是十分必要的，也是推进上海市课改，提升上海市英语教学水平首要解决的问题之一。与国家的课程标准 2011 版相比，课程标准应该更严谨、更具体，增加英语学科的核心素养。政策文本的要求确实应具有宏观性、高度的概括性，可是，当这些要求落地时，如何帮助一线教师准确理解这些抽象概念就成了一大难题。例如，语言文化、学习策略、语言能力这些术语，一线教师对于这些高大上的术语内涵知之甚少，但是结合 2011 版的国家课标的课程目标结构图示，便可以清晰地说明课程目标与课程目标维度之间的关系，而且 2011 版的国家课标就每项目标维度进行了详细解释和说明，并描述了各维度分级标准，这有助于一线教师准确地理解和把握每一个抽象概念的具体内涵。如何把抽象的概念具体化，如何把学术化的概念指称转化为一线教师教学实践活动和实践认识，这是课标修订与课标解读的关键。课程标准内容清晰和明确的同时，内容可量化也是非常重要的，如核心词汇量、语法内容等等，这些可量化操作的内容有利于一线教师把握课程标准中语言知识的相应要求。简而言之，帮助教师理解课程标准，增强课程标准的易读性、具体化和可操作性。

采访者：应该采取哪些措施来加强课标的执行力度和效果？

施志红：加强课程标准和教学基本要求的解读十分必要，尤其是一线教师对课标的理解和政策目标的把握对于英语课程改革目标的实现，即学生英语水平和语言能力的提升起到关键作用。教师应提高政策意识，不能把课标仅仅视为静态文本，应积极探索和挖掘文本背后所蕴涵的目标指向。

采访者：课程标准和教学基本要求的宣传与解读的主要途径有哪些？

施志红：教研活动是最主要途径。上海市的教研活动形式非常丰富，依据教研活动组织主体，可以分为校内活动、校际联盟、各区域以及全市范围的教研；依据活动对象，可以分为高端教师教研、拔尖人才教研、新教师教研活动以及全员培训等等；依据教研的载体，可以分为线上和线下两种形式；依据教研的主题，开展了一系列专题教研活动，如语言技能教学、命题与测试、课标解读以及教学基本要求解读等。各级教育主管部门和教研人员对于课程标准和教学基本要求的宣传与解读在理念上来说是非常重视的。上海市的教研活动在市教委的领导下，市教研室举办了一系列活动，活动的主题鲜明，主题间连续性强，围绕教学中的热点难点问题展开，而且充分利用信息技术，通过微信网络论坛搭建教师交流平台，并开展网络教研。其他各级教研活动也非常丰富，校级、校际联盟和区域教研活动也是促教帮教的重要途径。

采访者：在您看来，以上教研活动中哪类教研是最有效的？

施志红：区域教研是相对最有效的方式。区域教研的覆盖面广，区域内的每一位教师都受益。其次，教研组长的培训也十分重要。上海市的教研活动非常有特色，如果有兴趣，我可以给你提供一些信息，欢迎你来观摩。

采访者：非常感谢施老师的支持，有机会一定参加，切身感受一下教研活动的魅力。上海市中小学教师享有如此优质的教研资源，可想而知，教师的整体素养也应该是比较理想的，您是如何评价的呢？

施志红：上海市对于中小学英语教师的要求非常严格，对入编教师的语言知识和语音面貌要求非常高，从而保障了上海市的初中基本都能实现全英语授课模式。我们的教师在全国教学比赛中所取得的优异成绩也足以证明我们教师整体上具备较高的素养。历年来我们上海的教师参加全国性的英语教学比赛均名列前茅。2015年我们名师基地的一位学员取得了全国比赛的一等奖第一名;最近我们有一所初中学校的教研组代表上海参加一个全国性的比赛,又囊括了现场上课一等奖、语音语调一等奖、现场说课一等奖、录像课参评、论文参评一等奖等多项殊荣。但不可否认的是,教师间的差距客观存在,一部分教师在课堂教学中的问题不容忽视,亟待解决。

采访者:您指的这些问题是什么呢?

施志红:还是教学理念和教学方法的问题。部分教师重知识轻能力,应试化倾向严重,学生缺少语言实践和体验的机会。值得注意的是有些教师年纪轻轻却观念和方法老化。不客气地说,可能他们现在的教学方法就是他们中学时代教师所用的教学方法。最近我和其他一批特级教师一起受聘于华东师范大学教师教育学院,担任研究生的实践导师。我们着重给研究生提供一些课堂观摩和教研活动观摩的机会,让他们走进课堂,走进教学一线,让他们深刻认识和感受课堂教学,弥补高校脱离中学教学一线的不足。我们相信教师的教学能力和水平是可以在大量的教学实践锻炼中得到提升的。

问:上海经济发达,家长受教育水平普遍较高,那么对教师的要求自然也较高吧? 教师是不是也面临很大的压力和挑战?

施志红:一线教师工作非常辛苦,既要承受很大的压力,也要面对很多无奈的选择,这种压力和无奈一部分是源于应试和教师评价体系,一部分源于学生和家长。英语学科的特点决定了其中考合格率并不能达到100%,这便给教师、校长和学校都带来了教学评估与评价方面的无形压力。此外,教师评职称难度较大,教学任务繁重。在英语教育教学过程中,家长也起到重要的作用,家长的教育背景、对教育价值的认识以及家庭教育方法都对学生的学习产生重要影响,家长与教师的沟通与配合是学校教育目标得以实现的重要保障。同时,部分教师还要面临(外来务工人员子弟)学生流动而带来的负面作用。

采访者:教师在专业素养方面还有哪些方面需要提升的呢?

施志红:第一,教师对于课程标准的重视程度,对课程标准的理解和学习。第二,教师如何就语言综合运用能力的五个维度开展有效的课堂设计与课堂教学。第三，教师对于英语阅读、写作、听说等版块的有效教学设计的研究有待深入。此外，教师的命题能力也有待提高。命题首先要明确考核目标，不同题型的考核目标不同。但在现实中，有些阅读理解题目竟然是从语法考核的角度出发的，比如，以动词的不同形式（do/doing/does/to do）来考察学生的阅读能力。显而易见，这种题目不需要学生阅读即可进行作答，这种命题不仅不能检测学生的阅读能力，而且会影响学生形成正确的阅读策略。

采访者：据我所知，您曾经在小学担任过英语教师，对中小衔接问题的感触应该更多，能否请您谈谈上海市中小学英语课程的衔接问题？

施志红：因为我本身是从小学过来的，而且我退休前长期工作的建青实验学校也很有特色，是全国唯一一所从幼儿园到高中的15年一贯制的学校。目前我也有机会参与一些小学英语课堂教学的评比、论文的评审、职称的评定以及教师培训工作，因此对于中小学英语课程的衔接有一些体会和思考。我认为中小学课程衔接的问题应在新的课标修订中引起足够的重视，教材的衔接、教学方法的衔接、作业和测试评价的衔接，都是值得我们研究的大问题，应多听听不同渠道的声音。

文化开放包容，教学多元并蓄

——上海市英语特级教师汤青访谈

（上海外国语大学国际教育学院　迟晓虹　编辑整理）

访谈嘉宾简介

汤青，上海市特级教师，1991年毕业于上海师范大学英语专业，任上海市教委教研室英语学科教研员、高中部主任。兼任"国培计划"专家库专家、长三角基础教育英语学科专家，《课程与教学研究》杂志特邀编辑，她还担任全国教育学会外语教学专业委员会理事、国家基础教育实验中心外语教育研究中心常务委员、上海教师学研究会英语教师专业委员会秘书长、上海市教育学会中小学外语教学专业委员会副主任。

访谈内容提要

此次访谈围绕课程标准的修订展开。汤老师就上海市现行中小学课标、中小学英语课堂现状、教材、测试与评价、教师培训、课标修订等方面分享了自己的精彩观点。

汤老师认为2004版的课标本身有很多的亮点，它体现了下有保底、上不封顶的理念。这个课标从理念、教学资源、教学模式、教师培训和学生活动方面都起着很好的引领作用，达到了很好的效果。

汤老师认为上海中小学教师的整体水平还是不错的，学历有基本保障。英语课堂从教学模式来看，每个环节都相当规范，但是英语课堂需要对话和互动，如果教师中规中矩、亦步亦趋走程序的话，就少了独立的思考和创造性的发挥。上海整个城市学生的差异度还是比较小的，这种下有保底的传统要保持下去。

在教材方面，汤老师认为课标中谈到一纲两本，即一切的学习语言都是我们的大课堂、大教材，在这点上它表现出了开放性和包容性。不过，教师们另外补充教学材料的时候，还是要严格遵循课标的要求。

汤老师认为高考对测试与评价的影响是巨大的，整个社会对高考的重视也使得它在评价体系中占有不可撼动的地位。汤老师认为上海的综合评价实践很有特色，学生有很多这方面的体验，比如讲故事、演讲、辩论，英语竞赛里面有故事接龙、才艺展示、学生模联社团活动、报刊阅读课、社会调研等。现在要思考的问题是如何把多样化的活动纳入到正式的评价体系里。

作为市教委教研员，汤老师在教师培训方面有着扎实的理论积累和丰富的实践经验。她谈到了研讨课，很多的研讨课都是量身定做的，是一个概念引领的问题。汤老师在进行概念课设计的时候，希望能够把一种好的理念植入进去，因此在每一个环节的设计上都非常严谨。

汤老师认为，课标的修订要体现出上海的基础以及它在教学上的开放性。要突出上海特色，如上海城市中的语言资源、多元评价、对外教有序的管理、丰富的社会实践活动等。

访谈实录（采访者：迟晓虹，宋亚南）

采访者：上海现行的中小学英语课标，您觉得它的优势在哪里？有哪些不足？

汤青：现在讲的应该是2004版的。2004版的课标有很多的亮点，比如它的词汇量和听说量、视听量，体现了下有保底、上不封顶的理念，这方面原先都是没有做过的。二期课改在指导教材的编制过程当中也是有一定的引导作用。二期课改教材使用到现在也有十多年了,应该说效果还是非常好的。这个课标对上海的城市定位符合我们学生的特点,从理念上,从教学资源上,从学生活动上,甚至包括教学模式、教师培训,都有一些指导性的意见。我觉得对于上海的老师来说,这个课标的确让大家看到了一个全新的理念,而且它能够支撑老师到现在。上海的外语教学在近十多年的变化当中,应该说效果还是蛮好的。

要说有不足,任何一个现成的文本,如果从它的预见性来说,可能会在某些方面还不够,因为现在有很多东西提出来,是响应时代的需求。比如说我们现在所讲的减负增效,比如说学科育人、核心素养,虽然在原来的课标中没有提到,但是原来的课标中也不缺这些要素的。如果仔细地去读的话,我想这些东西还是可以解读出来的。人肯定是在经验的基础上面,会去提炼一些东西,尤其是近十多年,我们国外的资料也看得多了,所以人家的表述方式,我们也更加去琢磨了,是在进步的。全民重视英语,这是一个不可忽视的现象,所以我们的确有看到英语非常非常优秀的学生,甚至有些学生小时候是在国外生活,现在回来,其实他们并不是我们课标所针对的目标群体,他们只是很少的一部分。课标所关心的,不是个别学生的表现,或者一部分学生的表现,而是我们整体学生的表现。所以课标在制定的过程当中,我觉得它应该就像我们原先 2004 版的课标,它有一个保底,上不封顶,这是我们的理念,我们的环境所致。下有保底,这是我们作为一个教师的职责,难教的是比较薄弱的学生,不是好的学生。即使课标后续还会有一些案例的话,我个人觉得其实不需要一些很好的学校的案例,因为这些案例没有说服力。就像我们搞教研活动,我们开课的话,不可能一直是展示好学生,因为老师们觉得学不会。在制定课标的过程当中,我们也可以去量身定制一些案例,我们可以到一些普通的学校去调研,去看看学生真实的学习状况。

采访者:课标的资料中如果要提供一些教学案例的话,应该采取什么样的选择标准?

汤青:我觉得一些教学活动的基本方法,比如任务型教学法,或者 jigsaw reading、翻转课堂,可以提供这些基本概念的一些案例。还有,语言学里面的一些基本的概念,或者老师平时在中小学教学中可以去引用的一些东西，就是小段的、有一些导读性质的材料，我觉得这个是需要的，如果他边读这些东西，边去做做，会很有体会的。

采访者：新课标如果要有所突破的话，您觉得重点应该放在什么地方？

汤青：我觉得是上海特色。如果是上海课标的话，上海特色还是应该要充分体现的，上海本身它的基础，它的开放性，教学的开放性。我觉得它的亮点不一定是我们的词汇量比全国多多少，而是我们一些对于环境的支持、学生活动体验的提供，还有就是我们评价的多元。还有我觉得外教进课堂也是我们上海做得蛮好的地方，外教和我们本土教师衔接得很好，不是来一个外国人他就能上课的。

我们上海不是所有的学校都有招聘外教的资质，有的外教不一定是教师出身，我们现在外教比较多的学校，在这一方面管得非常严，教师的水平还是蛮高的，而且都是经过面试和考核的。在我们有些学校，外教没有教案是不许进教室的，这里面其实也有一个职业标准。从内容角度来说，说白了，知识内容没什么大的改变，只是我们教的路径有所改变了，对学生能力的表现，我们观察的点更多了。所以，这些观察点，这种环境保证、支持，我觉得可能更能够体现我们上海的特色。

采访者：英语课标这一块，您怎么看上海课标跟全国课标的关系？

汤青：上海课标从理念定位上应该是跟着全国课标走的，我觉得尤其是，我们学生的流动性也是会比较大的，对于今后考试的方向，我们要有一个前瞻性，我们的学生还是要适应全国的标准。但是我们也要体现我们上海的特色，上海城市建设中的一些语言资源，包括人员的资源，包括我们物理环境上面的一些标语、场馆介绍，这种资源我们都是可以利用的。而且我们上海的外教进入课堂也是蛮多的，对外教的管理也很有序。从另外一个角度来说，我们学生参与社会实践活动的机会也很多，而且我们上海的家长也比较乐意提供这样的机会，也希望学校能够鼓励这样一种活动，增加一些评价的要素。还有就是，我们上海的学校在整个课程方案里面，有一定量课时的自主支配权，学校在这些自主的课程里面，能够保护我们英语特长学生的一些空间,我觉得这些还是需要体现的。我觉得"下有保底、上不封顶"是我们一个很好的理念,因为好的学生的确需要有自我发展的空间。同时我们要保证我们的基础质量,还是要保护下有保底的做法,这是很重要的,不能眼睛只看着高端的。

采访者:您觉得现在上海的中小学英语课堂教学的整体水平是怎样的?

汤青:可以这样说,英语课从我们课堂的导入、课堂的发展和课堂最后的小结,甚至包括我们的作业等等,这些环节老师还是比较规范的。但是这些规范其实从另外一个角度来看也有一些隐性的问题在里面,因为这样一来,老师自己的独立性就差了。根据我近五、六年的体验,很多老师都很喜欢在听课结束时去拷一下上课老师的PPT,现在我是极力反对这种做法的。因为每个人都有每个人不同的思路,而且一方面这是人家的知识产权,另一方面也是体现别人的思路。你把某一个思路学会了,其实可以自己做。所以我觉得大规模的培训有好的地方,但是从老师独立思考的这个角度来说,可能就不好。英语课的特点,大家都知道,课堂上是需要对话的,对话需要老师个体的独立发挥。如果课堂只是走程序的话,就不太好。

我觉得从整体层面上来看,上海老师还是蛮好的。有一个矛盾就是,我们老师可能理念是会讲的,但在实践操作的时候会受到现在考试制度的制约。如果说理念能够和我们实实在在的教学以及考试接轨,而且也真的能够指向学生的能力的话,就有用了。因为老师有时候他讲理念,你觉得他好像看了好多的东西,其实他还是空的,还是落不到实处的。课堂上面会发生很多非常朴素的过程,这些过程是必不可少的。如果老师能够把这些东西都讲明白,而且能够做,并且知道为什么这么做,这个环节无论做多少时间都能够把握好的话,可能他对这个概念的理解就够深了。

老师的水平怎么来分?从面上来看,上海老师的水平整体来说还是不错的,学历是有基本保障的,现在好一点的高中,很多老师都有研究生学历。他的语言知识应该还是可以的,但是从教的角度来说,因为老师都还是比较年轻,并不是说他不会教,但他的现场感还是很缺乏的。有时候你看课程标准规定的,都是最后的高中毕业、初中毕业时达到的一个水平，但在这个过程中，高一学生、高二学生到底做些什么？还是需要一个过程性的东西。

采访者：现在总是会讲到信息技术在教学中的应用，您怎么看这一块？

汤青：信息技术，对外语老师来说，还是比较容易上手的，外面的资料也是看的，英文版的东西也是能够去做一点的。信息技术其实也是多方面的，因为以后我们可能也会有一些数字教材的出现，包括我们的课标，以及其他的文本性的东西以后也会有数字版的。那么我个人理解，像课标它今后的数字版，可能会更多地呈现案例，本身的文本，纸质的可能就是以大纲纲要性的东西为主。当然你说的这个信息化指的就是老师上课利用多媒体精选教学内容等等，我觉得英语老师从素养的角度来说，获取一些与时俱进的素材，当然也是他的一种能力，这样能够把很多的新闻及时地用到他的课堂上来，对他的信息素养也是要求蛮高的。

为什么外国老师上课时，投影是少不了的？我们为什么每个字都是要事先打好的？这样就局限了，它就是固定答案了，或者说开放度不高了。但是作为一个英语老师来说，从不同的媒体获取一些信息，我觉得这是你的基本功，或者说你去读懂一些信息，连续文本的、非连续文本的，包括广告的，各种各样的，我觉得这是你的能力，你的眼界是你的能力，所以信息是从各个角度来说的。

采访者：您怎么看待翻转课堂的形式？

汤青：翻转课堂要根据具体情况来判断的，有些，譬如说很长的小说，你事先阅读好了，如果是拓展课，或者说像市三女中，它本来就有文学阅读课，预先读好了，在课堂上开展讨论，这完全可以，讨论要有路径的。但是并不是说一篇简单的课文，学生在家里读过一遍就可以了，你怎么知道他家里读了几分钟呢？我在课堂上面，要训练他在语境中辨别生词，要训练他在几分钟的时间里面能够读完这篇文章，能够在第一遍读的时候获得概要，在第二遍读的时候捕捉到一些什么元素，他能够带着问题去读。否则的话，都读完了，我没办法来检测他，我没办法控制我的课堂，也没有办法来估量学生的水平。翻转课堂本身这件事情没有错，就是老师不能错误地去做这件事情，借了这样一个名头。就像我们很多老师说 jigsaw reading,他就根本不知道为什么,他只是课堂上面大家分开来读一读。为什么要这样读?读了效益是什么? 他都不知道,我们反对的是这个东西。

采访者:您怎么看校本课程?

汤青:校本课程这个事情是很有价值的,因为尤其是在高中,学生入学就是一个正态分布,因为他是按照考试成绩进去的。我觉得校本课程的价值在于因材施教。这个因材施教,一是针对不同的学习人群,第二就是不同的基础,针对了不同的学习节奏。有些孩子他本来就聪明,本来就领先的,市重点的,那么他基础就好,容量就大,知道的东西就多,你可能跳掉第一步也没关系。而有些孩子可能没有那么聪明,但是他也好学,所以他起步要慢,要低,但是他后面的节奏可以快一点,一旦他掌握了方法可以快一点。我们高考作文是 150个词,高一可能我们一般老师命题都是要求 100 个词,因为初中毕业是 60 到 80 个词,这就是校本。校本因为它不是做最终的结果,它是做高一、高二、高三的,甚至是做高一上、高一下,这样的路子就踏实了,就是我们说的脚手架功能。

采访者:您觉得现在上海的中小学英语里边,教材的使用情况是怎样的?

汤青:教材方面,我们在 1998 年引进牛津之后,在 1999 年也开始编了新世纪,现在从小学、初中来看,基本上都在用牛津教材。高中的新世纪和牛津基本上还是持平的。牛津教材本身它的螺旋上升和它的呈现形式比较具有外语学科的特点,尤其是它话题和内容的呈现。当然教材本身它就是滞后的,这是一个不可回避的事实,任何国外的教材也是这样。

说到教材的修订,还是要跟着课标走的,因为课标是指导教材的,还要看我们现在的课标的理念。从现在的教材来看,其实我们也是走过一段路程的。首先牛津从香港地区引进的时候,那是 1997年,香港 1997 版,我们后面是 1998 年开始用的,用到现在有些内容已经有点过时了。另外,当初引进的时候,还没有和小学、初中衔接,学生小学、初中学的不是牛津,乍一接触觉得词汇量比较大,或者思维方式比较难以接受。现在我们学生的基础也越来越好,对外接触交流也获得更大的信息。我们第一次修订，把整套教材降低要求，现在的学校反而又觉得它要求太低了。到底怎么样的一个容量合适？我觉得还是要跟着新的课标走。但是从现在来看，它的板块应该还是蛮好的，不断地在调整，它既有符合外语作为母语的这样一些语境式的教学，也有一些符合我们学生的一些词汇表，包括我们需要的语法归纳等等。这些已经都在改变过程当中，到底是什么样的形式，还是要看学校的需求，还是要让教师能够接受，而且面上的学生也都能够接受。我们现在学校自主地引进一些教材，或者说取其中的一部分，这些都是学校自己的行为。课标如果能够从能力、知识板块上面给予他们一个整合的建议，那可能会更好。另外我们二期课改，2004版的课标里面讲一纲两本，也是说我们一切的学习语言都是我们的大课堂、大教材、报刊阅读、小说阅读都已经列在其中了。

这样就给了老师们一个自主的空间。我们课程标准现在是一个标准，在它之上还有一个课程方案，课程方案就是指导每一门学科，或者说一个学生在学校里面的总课时是多少。那么这个总课时里面，它有一部分是基础课，有一部分是选修课，那么选修课里面英语的，或者说数学的，都要学校自己去利用这个空间，办出自己学校的特色来。怎么说呢，课标本身，从学科课标来说，它既是一个规范性的文本，其实它也是相对开放的。

课标里边也包含拓展型课程的内容，这个拓展就是说可以拓，也可以不拓，可以拓语文，也可以拓英语，这要看它课程方案上面的规定，不能说我英语要多少课自己随便说的，它有一个通盘的考虑。

采访者：有些高中老师觉得这个课本，对于他学生的程度来说有点简单了，就基本上甩开它，用外面的内容。您觉得这种方式怎样？

*汤青：*我觉得这种方式肯定是不好的。为什么？教材不是一个人编的，教材是一个团队编出来的，是课标指导教材编写的，所以它毕竟要体现课标的理念。所以，连课标的示范样本你都没有学完的话，你就不知道我为什么今天这篇课文要放在这里，我不放另外一篇。你自己先搞清楚，随后你才能替换，所以我们说课标要指导校本大纲。教材中可以讲袁隆平，也可以讲爱因斯坦，为什么这个时候要

讲他，我们这堂课不仅是学袁隆平，我们要学里面很多其他的和语言相关的东西，但又不仅仅是语言本身，不仅仅是这些语法。它放在那里，肯定有它的价值。它的语篇结构，它的人物描写，这些课标里面都有要求的，你不能撇开这些微技能的东西，另外拿一篇来，水稻的种植，你偏了，你人物描写还有吗？你人物实写还是虚写？都不一样的吧。

你的材料能够完全替换吗？你要论证的，不论证的话，这只是凭自己感觉，你觉得你这个词汇量到了，就可以了，所以很多学校它没有做得很好，其实它的教学内容之间是有偏差的。就像老师命题一样的，我一定要考一道冠词。我今天第一份模拟卷考冠词，考 the，第二天模拟还是考 the，第三次还是考 the，那你 a 不考了？你 an 不考了？你觉得你考冠词了，你就达到标准了，其实并没有达到标准。

采访者：有老师抱怨教材简单、没新意了，您觉得的确是需要更换教材了吗？如果老师们要从外面选材料的话，应该采取什么样的方法？

汤青：教材到换的时候，也是可以的，因为毕竟也是这么多年过来了，1997 年到现在也二十年了。我不大喜欢老师去拷贝这些课件什么的，老师喜欢把东西都藏着，觉得我明年可以不备课了，其实这种事情是做不到的，学生都在变，教材其实是可以变一下的。我们有不少学校也选用了一些其他的教材，还是蛮好的。外面材料是可以整合的，首先我们要读懂课标，随后理解教材是怎样响应课标的，随后在这个基础上面，你才能够自己去选，去加，去减，这也是可以的。有些学校因为它是美术特色、体育特色，它也可以减一点的。

采访者：您怎么评价上海中小学英语教学的测试跟评价这一块？

汤青：考试本身是不多的，就一个考试，就是高考。但是为了准备这个高考，你必须是要有训练的，那么怎么样的一个训练度，这是需要去思考的。这个课标只能是建议了，为什么我这么说呢？现在都说综合评价，英语学科它本身的能力体现里面，这个能力不是一张考卷上面能够考出来的。你即使一年两考也是考不出来的，综合能力有多少的比例能够算入高考的分值里面，这个不是课标能够决定的,是政策决定的。但是课标可以从这个方向去引导,因为综合实践现在学生是有一个分值的,学生个人档案里有这个评分在里面。

采访者:今年的英语高考不是改革了吗?英语要考两次。您可以评价一下吗?

汤青:对于学生来说,第一个就是学生有两次机会,学生的心理状态肯定是会好一点的,但是现在学生之间有一个攀比,我两次都要去考。我也听到有家长说,我如果能够考到某一个分数,比如说138,我就不去考第二次了,因为我要集中精力做另外一些事情。我觉得考两次,学生心态上面更从容一点。一个人如果连选择都不会的话,还能做什么呢?你选择一次,选择两次,这是你可以选的。现在一股风的,好像大家还不大淡定,我觉得有些事情还是需要引导的。从另外一个角度来说,的确有一部分学生在英语学科上是很优秀的,他可以在少读半年书的情况下参加第一次高考,而且能够考到一个相对比较好的分数,这也在一定程度上减轻了他们的压力。因为他接下来可以不为高考,而为真正的英语阅读去做一些事情,我觉得这也是值得的。

如果说社会上有一些炒作的话,或者说一些焦虑的话,我觉得随着时间的推移,会逐步淡却的。其实我们很多的改革,包括我们说减负增效,我们的出发点都是好的,我们的教学标准从80年代到现在,除了能力上面有那么一点的要求,内容上面没有增加很大的难度。但是家长就觉得孩子好了还要好,如果学生真的能够获得他要的东西还是好的,问题是家长不能够区别正常的负担和那种盲目增加的负担。

采访者:现在经常提到综合评价,您觉得上海主要是哪些方面做得比较好?

汤青:多样化,现在我们多样化是有了,不过多样化能不能进入评价的议事日程,我们还不能够保证,但是这种体验,我们学生还是蛮多的。比如说讲故事、演讲、辩论,我们英语竞赛里面也有故事接龙、才艺展示,学生模联社团活动、辩论社、文学阅读、文学课、报刊阅读课,这样的体验的东西还是蛮多的。什么样的东西能够进入学校评价的百分比,或者说什么样的课能够算入它的拓展课的评价,建议拓展课评价里面的总分不少于多少,这个都是我们要去规定的。甚至你在什么样的报刊上面发表过你自己的习作,这些都可以评价的。比如不少学校的姐妹校的外国小朋友,社会实践你把他们领回家,你能够拿到多少分,这种都是一个实施的建议。这些活动,学校不一定算分数,但是会算在综合考评里面,可能不和最终的考试成绩挂钩,但会与你今后的一些机会有关。比如说有外国小朋友住在你家了,你也可以到他家里去,它肯定是会有一种激励的因素在里面。

采访者:您平时调研接触下来的这些一线的老师们,他们对于课标了解得多不多?

汤青:要老师们静下心来看课标,那也是不多的。不过学校也要有这样一些活动引导他们去做,如果课标能够直接和我们的评价教学挂钩的话,我觉得老师们还是会去尝试的。各个学校有各自的要求,我们可以看到学习氛围很好的学校,也看到有些学校要求不是很高,所以老师很多的工作也就流于形式,或者有些学校要求是蛮高的,但是水平不高,所以老师还是做一些比较琐碎的事情,这个是看学校的,学校的推动力还是蛮重要的。所以我们教研室本身有一个课程领导力项目,像这样的项目就是从校长出发,提高学校的这样一种管理,校长的管理也是很重要的。课程标准拿到任何一个学校,它都不能直接用的,它肯定是要校本化实施的。

采访者:您觉得上海市中小学的英语教师,针对课程标准的培训做得充分吗?

汤青:我是 2004 年到教研室的,2004 版的课标我没有参与,但是我参与了培训的过程。其实 2004 年到现在,我们课程标准的培训有集中的,也有松散的,当初课标出台的时候是有集中培训的,这个培训既有文本性的培训,也有专题类的文章;有各门学科的,关于某一个主题,比如说关于评价,关于作业,也有关于某一门学科的这种培训。这个培训当初是有学生版,有社会版,还有教师版,也就是说想让全社会来宣传的。当初的信息环境没有现在那么快,当然也相对安全,现在就是媒体太快了,话斟酌好了才能说。

我们其实后来陆陆续续出过很多的文本,比如说关于课堂教学的建议、关于评价的建议、关于作业辅导的建议等等,有相关的文本逐步推进，就是落到实施层面的。还有每年一次新教材、新教师的评比，也就是说用教学、教材来带动我们面上的教师的培训，这应该说是最有效的做法。其实我们一直在做，一直做到2015年，后来变成两年一次。

培训其实从二期课改开始，我们老师大批的出国培训也有，各个区的集中培训也有，主要集中在暑假、寒假。随后就是我们教研室组织的评比，还有各个区都有工作室，都有这样一些项目。

采访者：像您刚才讲，我们的英语教学要面对的是大众，尤其那些弱的学生。教师培训除了这种高端的，我们是不是也要针对大批的普通老师，因为他们可能会经验不足？

汤青：你这个问得很好。教师培训是这样的，我们举办零到五年、零到三年的教师培训，就是一个学期，或者一年的课程，我们也有一些零到三年的教研组长的培训，各种类型都有的。我们曾经还做过一期双语教师培训，来的都是其他学科的老师，不是英语老师，英语老师教不了其他学科。这个都是要花力气去做的。

采访者：我看现在的中小学老师的理论知识也是开始提升了，除了教好，还要提炼论文、做课题。

汤青：对，但是这不是他们的强项，也不是我们要求他们一定要去做的。从我教研员的角度，会对他们说，用你觉得最确切的文字来表达你现在所做的事，不是用最合适的理论来表达，是最合适的语言，可以杜绝他们用比较大的词。而且一直跟他们在强调，课程标准里面的任何一句话，你写在你的论文里面，或者写在你的文章里面，都要好好地斟酌，因为课程标准它是管十二年的，你应该思考对应的是你的一堂课，还是一本教材，还是一次评价。你要讲明白了，是哪一样东西，是在里面的哪一点，不是课程标准里面一句话拿来就能够作为你的理论支持的。因为做文献，做理论的研究，不是我们的强项。最后我就跟他们说：你看到最有道理的是什么？是你做过的事情。所以老师写东西还是要接地气。

采访者：您对公开课怎么评价？

汤青：公开课包含研讨课、展示课，还有我们的家常课的直播。其实老师有这样一种抱怨，觉得公开课像个人秀一样的，一回到课堂，又打回原形了。但是我们有很多的研讨课，或者展示课，都是量身定制的，都是刻意的，就像我们的概念车一样，如果没有一个概念引领，我们后续是很难进步的。他们觉得很难学，但是他们都在学，所以我们的课是进步的，十年前的课和现在的课是不能比的。所以这是一个概念引领的问题，你要把一种好的理念植入进去的话，你必须要去这么做的。像这样比较有代表性的概念课，其实近几年一直都是我在背后设计，我希望一定要做出什么样子，一定要体现出，在某一个环节上你一定要教什么，这个就是一个引领。但是老师会觉得你这一堂课里面体现的信息量太大了，我们接受不了。没关系，你一点一点来，一点一点做，就是这样。但是转入到家常课的话，那就看老师你爱学不爱学了，这个完全取决于个人。

概念课的话，我可以举一个例子，比如我们去年的听说课，去年我开了两堂听说课，两位不同的老师。一位老师他就是用课文来上听说，选一篇课文。课文我们一般是用来阅读的，但是我说，我们尝试一下，因为这篇文章文本内容不难，生词量也不多，而且它的结构很清楚。那么我们来选择一些什么样的内容可以让学生作为听的环节？哪些是可以听一个整体，或者听一个背景，哪些是可以作为一个听的细节？在这个过程当中，听和读怎么结合，听和说怎么结合？听的过程当中，我们如何做笔记？这样一堂课，就是教材的教学。不是说我们随便什么课都要外面去拿东西来了，要思考什么样的教材能够进入我们的听说课。

另外一位老师，我就让他做一个课外的听说。课外听说强调的是能力的培养，围绕一些小的素材来引导自己整理出口头的 presentation。有不同的素材的切入，有不同材料的听、不同视角的听，有对话的，有独白的，有那种剪辑下来的现场秀的这种东西。

这种尝试也是基于不同学校，前面一所学校的基础相对比较薄弱，后面一所是市重点的。所以，这也等于是做了一个示范和引导，都要讲究一个路径。

真情教育，智慧教学

——上海市英语特级教师吴文涛访谈

（上海外国语大学国际教育学院　陈慧麟　编辑整理）

访谈嘉宾简介

吴文涛，上海市建平中学英语特级教师，学校英语教研组组长。上海市名师培养工程"何亚男英语名师培养基地"学员。曾获"上海市青年教师教学大奖赛"一等奖，参加骨干教师国家级培训，获"全国中小学外语教师园丁奖"，获"全国中小学外语教师名师"和"上海市三八红旗手"称号。吴文涛老师崇尚在师生平等的人文环境中教学相长。在教学中始终坚持创造以学生为主体的英语教学环境，在轻松和谐的教学气氛中激发学生的学习兴趣，培养学生的学习热情，从而提高教学质量。

吴老师的教学感言是：真情教育＋智慧教学＝美丽！

访谈内容提要

吴老师认为，现在的英语日常课堂教学，从老师的教学理念和教学实践来看，都比过去有很大的进步，这个进步体现在几个方面。第一，老师们在教授词汇时，更多地已经注入了生命教育、环境教育、学生所应承担的社会职责等这样的教育内容。这个是理念上面的提高。第二,老师对于课堂的有效性研究也比以前要多了很多,这样的研究也是基于几个层面,有几股力量推动着老师们有这样的研究。

吴老师认为,高中英语教学与十年前比较,主要变化体现在对口语和阅读教学更加重视。

关于阅读教学,吴老师强调文本性质的分析、结构的分析以及对作者意图的分析。以前可能比较重视文本中的语言、词汇和细节的内容,但是现在已经偏向文本的结构组织和主旨,这种变化其实也是高考题型变化带来的启发。以前一直研究细节,有点只看到树木、看不到森林的意思,而这绝不是阅读最主要的目的,所以现在阅读要多加强这方面的训练。

关于考试,吴老师认为,让学生做质量高的试卷并能及时有效分析,比做很多套试卷又不怎么分析,效果要好很多。因为在分析试卷的时候,会跟学生讲命题思想,学生也会知道命题的思路,会按命题思路解题;此外,高质量的试卷也会给老师提出命题的建议。师生共同形成的这种研究试题的精神,有利于教学的良性循环。

关于上海现在中小学英语课程标准,吴老师认为,课程标准应该对不同的学生有不同的要求,因为现在中学分为一般的完中、区实验性示范性高中、市实验性示范性高中,如果纯粹就一个纲领,让各个学校自己再去增减,对学校来说比较困难,因为学校的力量是很有限的,水平也有限。而课程标准则是由很多专家共同研制的,要比某个学校几个老师编制出来的更科学、更有借鉴意义。吴老师觉得新课标急需的是增加各种语料的来源,并尽可能多地提供各种上佳的教学资源。

关于教材,吴老师认为,牛津教材的内容有点陈旧,语言有点简单。文本之后的活动设计内容很好,但这样的活动一本书里不太多。建议每篇或每个模块后面多一点这种项目,老师就可以有选择地进行教学设计。活动最好做成 research 的形式,让学生根据话题查找资料、完成任务、形成文本,做出可以展示的作品,然后来做展示,这样的一个过程非常锻炼学生的多种能力。

关于教师的素质,吴老师认为,首先教师要有师德和教学热情,第二爱思考,第三语言素质要好。如果人品差,教学也没热情,哪怕语言再好，也是万万不行的。做老师要爱学生，才会一踏进教室就有用不完的力。

访谈实录(采访者：陈慧麟)

采访者：如何评价上海中小学英语课堂教学的现状，有哪些优势、哪些不足？应该如何改进？

吴文涛：应该说现在的英语日常课堂教学，从老师的教学理念和教学实践来看，都比过去有很大的进步，这个进步体现在几个方面。

首先，老师们现在慢慢感觉到，光教一些语言知识不能真正地培养出具有文化品格、思维品质和学习能力的综合素质人才，所以老师们在教授语言的同时，更多地已经注入了思想、德育的教育内容，包括生命教育、环境教育和其他各种学生应该承担的社会职责。这个是理念上面的提高。

第二，老师对于课堂的有效性研究也比以前要多了很多，这样的研究也是基于几种层面，有几股力量推动着老师们有这样的研究。一个是每个学校教研组内部教研的需求，当然老师自身先要意识到需要不断研究教学方法，要有提高教学有效性的内驱力和这样的意识。另一个是，学校自己也有这种培训的要求，希望自己学校教研组的教学力量、科研力量、评价力量能在原有的基础上有所提高。还有一股力量是校外的教研气氛，尤其是各种教学团体或基地培训，包括市里的和区里的。这些因素相互影响，最终优化了教研活动，使教师对课堂的实际教学有了新的认识。

就我们学校来说，老师们都可以接触到我刚刚所说的这些教研活动。我自己感受比较深的就是我们区里面的教研活动，现在的质量也是比以前要高很多。并不是事务性的布置，而是每次每个年级都会有不同的研究任务和活动的目标，就某一个目标参与讨论的老师会从如选材、设定教学目标、设计教学活动、确定教学方案、试讲、再磨课，然后到真正的上课(其他老师的观课)、上完课授课老师的说课和听课老师的评课，再加上专家的点评。这样的几个方面落实在每一次的教研活动上。经历这么几个步骤后，所有参与人员都觉得要比他们自己闷头思考会更有一种豁然开朗的感觉，他们觉得有机会接触到更多的思想碰撞，并且恰当地运用到自己的教学当中，很踏实，很接地气。

尤其要说的是我们现在市里面的教研活动，它们给各个地方各个层面的老师的感受就是：去参加这种活动很有意义！以往很多时候，教研活动回来后可能会有两种感受，一种就是觉得：好吧，我今天是去听了，就结束了；还有一种就是，觉得听了，但是对我来说我好像学不会。现在的现状不是这个样子，老师们会觉得每一次的教研活动对自己的教学都有一定的借鉴，更好地说就是为自己打开了很大的思路，也使老师们觉得，好好研究其实是很有意义的一件事情。所以我就觉得，校外的培训在很大的程度上助推着我们每一个老师，尤其是年轻老师，要有一定的思考，要去动脑筋地教学，在理顺自己逻辑的情况下去教学。这个就是我刚刚说的有几个进步：一个是内驱力，然后是学校，再一个就是外面的培训。

对于实际的课堂教学而言，我觉得现状就是两种。一种是非常地传统，非常地"安全"。"安全"要打一个引号。老师们可能会意识到，要在自己的课堂上有所改变，应该要比以前多注入一些语言知识之外的内容，但是往往在真正的教学过程当中，会有各种困难，可能是日常的批改作业、背书、给学生课后的辅导，这种琐碎的事情会牵扯老师很多时间和精力；有些老师可能觉得资源好像找起来不是很方便，等等，往往就导致这样的结果：算了，今天这堂课还是这样上吧。

但是还有另外一种情况。有些老师可能因为参加教研活动更多一点，觉得可以比较有效地去找资源，可以去想怎么落实这些教学，在落实语言知识的同时，如何再来提高学生的综合素质，同时又可以非常好地指导学生课后该怎么来提高自己，最终的效果就是，提高教师本身的专业素养和培养学生的综合素质。

所以大概就是两种极端。就考试而言，按部就班的话，基础知识部分还是可以落实的，但是在阅读或者其他方面，真的还需要老师跟学生不断地共同打开思路、扩充教学资源才可以确保。第二种老师教出来的学生，他们视野会不一样，觉悟也会不一样，他们会站在更高的台阶上，目标也更远，不光是默写 100 分就可以满足了。

采访者：高中现在的教学方法方面，有没有一些新的趋势？课堂教学方法方面，比如说跟十年前，有没有什么变化？

吴文涛：变化是有的，尤其是去年，颁布了我们的高考当中要加入听说测试的规定，这样一来，大家一定是想尽办法帮助学生提高口语的表达。从我开始教书以来，一直处在各种教学改革当中：一期课改、二期课改，又到现在的新的高考改革背景下的教学形势。我自己感觉我们以前一期课改的时候，上外的那套教材，每一课文章前面有一个对话，这个对话可能是功能，也可能是句型的操练，在那套教材的教学过程当中，学生的表达基于句型和模式，训练得法，因此学生能比较轻松地应对高考口试中的 quick response，他们知道怎么问路、怎么回答、怎么感谢、怎么应答，等等，因此口试成绩也相当不错。但是后来我们上牛津教材了，就综合能力培养方面而言，牛津教材有更多的教学资源和内容，但是我们在上牛津教材的过程当中，口试中的快速应答部分，学生反而比较困难，他会觉得不太那么上口，反应没那么快，可能是因为没有这样"机械"的训练吧！但是要求比较高一点的自由说话、看图说话，学生会说得好一点、流畅一点。所以两套教材所侧重的内容也正好是学生口试当中所反映的强项和弱项。

现在有了听说测试之后，老师跟学生的压力都蛮大的。在课程设置当中，像我们学校，高一、高二一周分出一节课，实在课时紧的话，就是两周必须分出一节课上英语的听说课。所以从课程的安排上来看，这是我们的一点变化，但是除此以外我们的课堂教学，从我身边的老师和我自己来看，我也觉得与以往相比，现在对学生表达能力的重视程度要高很多，以前可能就是让某一些学生或者就整个单元当中的某一些环节，让学生多参与、开口、动脑、思想的碰撞、分享，但是现在几乎每节课都会让学生有尽可能多的表达的机会。我现在教高一，我觉得如果高一、高二落实各种教学活动，让学生养成思考的习惯，并且帮助他们定好相关的话题，他们至少知道应该怎样来组织自己的语言。我们也要给他们一定的框架，但这个框架，并不是说一定要把他们限制在一个很固定的模式当中，而是当他们很难组织内容的时候，至少我们所提供的框架能给予他们一定的帮助。我们现在有一些学生,在讲话的时候,包括在写作的时候,他们的前后逻辑是不顺畅的。比如说这里根本不是因果关系,他会用"所以",根本不是转折关系,他会用"但是"。那么,现在这样每天交流的过程当中,至少让他知道怎么开头,怎么展开,又怎么来结束,所以我们现在也都是希望能够通过在我们话题教学的过程当中,找到恰当的问题,让他们来思考并且表达。我们以前可能一节课很少有人表达,但是我们现在希望能够百花齐放,因此我们就进行分组活动,四个人一组,每个人都可以说两分钟,八分钟当中他已经说了一次,待会儿再交换一下,如果一节课全部用来分享交流的话,每个学生大概都能说四次或者五次。一节课都让学生分享大概很难做到,但是半节课也足以达到我让学生表达和分享的目的,每个学生都可以说到两次左右,如果说同样内容的话,都是对前一次的一种更新和提高,所以我希望他们通过训练,会一点点养成思考的习惯、组织的习惯,也培养了自信心。

采访者:在中小学教学里面,task-based 好像是一个非常流行的话题,但是现在有没有一些新的教学方法的提法?

吴文涛:我自己觉得 task-based 其实不一定适合我们的学生,或者说它只是我们英语教学过程中间可以采用的一个办法。任务型教学法比较难实现,要有恰当的"任务",而且会不由自主地"忽略"语言训练。我们所谓的 task,只是布置一个让学生回去可以思考和查阅的问题,就是我们本来的 question-based。但是就新趋势而言,我自己觉得我们现在对于阅读教学,比以前更加注重文本性质的分析、结构的分析以及对作者意图的分析。以前可能比较重视文本中的语言、词汇和细节的内容,但是现在已经偏向文本的结构组织和主旨,在这方面我们要比以前花更多的精力,这个其实也是高考题型的变化给我们带来的启发,而且这种变化我觉得是应该的,因为只看到树木,看不到森林的话,就不能达到我们阅读的主要目的。现在有了这样的题型,就正好可以让学生真正能够对一个文本有比较全面的理解和认识。

采访者:如何评价上海中小学英语测试评价的现状? 其中存在哪些优势、哪些问题? 应该如何改进?

吴文涛：我有一个固执的想法，因为我自己属于蛮理想化的一个人，所以我就觉得我以不变应万变。这个不变，就是遵循教学目标，教学目标之一就是要帮学生考试拿到高分，这是他们进入大学必需的，但是我也希望能够超越这个目标，真正让学生能够在英语学习中获得英语给他带来的一些好处，这个好处可能是他很喜欢英语，读英语很开心；也可能是他以后踏入大学，或者走上社会，有继续学习英语的能力；也可能是保持对于新鲜事物的一种好奇心，因为我觉得学英语就是一种好奇心，首先你可以看到很多新的信息，第二还可以有更多的 access to different things。所以我一直觉得不管怎么考，我总归让他心里很亲近英语，而且让他有这种能力。

我觉得考试肯定是对我们日常教学有反拨作用的。我们认真使用规定的教材，一直到高三结束。但是有些学校，高三只做练习，不上教材，就觉得教材上与不上都没有关系，只要把词汇手册里面的词汇搞定，语言也就掌握了。但是我们觉得作为教材，它的编写一定有其依据，它是我们日常教学的根本，是我们必须要遵循的，而且高三的话题也都是高一、高二里面没有涉及的，对于学生的综合品质来说，他们要对这些话题有所了解。比如高三教材涉及经济、商业，还有一些人文的、文化的话题，我觉得不能够忽略这些话题对学生的教育意义，而且学生很乐于阅读这些话题，并且教材还会给他们带来安全感，他们会觉得一直有书读，而不是一直有试卷做，这种境界不太一样。

采访者：为了应付高考，很多学校都采取题海战术，我不知道在建平中学或者在一些比较好的中学里面，是不是也采用这样的政策？

吴文涛：其他学校我不知道，我们学校绝不是靠"题海"来赢得考分的。我觉得一定量的积累是需要的，因为阅读，read for pleasure还是 read for examination，大概能力还是大不一样的，所以考前有一定的训练，还是可以帮他们规范一下解题的思路，这些是需要的。但是也不可能采取题海战术，因为学生的时间都是有限的，我自己觉得我们做得比较适量，做了有分析；有一些学校大概是让学生做很多试卷，做了又不讲，学生越做越没劲，因为错在哪里也不知道。

我觉得我们有一个非常好的资源，就是我们英语老师对于命题的研究非常执着。我们现在三个备课组长都参加过各种命题，各种级别的命题，积累了很多的经验，加上组内共同探讨，共同磨课，命题日趋科学，质量也是日趋提高。所以我觉得让学生做质量高的试卷，并能好好分析，比做很多套又不怎么分析，效果要好很多。因为学生到了高三，他们很知道哪个题出得好，哪个题出得不好，有时候他们会和老师讨论、争辩，提出自己的疑虑，觉得这个不好在哪里，好在哪里等。因为有这样命题的思想，在分析的时候，会跟学生讲这样的思想；学生已经有这样的思想了，反过来有的时候老师想不周到，他会要拨乱反正。所以我觉得师生共同形成的这种研究精神，有利于教学的良性循环。

采访者：如何评价上海现在的中小学英语课程标准？有哪些优势、哪些不足？如何改进？

吴文涛：课程标准是有时代性的，所以十年前的课程标准，不管是能力的要求，还是知识的要求，都不太能满足现在学生发展的需求，也不能满足现在学生应该达到的需求，特别是词汇量和阅读量，现在的社会已经大大提高了对学生这方面能力的要求。

我们学校也在做学校的学科教育教学质量标准，也看了一些其他的文本和对一些术语的界定和阐述，我觉得我们这个课程标准应该要针对不同的学生，对不同群体提出不同的要求。现在的中学分为一般的完中、区实验性示范性、市实验性示范性，如果纯粹就一个纲领，让各个学校自己再去增减，我觉得比较困难，因为学校的力量是很有限的，水平也有限。所以现在我们学校让我们各个学科弄，其实也是非常地辛苦，最终会弄成什么样，我现在还不太知道，但是如果有这样一个参考，本来就有针对我们这种类型学校的要求的话，我们就可以直接参考应用，因为课程标准肯定是很多专家共同研制的，比我们几个老师编制出来的，我相信会更科学，更有借鉴价值。

采访者：研制新的英语课程标准，应该重点突破哪些问题？

吴文涛：我觉得老师急需的就是需要突破的。就我一个一线老师而言，各种话题语料的来源、更明确的方向指引，此外，尽可能多地提供各种教学资源。

比如说像人物传记之类的，我们学爱因斯坦这篇文章的时候，就到处找其他相关资源。如果有这样一大张表格，有关人物传记，可以去检索各种名人、各种轶事等……但是这个可能是跟教参有点关系。不管怎样，这些都是老师最需要的教学内容。还有像自然科学方面的资源，比如昆虫等。英语老师的知识和能力是比较有限的，尽管我们提倡老师自身要拓宽教学资源，但是如果有参考，至少能给老师们一个选择。

还有一点，因为现在对于文本分析的要求比较高，所以可以增加一些类似教师培训的活动，设置文本分析的培训课程，这样更有利于现在的教学变革。

采访者：如何评价现在上海用的中小学教材？有哪些优势、哪些不足？应该如何改进？

吴文涛：教材已经用了很多年了，我本人已经教了这套教材很多轮，在第二、第三次上的时候我会觉得很熟，很上手，也不用太动脑筋，但是现在我并不觉得轻松。老的教材如何上出新意，是我对自己提出的一个挑战。我必须不断去思考和完善，也不是说一定要抛弃原先的，至少在现在的学生面前，我尽量和以前有一点不一样，判断哪种方式和问题比较适合现在的学生。可能以前问题不是那么多，因为文本一看就很懂，现在就是要问很多的问题让他们来说，因为用英语来表达自己的思想也是一种能力。

我们学校的学生觉得这样的文本还是比较简单，而且里面的内容也有点陈旧。最典型的就是 wearable technology，文本介绍 MP3，介绍穿幕电影，我觉得在上这篇课文的时候很尴尬，不得不去补充——现在的 wearable technology 是怎么样的，现在多见的谷歌眼镜，还有也会上网搜一些最新的——这些能够想到的都用起来。当然这篇文章也可以让学生知道社会和科学的日新月异，但是我们毕竟在"学习"，用英语来"学"知识，这个命题就已经很牵强了。后面的活动设计倒是好的，但是我觉得可能蛮多的老师不太重视，我自己是比较喜欢这样的活动设计。但这个活动好像是一本书里面只有两个，我觉得如果要改的话，我们是不是每一篇课文后面，或者每一个模块后面，多一些类似的活动，老师可以有选择地进行教学活动。

活动最好做成 research 的形式。让学生根据话题查找资料、完成任务、形成文本,做出可以展示的作品,然后来做展示,这样的一个过程非常锻炼学生的多种能力。

采访者:现在要制定新的课程标准,您觉得可以用哪些方法、哪些措施来帮助中小学老师理解和执行新的课程标准?

吴文涛:课程标准的理解和执行,需要各个层面的组织和协作才能完成。比如说,市教研室可以组织一些参与课程标准制定的专家老师去每一个区做宣讲;也可以先范围小一点,给各区教研员做宣讲,然后让教研员在他们区里的教研活动中进行普及,当然区里活动也可以先组织教研组长学习,然后教研组长在教研组组织学习,这样层层下来,就可以做到人人覆盖。但后者可能在各级传达的过程当中,由于表达能力和理解能力不同,最终到达教师时已经有点走样,所以建议制作一个有关课程标准的学习视频,这样大家听到的解读都是一样的,也就能做到标准制定和标准理解的统一。在学习的同时,在各种教研活动中,通过组织不同的研讨课,落实对课程标准的理解,让老师能够做到理论和实践相结合。

采访者:现在中小学老师的整体素养如何?有哪些优势、哪些不足?如何提高?老师的水平方面存在哪些问题?以后如何提高?老师素养方面,包括业务水平和人生观,有哪些优势、不足,如何提高?对于提高老师的积极性以及对教师职业的热爱,有什么样的方法?

吴文涛:就语言能力来说,其实这些问题都不好回答,因为个体和个体之间差异很大。总体来说,因为现在大家都要入编考试,必须合格,但是合格了以后大家的水平也都参差不齐,所以我们最能提高的或者最能改变的是他们的一些教学理念、教学方法和对学生、对教育的一种情怀,我觉得这种是可以影响、可以改变的。典型榜样的正能量可以影响到一些教师,但是语言能力不是我们现在可以培养出来的。每一所学校都有它自己的文化,一定是可以让新来的老师能够快速地融入学校的文化当中,新老师本人如果有这样的意识,就可以比较快地融入。学校也会大力提倡正能量的教育、教学理念和方式,培养新人。

其实在我们一开始的时候,我就说,我现在欣喜地看到我们教研活动越来越踏实，这是我觉得非常好的一个趋势，而且也带动了越来越多的老师参与教研活动，使教学更加有效。这种有效，一个是我们课堂教学的有效，第二个是教育更加有效。我觉得在这些活动的推动当中，老师们的意识慢慢地有了改变，这个对我们今后的教学来说，是一个良好的开端。

以人为本，个性化教学

——上海市英语特级教师吴小英访谈

(上海外国语大学国际教育学院　宋亚南　编辑整理)

访谈嘉宾简介

吴小英，上海市英语特级教师。1964 年从华东师范大学英国语言文学系毕业，曾先后在山东师范大学英语系、无锡师范大学英语系和上海大同中学任教。曾获上海市先进教师和全国中小学外语教师园丁奖。现参与上海市英语中小学教材和课标的审订工作，担任上海市英语教师培训基地的顾问和上海老年大学英语教师。

访谈内容提要

此次访谈围绕上海市英语课标的修订展开。吴老师就上海市中小学英语课堂教学现状、课标修订、教材、测试与评价、教师培训等方面分享了自己的见解。

吴老师认为，上海市英语教学在全国范围内是有优势的，比较遵循语言学习的规律，但是也要看到，外地一些城市的后劲很足，追赶的势头明显。吴老师认为小学英语教学非常重要，是完成初中和高中英语教学系统工程的基础，是能否成功达到英语课标要求的关键所在，因此对小学阶段的英语教育、教学和小学教师专业素质的培训必须给予十分的关注。

关于课标修订,吴老师认为课程标准应该是一个底线,是针对大多数学生的要求。在全国英语课标修订的基础上,上海市课标要在语言输出能力等方面突出上海市英语教学的特色。国家课标提出了核心素养、思维品质等核心概念,上海课标应该在深入阐释相关概念的同时,探寻符合上海市国际化城市特点的新的切入点。

关于教材修订,吴老师认为教材首先要做到听说和读写的平衡,这些语言技能学习内容可有学习阶段性的侧重,但从系统性来说,它们应该有内在的联系,有其技巧层面和信息内容上的相关性,使语言技巧和知识完美地结合,有利于学生跨文化意识和思维品质的培养。教材应该是跨学科、跨文化、内容丰富多样的,并提供相应的拓展性选修材料。增加教材内容的同时,应该配以相应的课时数量,保证教学任务的顺利完成。另外,高三教材编写不用回避考试评估的实际情况,而是应该做出相应的调整,让教材真正发挥作用。

关于教师培训,吴老师认为关键是给教师传达一种语言教学理念,让他们知道语言教学的规律,教师要根据教学的实际情况思考如何根据自己学生的特点,灵活地创设和运用不同的教学方法开展教学。教师培训应以教师为本,提供个性化服务,注重理论与实践的结合。

访谈实录(采访者: 宋亚南,王蓓蕾)

采访者:根据您的经验,上海市中小学英语的现状如何? 有哪些优势,有哪些不足?

吴小英:我全国跑了挺多地方,总的来看,上海外语基础还是比较好的,包括从这个城市的内涵来说,它本来就是在国内有一定的优势。上海基础英语是从小学开始,全国一般从三年级开始。在过去,全国是从初中开始,只有无锡是从小学一年级开始(我在无锡也待过,无锡师范,原来我在山东师范大学工作)。

上海的外语教学基础还是比较好的,从全国来说,基本上还是能完成中小学的英语教学任务。

采访者:跟全国比,我们上海还是有优势的。

吴小英：还是有优势的。一般来说,外地的学生在数理化和语文等方面,可以说有的时候比我们学生强,但外语的学习和运用能力方面优势不明显。

采访者：这个我们也有体会。

吴小英：因为外语不仅是它本身所呈现的语言知识和技巧,还有一个它所承载的文化内涵和思维认知的方法。在不同社会、家庭和自然环境中成长的学生的经历和经验,对一种新的语言的认识和学习会有一定的约束。作为一个外语教师,不能有地域性的歧视,作为一个好的外语教师恰恰应该去了解自己的每个孩子,了解他们学习外语的困惑和苦恼,改变教师自己的教学方法,去帮助每一个学生。英语作为一门国际交流的通用语言,它的重要性也是显而易见的,全国各地的教师都在努力,英语语言的教学形势会发展,会变得更好的。

我认为从语言的学习来说,基础是很重要的,但是这个基础起点和年龄的相关性不是很明显。即使你们的爸爸妈妈,或者再老一些,像我这样的年龄,从 ABC 开始学,也能把托福考出来。无关乎年纪,关键在于学习者的学习目标要求和教师的教学理念、教学方法。

采访者：不在于早。

吴小英：不在于多大年纪,但是这一点是肯定有关系的:年龄心理特征不同,用的方法必须是不同的。不管哪个年纪,用对了教学方法都是可以教会的。我是这样认为的,我现在又在老年大学教英语。

采访者：您是怎么教老人学英语的?

吴小英：我"乱教"的。我这个人没有"规矩"的,根据自己学生的兴趣和可接受性。那天看到了一篇诗歌叫 On Children,我把这个教给老年大学的人,通过这篇英语诗,让他们知道怎么处理和下一代的关系。孩子们只不过借着自己的父母来到这个世界上,父母没有权利去支配他们,父母们要放宽心,父母是父母,孩子们是孩子们。

采访者：这不光是教语言了,谈了很多人生中的哲理。这首诗很有名,还有一首是 On Youth,也是蛮有名的。

吴小英：On Youth 也是的,我也教给他们了,而且让他们听了不同人朗诵这首诗,让他们在欣赏朗读中体会诗意。

采访者：这个我觉得是蛮好的，大家有回味的余地。

吴小英：我跟他们说，你们老太婆、老头子学英语不要去拼单词，也不要背。学了这首英语诗歌，从外文中获取了一个信息，从而在态度上，在情感上或许也会受到感染，或许以此来审视自己和家庭的关系，这就是成功，这是学语言的一个优点。不然学语言光背诵有什么用？国外的文献曾提到，学习外语能锻炼脑力、延缓年老的进程。

采访者：从小到大，从小到老，您都教过了。

吴小英：我给老年人上课特别开心，老的就是小的。哪怕70、80岁从 ABC 学起，只要方法对就可以了。

采访者：是这样，真的很佩服吴老师。

吴小英：我就是"玩玩英语"。

采访者：吴老师教学跨度很大，很有意思。

吴小英：教老年人和教小孩子的目的不一样，只要教学方法对就可以了。各种不同类型的班，有出国的 survival English，有出国的 academic English，教学方法都不一样。我还去献血站教英语，教医药用语也完全不一样。

采访者：吴老师经验真丰富。

吴小英：医学词汇很难，但是我会教他们一种方法，怎么从前后缀和词根拼起来，怎么从一般的字典上也能找到这个词。教学根据不同的对象应该用不同的方法。现在小学英语教学有点问题，所以我现在特别把我的重心转移到小学。

采访者：从娃娃抓起。

吴小英：我就是到处听课。大学和高中这么多年教下来，我感到有很多问题，但有些英语学习问题源于我们最基础的英语教学。

采访者：您觉得最大的问题在哪里？

吴小英：最大的问题就是应试，幼升小，小升初，初升高，高升大，都以应试为目标。不管考试是什么形式，包括面试，都用策略来对付考试。像雅思、托福，在中国培训出来能考取的，真到了国外不一定能应付。题库总会有重复，靠刷题量的确会带来一些成功的几率，但是应试者的语言能力不一定会显示优势。这个能力简单地理解是听说读写,其实应该是听说读写结合起来的语用能力,语用能力包括思维、文化、情感、学习态度,包括你的责任心,这些在教学中都很少考虑。现在有的小学也有刷题现象。

其实对孩子来说,包括幼儿园、小学一年级,刚刚接触英语时兴趣是很大的,过两天老师要叫他默单词,他越来越痛苦,到最后完全是痛恨英语,人为地抹杀了他对语言的爱好。其实任何孩子都有学习语言的天赋,关键是怎么教。主要的问题不在孩子,而是我们老师没找到一些教学规律。一般来说,小学英语以听说为主,可是个别小学并不教听说,只是教读写,可是读写教的是什么呢?我跟小学老师说,外国人说小孩子也可以教读写,怎么读写?读写就教他们 thinking skill,而不是首先教拼单词。国外的孩子到公园玩,然后要求写游记,教他先写哪一件事情,再写什么,先看到什么再写什么,不会写的字画图也可以。因为作文就是一个逻辑思维,逻辑思维对了,将来字会了就会写了,不然的话无序的一篇游记,可能就是一些字或句的乱堆砌。逻辑思维是第一位,现在有的小学生都在刷题背诵,而且没有必要地背诵,没有语言的真实性和交际的有效性。

采访者: 吴老师有很多实际的例子,听着真有收获。

吴小英:我喜欢听课,1988 年到新西兰去的时候我就专门看他们小学的课。新西兰的老师让孩子们讲故事,在 preschool,他是把孩子抱在自己的腿上讲故事,你知道吗?孩子讲不出来,老师会在后面提个问题,鼓励他。

采访者: 国外是鼓励型的,整个的文化是不一样的。

吴小英:一次我在新西兰的一堂小学课中,看到学生写的最差的和最好的作业都被贴出来,老师认为学生写了就已经做贡献了,只不过有那么一点问题,老师就帮助改一下。我们老师写的作文评语,不管高中、初中,通常写 OK, Not bad, Good 这么一点点。如果错误多的话,第一个改的是拼写,第二个改语法,很少去关注学生表达中的思维逻辑。你看外国老师怎么改,他们总会先说篇章中的优点,比如,文中已经写到了有关的内容,"不错"。他们在评语中对孩子的称呼也很亲切,喜欢用学生的爱称,以拉近与学生的情感距离。比如我叫吴小英,他一定会叫"英英",使我能感觉到一种亲切,这样也使我容易接受教师写的意见，比如：英英，你把拼写稍改一下就可以了。

采访者：您觉得这是不是两种文化？

吴小英：文化是一方面，另一方面我们也忽视了这一点。过去的教育当中，不管是语文还是其他学科，很多老的教育家也是鼓励学生的。英语学习是两种语言的切换，是很困难的。学生能够讲英语，在两种语言间切换，已经是一种天赋了，教师应该以鼓励为主，让他们喜欢这门语言，不管他们学多学少。

采访者：我觉得现在在中国很难改变。

吴小英：很难改。但是我一直有个想法，像我的数理化不好，也没说我不成人了，所以要发现每一个孩子的特点。以前我教过一个学生，他英语不好，但是乐器很好。我跟他说，你不喜欢英语我完全理解，就像我不喜欢数理化一样。每个人都有特长，我跟有的老师说，为什么要强调你的学生一定要喜欢英语呢？只不过应该让学生理解，根据课标的学习要求每个学生起码要达到 bottom line。我想，他们弹吉他的学生能够唱 50 首英语歌曲就不错了，也许有的英语歌曲中的单词我还不认识，他都知道。所以我每次上课，总会教一首英语歌曲，歌曲中我们学到的不仅是单词，而且还是一种文化，或是一种情感的表达。

采访者：激发兴趣。

吴小英：因为他不但有兴趣，在这过程当中还会学很多东西。现在很多综艺节目，玩音乐的，为什么不可以玩英语？也可以玩英语的。不管小学、初中、高中，英语都可以玩得很嗨！但是要玩到这个程度，一定要努力。玩并不是不努力，不努力是学不会玩的，你也不会弹琴，也不会唱歌，也不会讲英语……玩不等于不努力。我是这样想的，不知道理念对不对。

采访者：我非常认同。

吴小英：我们还应该培训一些教师的基本专业素养，譬如，如何教唱歌，如何按照歌的意义来设计表演动作，如何朗读诗歌，如何教单词发音。比如 book，唱一拍怎么唱？本来这个浊音是短音，但是唱一拍的话浊音要延长，延长以后 k 可以不发音，但发音部位还得要摆。不摆的话，将来拼写可能就少一个 k。可是有些老师不知道的。

采访者：吴老师说的对,学语言和唱歌都要发音到位。

吴小英：是这样的。比如 comfortable,很多人 m 嘴巴不合起来。我教的时候很注意,一定强调这里要把嘴巴合起来。这不是我发明的,我看外国老师这么教的。如果嘴巴部位摆好,小孩子拼写 m 不会少的,否则容易拼错。但很多老师教学中不注意这些语言教学的细节,也缺少文化方面的内容。所以我感觉打基础要注意这些问题。

我建议你们多到小学和初中去听听,很多东西到了高中都是两极分化很厉害,而且把很多男孩子的特性都磨没了,男孩子不愿意刷题。

采访者：他们比较喜欢数理化。

吴小英：其实男孩子英语好的很多的。比如有一个初中男孩能说出世界上大多数枪炮的英语名称,以及各类枪炮结构的英语名称。有的男孩能用英语正确清楚地说唱 Rap 和一些英语摇滚歌曲,但是可能他们的课堂英语练习做得不是很令人满意。

采访者：您对上海市英语课标修订有什么看法?

吴小英：全国英语课标中的核心素养概念比较清楚了,但是我们要体现上海的特色。

采访者：您觉得上海的特色主要在哪几个方面可以体现?

吴小英：我们要加大语言的输出,说和写的输出都要加强。

采访者：有不少老师说,如果我们把要求设得太高,有的学校学生比较差,可能有困难。

吴小英：课标应该是一个底线,是面向全体的。标准应该只有一个,不能太高,是以全体为主。

采访者：大多数人能达到。

吴小英：但是这个应该怎么编,我不知道,这个比较难弄。但是上海可以提出来,比如在听说读写这些方面,语用能力方面提得再高一点,对吧?

采访者：突出跟全国的不一样。

吴小英：但是全国核心素养提得已经很齐全,你们看看可以在哪些方面增加呢?或者叫法不一样?

采访者：就是说,怎么样更好地诠释它?

吴小英：比如说思维品质，到底什么叫思维品质？在我们教材和教学过程当中，怎么来体现思维品质的培养？因为在课堂教学中体现较多的是对语言知识的认识和理解，就是老师一个人讲，学生跟着走，学生个体的思维空间较少，所以这还是一个问题。

采访者：现在课堂上学生的发言权普遍情况是怎样的？

吴小英：一般都是老师问学生答，学生不大会问问题，这是一个很主要的问题。老师没有搭支架帮助学生学会提问。你看有的人到外滩或外语角去，就站在旁边听，他老想讲或提一个问题，但是就是不知如何参与谈话或问问题。所以很多人老是只能听别人，问问题很难的。

采访者：怎么样插出去。

吴小英：怎么样插进去，怎么问问题。问了以后如果问的不大对，怎么自我纠正，用哪些策略来自我纠正，纠正的同时又不能使对方感到为难，这些我们教学中都没有重视。学生要学会的一个是会倾听，第二个会思考和提问题，第三个是如何在交谈中做出语言的回应，这恰恰是我们学生有困难的地方。

采访者：您经常参加教材的审定工作，您觉得将来教材要重新修订的话，应该从哪些方面入手？

吴小英：这次牛津小学、初中和高中的教材我都参与了审定工作。一套教材用了八到十年以后，基本上都要换的，大学也是一样。教材修订总的来说要依靠课标，但是课标往往是滞后的。

采访者：现在也是这个问题。

吴小英：教材是很重要的，因为对我们一般的老师来说，他还是需要以教材为依托，因此这个教材编的是否合理就显得尤为重要。

最近我看了一篇文章，也转发给其他老师。那篇文章说，现在强调听说，这个是很重要，但是听说和读写必须要平衡。因为长期来说，读写其实是外语学习的一个根本，不会阅读，写不出东西是不行的。所以人家说你不能学哑巴英语，也不能学文盲英语。美国乞丐英语很好，但可能是文盲英语，他们不认识字，不能用英语写信、写借条……在教材编写当中也必须注意听说和读写的平衡。

采访者：牛津和新世纪的高中教材都是读放在最前面，接下来

是听、说,然后再是写。但到大学里面很多是听放在前面,接下来又是说。

吴小英:这个没有关系,因为一套教材总归有一套框架的。不管听、说、读、写谁在前面,谁在后面,每套教材都有一套框架。教师用教材的时候不必按照它的顺序,而是根据教材内容和学生的特点安排教学。可能先安排听说,为阅读教学做铺垫,也可以为写做铺垫。教材本身整合了不同内容,教的话就要根据学生的情况来做调整,这个倒无所谓。但是关键是整套教材中的听说读写在语言上总是要有一个内涵连接,不能割裂开来。

采访者:牛津原来版块之间有点分割开来,新世纪是写作类的特别明显,牛津好像听说和读不是对接的。有的老师说他们区统考的时候其实重点是阅读。

吴小英:因为他们还是以语法和词汇为主。现在我们高考有 summary writing,实际上很多老师还是不知道,以读促写和以写促读是两个概念。以读促写,读是次要的,读为写提供各种各样的东西,使他能够写成文章。以写促读的话,比方说写 summary 要知道文章的 main point,如果仅仅是为了找 point,写是为读服务的。这两个概念是不一样的,侧重点不一样。

另外,我希望将来的教材也是 cross-culture, cross-subject。这个 academic 并不是指很深奥的专业词汇,我也推荐有的学校看美国小学常识课的教材,它常识课里面包括美国的历史,还有世界地理。

采访者:涉及范围很广的。

吴小英:一共 160 篇,我大部分都做成 PPT 了,再根据这个内容增加。比如它有一个是 visual arts,我会补充和 visual arts 相关的内容。讲到贝多芬,我后面补充一些贝多芬的情况。如果是诗歌,讲到莎士比亚的话,补充莎士比亚的十四行诗特点是什么。我们的教材最好不要太单一,文体要多一些。

牛津高中教材原来是香港地区的,比较浅。何兆熊编的新世纪高中教材比较好,内容比较深,又选了一些文学作品,比如狄更斯的作品。牛津后来发现这个问题,在第三次修订以后增加了诗歌、王尔德的短剧等三篇文学作品。但是学生们到了高三,就把主要精力用在应付高考上，文章单词多，他们就感到没兴趣，也不愿意花时间读。现在的孩子跟文学作品有一点距离，但是作为常识应该知道。

采访者：美国加州教材做得是蛮好的，还把文化和地理都连接起来。

吴小英：咱们一说到丝绸之路，我赶快把马可·波罗的东西拿出来讲。教小孩子，语言要比较上口简单，深奥的东西其实用最浅的方法来教是最好的。外国人可以给幼儿园的小朋友教火箭上天，而且用很生动的方法。

所以英语也是一样，是否能够用最简单的方法来教授他们，让他们能够上口。从小学到初一能上口，通过听说建立自信心，然后是阅读，阅读有深有浅，低幼年级可以阅读绘本。阅读和写是最最主要的，我认为最后还得回到读写。

采访者：写是很不容易，因为是白纸黑字，要落笔。

吴小英：但是我说，什么东西不落笔就是心一直悬在上面。哪怕就抄一个句子也可以，写一个句子也可以，你一落笔心就定了，这件事情定了。你不落笔，说得再好也是吊在半空当中。

采访者：吴老师这个说得好。

吴小英：因为很多老师觉得随便说说可以的，但是要写的话他们就有顾虑，觉得还是蛮难的。

采访者：写一定要有一个思考、琢磨、整理的过程。

吴小英：而且这个当中还牵涉到现在教学中强调的要排除母语的干扰，其实是不对的。应该要比较两种语言，一定要比较。在两种语言之间切换，一定要知道这两种语言的结构。现在教学中只有中译英。我在老年大学教他们翻译长句子，从英文到中文。要翻得像中文，它的结构就要变。

采访者：现在很多名著的翻译都有这个问题，看得出来原来的结构是什么样的，中间确实有很多没有处理好。

吴小英：上个星期天，我参加梅德明教授组织的上海市口译比赛，最后一个环节是听译，看视频听译。其中一个是抢答，看英语翻成中文，孩子们翻成中文有困难，而看中文翻英语还可以。翻成中文不像中文，状语在最后。比如说："我每天在街角上吃饭"，你按英语的结构翻成"我吃饭在街角每天"。这两种语言的切换很难。所以要充分比较这两种语言,明白一个是结构性的语言,一个是意合的语言,写下来必定有区别的。而且汉语的程度也会决定英语学习的好与坏,因而在英语教学中也应结合汉语语言的特点,融入中国文化的内容,更好地体现英语的工具性和人文性的特点。

采访者:高考翻译是单向的吧?

吴小英:单向的,就是中翻英。所以现在有的大学自主考,有英翻中的要求,母语水平其实很重要。不知我的看法是否有些偏颇?

采访者:专家的意见。

吴小英:别叫我专家,我是草根的,我跟他们说我连少先队小队长都没做过。

采访者:不能这么比,但是我觉得很接地气,因为很多时候老师最佩服的就是你能够说出来东西,不是说空悬在上面的理论。

吴小英:而且现在有一个问题,因为高一到高二还是一个正常的教学过程,高三就应付高考,这个不用回避,它就是最后的 assessment 阶段,应该和高一、高二的教学不一样,所以教材应该有阶段性。我们现在的高三教材有的学校是不上的,就为了给高考的刷题腾出更多的时间,这是教材使用上的浪费。

采访者:有的上,有的不上,有的就提前学完了。

吴小英:提前学完的是好学校,像复旦附中、复兴中学,有的学校根本就不上了,有的就当阅读材料处理了。所以编写教材应该考虑课程的实际情况。

高中从高一到高二是一个阶段,高三是 assessment;初中从预备班到初二是一个阶段,初三也是一个 assessment 阶段。应该清楚每个阶段都要有哪些东西。小学应该是一、二年级一个阶段,一、二年级应该是让孩子们 feel the language,让他们感到这种语言有多漂亮,通过唱歌、跳舞的形式来感受。三、四年级初步了解一下英语怎么写,学会用简单的英语说。到五年级又是小学的 assessment 阶段。我认为要有一个阶段性的概念,五年级、初三和高三年段是学段的评价阶段,也是为升学作准备的阶段,应该有升学指导的教学内容,对这一点无需回避,国外也是不回避的。问题是我们把每个阶段分得很明确，但是部分教师从高考或者中考的升学率成绩考虑，提前教学内容，课时又和这个不是最匹配的，来不及教，给部分学生带来学习上的困难和压力。所以教材的编撰必须考虑这些问题。

采访者：应该安排相应的课时。

吴小英：没有课时的话也是白搭。按规定一课是 7—8 个课时，每个学校处理方式不一样，有的好学校很快就教完了。教材编写时应该考虑到阶段性，内容的量要和阶段配合。还得考虑初中、小学有没有一些拓展性课程。如果编了拓展性教材，包括阅读和听力的配套练习，也要把它放到总的教学时间量里面去。

采访者：是的，其实蛮矛盾，因为老师意见不一样。有的老师认为教材内容太少了，有的差一点的学校却上不完。

吴小英：英语总的学期课时一定要和教材的容量匹配，除此以外要有一套选修课程的教材或者拓展性的教材，这个课程也要考虑它的课时量，一些有条件的学校可以用。

采访者：现在都弄资源。

吴小英：你看国外的一套教材，一大包 package 不得了，老师就根据学生特点选。所以我们还是需要这些东西，这些材料应该是按照 Language Policy 和课程标准的要求编撰的。如果没有这些必要的材料，学生必然是从社会上买各种练习册，而有些练习册根本就不符合要求，有错误。

采访者：质量太差了。

吴小英：有些老师到网上去找阅读材料，有些网上的语言材料还是有问题，有的也会有语言错误。所以教材的配套资源包是很重要的，资源并不是说都要用，但要提供给学校，让教师挑选。

采访者：明白，学校可以自由选择的。

吴小英：你要知道教材的修订是很难的。编撰教材是一个系统工程，去掉一个单词，或去掉一篇文章，都会影响教材的结构。将来重新编订教材肯定要投标的，要重新搞一套。我的想法就是要和国外专家一起合作，我知道世纪外教出版社也是要和外面的专家一起搞。

采访者：吴老师，将来的教师培训，您觉得可以从哪方面再进行改进或者突破？

吴小英：我的想法，一个是首先要让教师知道语言教学的规律，第二个是在中国的国情之下，按照课标的理念，让教师了解一些具体的技巧方法。如果只是理论到理论，没有用，要实际的。

采访者：现在上海市的英语教师培训还是偏理论吗？

吴小英：现在稍微好一点，基地里面做得很好。但是我经常说，任何培训都不能成为一个八股文式的形式，教学没有固定的模式。比如说课文之前的 lead-in，什么时候需要，什么时候不需要，一定要根据文本的特点、教学的目标来决定。总的来说，教师培训要遵循语言教学的规律，不要成为一种八股文式教学方法的宣传。

采访者：您刚刚说的基地是上海市名师基地吧？

吴小英：对，何亚男主持的名师基地。我参加他们的一些培训工作，一直有这个想法。另外，我也经常说，教师培训传达的是语言教学的理念，不只是具体的教学方法。各个学校的情况不同，教学方法不能 copy，而是要根据自己学生的特点和自己的风格来创设。我喜欢到学校听课，关注教师教学步骤后面的英语教学理念，而不单单是具体的方法。具体的方法一定要考虑是否适合学生的水平。市三女中的英语教学水平比较高，他们教师的教学方法不一定适合其他学校。如果依样画葫芦地模仿他们的教学方法，就会有问题。有的老师听了他们的课以后反而可能信心不足。

采访者：他们会觉得他们的学生没那么好。

吴小英：有的培训单位，组织一些好的老师支援偏远地区的学校，帮他们上示范。我认为除了上示范课，更重要的是要培训他们的教师。如果不培训教师，他们不清楚教学理念，只是觉得上海教师的语言非常好。支教的老师走了以后，学生会怪罪他们自己的老师，觉得他们不行，不如上海来的老师好。所以应该培训老师，看他们怎么上课，帮助他们进行一些反思。昨天我去小学听课，指出一个老师教学中的问题。我跟他说，我会连着三个星期都听他的课，让他先把第一个问题解决了，然后解决第二个问题，我感觉这样才有效。

采访者：指出具体问题并解决，这样在每个老师身上都要花工夫。

吴小英：应该是这样。教师培训以教师为本，要个性化。教师培训传递的是一种理念，根据这个理念，学校可以用不同的教学方法。基地里的公开课跟平时的常态课不可能一样的，它往往传递的是一种语言教学的理念。

采访者：所以有人说公开课和平时的课是脱节的。是不是跟教学资源有关？名师基地里有名的教师人数少，一线教师那么多，怎样才能把他们慢慢扶持上去？

吴小英：我一直在跟教研人员探讨这个问题。我觉得名师基地的教师应该扶持对口的一两个学校，帮助薄弱学校的老师。参加名师基地的老师希望成为特级教师，同时也应该有一个目标，带出薄弱学校里面的一两名老师。教师在名师基地得到了培训，知道了一些教学理念，应该把它传递出去，辐射出去，帮助薄弱的学校。

采访者：现在有这样做的吗？

吴小英：没有，名师基地的老师培训结束后还是在自己学校里。

采访者：可能老师时间也是比较紧张的

吴小英：是的，很多教师在名师基地接受培训后，就成了行政干部，事情都很多的。

采访者：是的，这个没办法。

吴小英：你知道，现在优秀的教师在进行纯教学的不大有的，跟大学一样。

采访者：现在这种现象很普遍。

吴小英：有的老师专门搞科研，上课好不好不管。上课好的老师没有科研的话，可能得不到承认。

依托理论体系，开展深度教学

——上海市英语特级教师徐继田访谈

（上海外国语大学国际教育学院　宋亚南　编辑整理）

访谈嘉宾简介

　　徐继田，上海市宝山区教育学院高中英语教研员，上海市首批中学正高级教师，上海市特级教师，名师工作室主持人，华东师范大学基础教育特聘教授，全国模范教师。曾担任《上海英语教研》编委、《上海中小学英语课程标准》修订组成员、上海市中小学课程教材改革第二期工程教材使用意见收集工作组组长、高中英语新世纪教材评价专家、高中英语新世纪教材编委、上海教育评估院中学高级教师晋升科研成果鉴定专家。主持撰写的高师院校教育原理教材《英语教学论》被审定为"国培教材"，担任该课程讲师以及上海市普教系统优秀青年培养工作带教导师等社会兼职。学术研究方向为英语教学法和语篇分析。在国内作学术讲座和教师培训报告百余场。

访谈内容提要

　　此次访谈围绕课程标准的修订展开。徐老师就上海市中小学英语课堂教学现状、教材、测试与评价、教师培训、课标修订等方面分享了自己的卓见。

徐老师认为,上海的英语基础教育在全国领先,主要表现在教师和学生的语言能力都比较强,这主要得益于上海大都市人才高地的优势以及学生学习以出国为导向的特点。同时,徐老师也指出,上海英语教师在研究教材教法、探索课堂教学改革方面还需要继续努力,应致力于由浅层教学向深度教学的转变,促进课堂教学的改革,实现深度学习。

关于课标修订,徐老师认为课标首先要在语言的表述上通俗易懂,具有普适性,让大家一看就清楚应该做什么。其次,徐老师认为,在全国英语课标征集意见反馈的基础上,上海市课标要研究各方面的意见,扬长避短,发挥后发制人的优势。

关于教材编写,徐老师认为教材内容关键要有趣味性、教学性和教育性,这些是保持教材生命力的关键要素。其次,教材的编写一定要有理论体系作支撑,把教材的各个内容有机结合起来,形成系统。因为词汇量的规定对教材编写的影响非常大,徐老师建议应该对识别词汇、运用词汇、过目词汇进行分类,这样有利于减少教材因词汇量的限制而受到的影响。另外,徐老师建议新教材可以包括主教材和辅教材,组成资源库供教师选择。

关于教师培养,徐老师认为要通过专题加系列的形式为教师提供长期有效的培训。教师培训不仅要服务高层次的优秀教师,更重要的是针对广大的普通一线教师。教师培训的内容可以分成不同级别,首先应以学习课程标准为主,让教师了解教学目标、教学理念等基本问题,其次帮助教师认识教材,了解教材编写体系,然后培训教师的教学方法,提高教学执行力。

访谈实录(采访者:宋亚南,王蓓蕾)

采访者: 您在基础教育界工作这么多年了,怎么评价上海基础教育的现状呢?有什么建议?

徐继田: 我觉得上海的基础教育应该说总体水平还是很高的,具体体现在教师的语言能力比较强。我觉得部分原因是一线城市的优势,比如说许多外地毕业的大学生到上海来谋职,上海毕业的大学生也基本不到外地去,所以日积月累,我觉得人才高地这个优势就比较明显。

　　第二个特点,我感觉上海学生的英语水平也很高。理性分析一下也有其背后的原因,一个是部分学生以出国学习为导向的外语学习。比如有的学生,一进高中,他们就考虑如何为出国学习做准备,目标定向不是高考,而是以出国学习的语言能力目标为导向。例如21世纪报举行的全国演讲大赛,上海的学生都有其独特的优势,我觉得这是上海英语教育的成果之一。

　　采访者:在这个背景下,您觉得上海英语教学还有哪些可以提高或者改进的?

　　徐继田:这个问题,说实在话,也一直困扰着我们。我觉得我们上海的老师引以为自豪的就是我们有独特的优势,这个优势就是我们的语言优势,学生的水平也高,这些确实都让外省市的教师和学生羡慕不已。但从另外一个方面,我觉得大都市或者是我们优势的背后也有隐忧,这个隐忧我觉得主要体现在,教师真正意义上钻研教材教法、探讨课堂教学改革等方面还不是那么浓厚。当然也有一部分优秀的教师是致力于课堂教学的改革,但是我觉得大部分教师还没有做到。2013年我做了教研员之后有机会观课。在很大范围内的公开课上,我们可以看到教师的语言流利,学生表达也较为流畅,但是在这些课堂上我们无法看到可以让其他老师受用的、可以复制粘贴的实用教学策略。所以往往是听课前激动,课后不动,即没法行动。因为开课老师的语言能力是听课教师不可能立刻就能学来的,学生的语言水平也是听课教师没办法复制的。我觉得在一些示范课或者是公开课、研讨课当中,主要研讨示范的应该是理念、教学策略以及行之有效的教学模式。从这些方面来看,我觉得相对来说都是欠缺的。

　　但是也能看到一些努力探索的教师,他们现在运用的教学策略能揭示语言教学的规律,反映语言教学的本质,具有教学性、教育性和前瞻性等,因而有较高的推广价值。

　　采访者:如果平时课堂教学能像公开课就好了。

　　徐继田:我常说,教学创新是课堂教学的前提,没有创新的教学就如同注入了失败的基因。教学创新源自于教师对教学理论的学习与研究、对课堂教学的思考与反思、对教学执行力的实践与提升,即践行我国先贤倡导的"学—思—行"的治学之道。唯有如此,公开课才能常开常新,继而将公开课发展成为家常课、常态课。

采访者: 可能公开课就是把最优秀的展示出来,但是平时的课堂有一个高考或者应试的压力在,会约束老师,老师会有顾虑。

徐继田: 我觉得许多老师都有这个顾虑,客观上来说的确也有差异。所以作为教师我们不得不探讨的另外一个话题,就是课堂教学也要面向高考。应该怎么做呢? 我个人认为,课堂教学要考虑学科素养的实施路径与策略。比如阅读教学,我们应该考虑三个层次:基于语篇的理解、深入语篇的理解和超越语篇的理解。基于语篇的理解就是理解语篇的主题内容;深入语篇的理解就是分析问题,解决问题,理解作者的观点、态度、意向,判断语篇对象、语篇目的以及语篇出处等;超越语篇的理解就是将语篇内容与学生生活实际联系起来,表达学生个人的观点、立场与态度等,进行思辨性思维。我觉得假如课堂教学能够抓住这些关键要素,与高考就实现了无缝对接、互联互通。我觉得应该运用恰当的策略,由浅层向深度教学过渡,实现深度学习,这样才能使课堂教学与高考相辅相成,并行不悖。

采访者: 是能够做到的。

徐继田: 举个例子可以说明这个问题。2013 年 9 月份我刚做教研员,第一次跟我们教师讲语篇模式(discourse pattern)。按照语言学家的观点,discourse pattern 主要有三种:"问题—解决模式"(problem-solution pattern)、"一般—特殊模式"(general-particular pattern)和"主张—反主张模式"(claim-counterclaim pattern)。仅仅介绍这三种模式显然是不够的,比如,"叙事模式"也很普遍。此外,还有"匹配—比较模式""问—答模式""机会—获取模式"等。第一次教研活动我就给他们介绍了这七种语篇模式。我的每一次研训活动都基本遵循"理论介绍—经典案例—教学案例—高考语篇分析"等环节。利用语篇模式为教师备课,为教师提供教学案例和高考语篇分析案例,让教师可仿可学,达到立竿见影的实效,同时也让参训教师既有一见钟情的欣喜,也有相见恨晚的遗憾,让老师真正能感觉到理论和实践密不可分,如影随形,继而改进与优化课堂教学,提高课堂教学效益。

采访者：您参加过上海英语课标的修订，您对将来课标的修订有哪方面的建议？

徐继田：上海英语课程标准的修订，当时它的定位是修订而非推倒重来。既然是修订，就是修修补补，各个学科都是走的这个路线。作为其中的一员，在我看来我们主要作了以下修订。

第一个方面，增加了学生学习水平板块，就是对英语听说读写语言技能，提出了不同的层级要求。主要是按照布罗姆的知识与技能的分类，分为 ABCD 四个层级，用了描述性词汇加以界定。

还有一个就是学习过程。任何一个模块里面，都涉及学习过程，对于如何操作均有一个指导性的建议，也提供一些学习案例。

与以往课标不同的还有学科素养之说。关于这个核心素养，从我们上海的角度提了这么几个关键词，一个是理解和表达，这个理解和表达当时感觉是语言学习的本质，其原因在于语言学习实质上就是理解与表达，标准里罗列得过多也难以实现。其次是情感与文化，三是语用与语感。现在看来语用、语感有点不妥，因为语用和语感实际上还是理解与表达里面的，有重复之嫌。

采访者：现在这个课标又要修订了。

徐继田：我们先说一下国家的课程标准，它的核心素养提出来的是语言能力、文化品格，还有一个思维品质，然后再是学习能力。国家课程标准提出的核心素养和以往的课程标准相比，有些差异。原来国家课程标准的目标是提高学生综合语言运用能力，然后分解为语言技能、语言知识、情感态度、学习策略和文化意识五个方面。新修订的课程标准，将语言技能和语言知识整合为语言能力，将情感态度和文化意识统整为文化品格，学习策略改成学习能力，增加了思维品质。感觉更为科学合理。

当时上海修订课程标准时，我提出，核心素养应该涵盖语言能力、思维能力、策略能力和文化能力。现在看来这一观点与国家的英语学科素养还是较为对应的。

就文化品格而言，我感觉它是一种文化自觉，难以考查、考核与测量。如果把文化品格改为文化能力，就容易接受了，它由文化知识、文化行为、风俗习惯转化而来。

采访者：要细化，好操作。

徐继田：在修订课程标准的时候，我想应从几个方面入手。一个是从语言的表述上，看怎么能更接地气，因为课程标准或者是核心素养的描述，一定要让老师看到之后就能理解是什么、怎么做。课程标准有许多的特点，其中之一就是公共性或者普适性。换言之，标准应具有可读性和可操作性，对教师而言，就是增加标准的教学性。无论学生、家长还是教师，看了之后就能知道目标是什么、为什么，以及如何去做。我觉得在这个方面我们可以去做一点文章。

第二方面，我觉得我们应该研究专家、学者、教研员及一线教师对国家课程标准的反馈意见，改进其不足，增加标准的科学性，使其能够反映英语学科的教学和学习特点，满足学生和社会的需要。我们研制的课程标准具有"得天独厚"的条件和"后发制人"的优势。

采访者：会不会有不同的意见？

徐继田：这个当中最大的问题是意见不一致。我认为还是应该以知名专家的意见为主，他们既有理论的高度，又有丰富的实践经验，这也就是我们习惯上所说的视野决定高度。实际上，从某种程度上来说，课程标准是一种教学引领，教师可能一时难以理解与接受，但是随着时间的推移，教师最终还是能理解其意义与价值。例如国家的课程标准(2002版)对教师的影响就很大，对一线教师而言，原来课程标准提出的理念、性质、和教学方法等等，多数教师知之甚少。通过多年的实践，广大教师理解了课程标准具有工具性和人文性的特点，掌握了课程标准中的五个维度(语言技能、语言知识、情感态度、学习策略和文化意识)，基本掌握了课程标准中的五个理念，以及任务型教学法等。另一方面，专家也要倾听一线教师的意见与诉求，使得制定的课程标准更符合实际与未来发展趋势。

采访者：还有一个问题就是教材。课标制定之后，相应的教材也要继续修订，对于现在教材的使用，您有什么建议？

徐继田：2015年9月一直到2016年6月，我被上海市教研室聘为第五批教材使用意见征集组组长，负责高中英语新世纪教材使用意见征集工作，并撰写了报告。2016年9月至2017年6月被市教研室聘为教材评价专家，撰写了教材评价报告和专题研究报告《语篇分析理论与英语教材编写》。数据表明,现阶段英语教材知识系统突出了词汇语法,缺少了语篇知识和语用知识,其弊端在于,这种教材制约了语言能力的发展、思维品质的提升、学习能力的形成,也不利于文化品格的塑造。

第二,素材选择。目前国内各种版本的教材在选材上都注重了时效性。可是一旦教材编好了,改编工作便遥遥无期了。结果会造成越提倡时代性,我们教材的生命力越短,"时效性"就成为了"失效性"。

采访者:越容易被淘汰。

徐继田:所以,我们怎么能够在时代性和持久性上做一个很好的平衡?我认为教材务必体现出趣味性、思想性、教育性等,这样教材就不会是昙花一现。所以从选材的角度我们应该关注这些教材的特性。

另外从语言的角度来看,教材的编写应区别对待运用词汇、识别词汇和过目词汇,突出运用词汇在语境中的理解和学生的自主表达。按照语言学家的观点,学生的运用词汇与识别词汇的关系是 1:5,也就是说,如果我们要求学生的总词汇量为 4500 个单词的话,运用词汇则为 900 个单词。

采访者:我们得明确词汇量到底是属于识别的还是运用的?

徐继田:对,这样有利于我们加强教学的针对性,提高课堂教学效率。教材编写应依据课程标准,并参考语料库,从语言交际的角度突出运用词汇的教学与学习。

值得指出的是,掌握运用词汇是英语教学的基本要求,对学有潜力或有较高追求的学生而言,则可以将更多的识别词汇转化为运用词汇,以便满足高层次学生的学习需求。

采访者:其实词汇蛮重要的,直接影响教材的编写。

徐继田:对,它影响教材的编写。实际上,教材编写是以课程标准对词汇的要求为依据的,教材编写既要考虑其基础性,即满足高中毕业生应达到的词汇量要求,也要注意其发展性,也就是满足高水平学生的学习需求,为教师教学提供选择,为教师整合教学内容提供词汇支撑。

采访者：上次我们采访何亚男老师，她对教材修订的建议是，最好能够有一个资源库，一本教材可能满足不了。

徐继田：对，我赞同这个观点。这些资源应该是真正经过专家筛选的资源，这样才会有较高的信度和效度。我认为，教材的编写还应该考虑创建数字教材，这样有利于更新教材，常教、常新，使教材的生命力得以延续，与时俱进。那种十多年教材都是一个面孔的局面再也不能延续下去了。我们现在都是互联网时代了，教材编写也要顺应时代要求，不能老是纸质的教材。一时难以做到，也可以建教材资源库，与纸质教材形成互补，互联互通。

另外，我觉得可以编成一种主教材和辅助教材，主教材是我们必教的，辅助教材成为中等或者是高水平学校的学生可以拓展使用的。

采访者：相当于是配套的。

徐继田：辅助教材可以编得简单一些，不要像主教材那么复杂。现在广大教师除了利用教材上课外，其余时间则是做题。做题实际上是作为副教材来用的，这些题目的质量普遍不高，所以我认为编教材应该有主教材和辅助教材。现在有些学校采用的是 2+2 模式，什么是 2+2 模式呢？当前大多数教材一个模块（module）有两个单元，教师们感觉这两个单元学的内容还不够深入，话题还有拓展的必要，教师往往又选两篇课文，补充学习，所以他们用的是 2+2 模式。如果我们能够把第一个 2 由主教材解决，第二个 2 由辅助教材解决，这种教材就不一样了。在我们国内创建主教材与辅助教材模式，一般学校用主教材，示范性高中使用主教材与辅助教材。刚才我讲的数字或电子教材也可以以主教材或辅助教材的形式呈现。这样的教材编写也与我们教育发达地区的英语教学相适应，体现其先进性，引领全国的英语教学。

采访者：关于教材里面的话题呢？

徐继田：我们应该探讨一下话题。原国家课程标准涵盖 24 个话题，原上海中小学英语课程标准的话题也大致如此。新修订的国家课程标准作了变化，提出了三类宏观话题，即人与自我、人与社会和人与自然，这是一个大框架，然后又细分为若干个亚类，中观话题，这些话题又细分为若干个微话题。因此，教材的编写应关注话题线索(thread)和过渡(transition),即话题的滚动与升级。

其次,我认为教材的选材应关注经典,将经典篇目编入教材,让学生诵读,既学习语言,又受到陶冶教育,让学生受到启迪与教化,受益终生。

采访者:曾经有个老师提出来,各个阶段的经典,比如说小学可能就是童话这方面多一些,中学可能是世界文化、历史知识等方面的东西多一点,高中再进一步。从课程内容上面,我们是不是各个阶段都应该有一个侧重点。

徐继田:我觉得这样编写教材就符合学生心智发展的水平了。根据学生的心理特点,小学阶段的教材应注重内容的趣味性和思维性,让学生乐学;初高中教材除了趣味性和思维性之外还应注重其哲理性和思想性,让学生善思。

采访者:上次程晓堂老师在开会的时候提到一个困惑,他说其他学科讲的课程内容都是实实在在的,比如物理有一个部分讲光学。而英语学科怎么来明确体现课程内容,是蛮困惑的。

徐继田:我觉得他这个困惑正是我现在评价教材在做的一件事。我们的教材编写体系应该是什么?除了用话题线索这个主线之外,我认为第二个主线就应该是语篇知识和语用知识,用这些知识充实英语教学的知识系统。就语篇知识而言,我们可以考虑以下内容:语篇类型、情境语境、语篇模式、衔接与连贯、主位与述位的发展模式、及物系统、小句关系、言语行为理论等。教材有机地编入这些语篇知识和语用知识,有利于学生认识语篇的本质属性,掌握语篇解构与建构的策略,形成自主学习的能力,实现由"教会"向"学会"的转变。这样的教材符合即将颁布的国家课标的理念,更有利于学科核心素养的培养与发展,我相信这样的教材一定是师生喜闻乐见的优质教材。

采访者:教材后面都得有一个理论在支撑。

徐继田:对,要有理论支撑。我们当前的教材缺乏理论支撑,尤其是系统功能语言学、认知语言学、语用学等理论的融合。当前,英语教材系统性不强,所介绍的听说读写技能也多为粗放,不实用。例如各种版本的英语教材均涉及 skimming 和 scanning 这两种阅读技能,其实这种阅读技能是人们阅读的本能。但是如何才能有效浏览(skim)与跳读(scan)呢？实际上这就与主位、述位和及物系统有关,即"浏览"主要关注主位的变化,根据主位的变化来理解语义波,而"跳读"则是关注动词的表意功能,也就是理解及物系统的各种过程,从而判断语义。有了实用理论的支撑、教材体系的更新、教师的指导和长期实践,学生的 skimming 和 scanning 技能才能真正得到发展与提高。

采访者： 您觉得在教材里面,是不是可以融入一些中国文化的东西？

徐继田： 我觉得这个也有必要,我在做(市教研室的项目)新世纪英语教材使用意见征集工作时,很多老师也有这方面的意见。教师们提出,假如学生不学反映中国文化的内容,中国文化如何向国外介绍？如元宵节用英文怎么说,如果没学过的话学生怎么表达,这的确是这个问题。所以我觉得应适当地选编中国经典文化的文章。这样也有利于学生感受两种语言的差异,逐步提高对语言的敏感度,同时也有利于语义表达。

采访者： 您做了很多的教师培训,对于现在上海英语教师培训您有什么建议吗？

徐继田： 我觉得是这样的,教师培训这个环节既要有大学学者的引领,还要有中学教师的跟进。我觉得仅仅是大学教师作为培训者的话,培训的内容往往停留在理念上,理论性较强,当然这也是参训教师所需要的。但是理论与实践结合,突显其实用性,这才是行之有效的,因而也是教师喜闻乐见的。来自中学教师群体的优秀专家更理解教师的现状与需求,更容易把理论与实践结合,增强培训的针对性。当然教师培训需要专家的顶层设计与引领,将长期培训与短期研训相结合。长期培训着眼于教师的专业发展,短期研训聚焦于解决教学中的实际问题。短期研训以专题为主,长期培训以系列为主。

采访者： 这样才完整。

徐继田： 我感觉应该是专题加系列才行。

采访者： 现在就宝山区来讲,中小学英语老师培训大概是什么样的？

徐继田：说实话，目前中学大多数教师对培训持有积极态度，也有一部分人感觉不得已而为之。

采访者：这个我们能理解。

徐继田：他们主要是感觉时间上不允许，有的学校教师下午参加培训后还要回到学校再上课，来回奔波，参加培训有困难。就英语学科来说，我的研训活动是成系列的，培训内容对教师而言也是新的，讲座或公开课是针对教师需求的语篇知识、教学策略、教学设计等。

采访者：他们听了有用。对听课的老师有门槛要求吗？

徐继田：没有。

采访者：其实我觉得没有是好的，因为你要对大众，不是对精英教师。

徐继田：对，我对参训教师认真负责，每一次培训需要准备一个月左右，涉及理论依据、经典案例和实践案例等。

采访者：对教师有考核吗？

徐继田：没有考核，只有培训签到制度。

采访者：现在想学的老师还是有这个积极性的。

徐继田：对的，教师的教育背景、生活阅历、认知方式有差异，因此，对研训活动的态度也不尽相同。多数教师期待立竿见影式的培训，所学的教学策略立即能运用在课堂教学之中，能起到事半功倍之效。现在各级教师培训机制应有利于教师的专业发展。"教学相长"是教师专业的自然发展；"教研相长"是专家引领的专业发展，只教不研，教师专业得不到发展。研究才能使教学如虎添翼。所谓研究就是将理论转化为方法，将所学知识转化为教学执行力。

采访者：能够深入浅出就不容易。

徐继田：是的，例如语篇分析理论，一旦掌握，你就感到语篇教学容易操作。比如，首先可以从宏观上分析语篇语域或语篇模式，再从微观上分析小句关系、及物系统或信息结构等，旨在掌握语篇主题内容。其次，分析语篇语用，即推测语篇目的、语用对象、作者的观点、语篇结论等。三是评价语篇，作思辨性思维。

从这个角度而言，我们教参的编写也有问题。教参应体现先进的教学理念与教学方法、对教材进行分析，有教学活动设计，还要有教学评价。假如有了这些，教参就成为教师教学的"圣经"了，爱不释手。现在的教参往往被异化为练习答案了，失去了其应有的教学参考价值。满足了上述条件，教学参考书就能引领职初教师理解教材编写体系、掌握教材教法、学会教学设计，能够让年轻教师更有底气地走进课堂。

2013年7月份，华东师范大学聘请特聘教授面试时，我也谈了对教师培训的设想，认为教师培训应该分这几个层次：职初教师一定要学习课程标准，理解课程是什么、教学理念是什么、如何教；其次是认识教材，理解教材的编写体系以及背后的教学逻辑；三是学会教学方法，提高教学执行力。我觉得这三套马车，经过一至三年的实践，新入职的教师就"出师"了，此后就是修行靠个人了，即教师专业自主发展。

采访者：我听得特别有收获，我觉得大学教师培训也应该有这种模式。

徐继田：仔细想是不是这个道理？首先要理解课程标准，那是纲领性的文件。这个纲领性的文件怎么落地，要靠教材。教材的编写体系是什么，根据这个体系我们使用什么样的教学方法？牵涉到学生的话，学生学习风格类型到底是场依存还是场依赖？所以我觉得这是一个系统。

采访者：真的是不错，思路特别清晰。

徐继田：我觉得的确应该是从这几个层次来培训，这是对刚入职教师的培训方式。他如果已经是高级教师了，可以采取另一种培训模式，我将其概括为"立体式培训"，即读有选择、想有创意、做有实效、说得圆满、写得精彩。"读"有选择是教师专业发展的前提；"想"有创意是课堂教学的基石；"做"有实效是课堂教学的宗旨；"说"得圆满是教学研究的前奏；"写"得精彩是呈现教学研究的成果。

采访者：提高到理论层面。

徐继田：提高到理论程度就是学术成果。不久前市教研室对我们全区的教学进行试导，我就把"语篇分析，深度教学"作为教研主题,写入学科报告之中。

采访者：您很厉害。

徐继田：我觉得理论不是我的强项,实际上我更注重理论与实践的结合,把理论转化为策略应用到课堂教学之中。

采访者：徐老师的理论功底还是蛮深厚的,您不仅是自己理解了,还能把它说出来跟大家共享,告诉大家怎么用,我觉得这是最关键的。

徐继田：反正我做的讲座是这样的,首先讲这个理论是什么,介绍理论;第二介绍说明这个理论的案例;第三是我们课堂上的教学案例。我把教材拿过来,用这个方法给教师们备课。然后我再用这个方法来分析高考题。

采访者：这样教考不分离。

徐继田：对,这些是贯通的,从核心的理论到经典的案例,再到教学案例,然后再到高考案例。由原来的"考什么,就教什么"转变为"我教什么,就考什么",部分减轻了教师的心理压力。

采访者：您做的这个确实是我们将来必须要多做的,是我们努力的方向。

徐继田：我觉得做得还不够,我还有许多困惑,这有待自己多学习、多思考、多实践,践行"学—思—行"的治学之道。

课标，应该是能力达标的标准

——上海市英语特级教师徐欣幸访谈

(上海外国语大学国际教育学院　徐玮玮　编辑整理)

访谈嘉宾简介

徐欣幸，上海市教育考试院英语特级教师。著有《高中英语口语训练和测试》和《高中英语阅读、读写结合训练和测试》，由上海外语教育出版社出版。退休后还作为教学导师坚持进课堂听课，指导教学，开展教师培训等工作。

访谈内容提要

此次访谈围绕课程标准的修订展开。徐老师主要就上海市高中英语课堂教学现状、测试与评价、教师培训、课标修订、教材等方面分享了自己的意见和建议。

徐老师认为上海的高中英语课堂整体水平比较高，但是由于教师的教学理念、教学态度和经验的不同，水平还是略有差别的。徐老师提倡教师不仅要认真上好公开课，更应该认真对待每一节课，真正从学生的角度备课、授课。在公开课后，专家应该切实地进行点评，给予中肯的建议，并且多鼓励一线教师来发表意见。

关于高中英语测试和评价的现状，徐老师认为应给予测试和评价足够的重视。教师出的测试题目、题型应该为每个学习阶段的测量目标服务。英语教师可以利用自身的语言优势,多了解和学习国外有关测试与评价的前沿信息和学术研究。

谈到课标制定的相关问题,徐老师认为有了课标,就有了能力达标的标准。与以前的教学大纲相比,在课标的指导下,教师备课、授课的自由度和灵活性都提高了。徐老师建议,可以对教师进行适当的培训,让他们更清楚地理解和使用课程标准。就现行课标的不足之处,徐老师指出,命题必须严格按照课标执行。但是课标的描述有时比较模糊,比如话题的归类不清晰,给操作带来困难。同时,徐老师认为新的课标应该具有上海特色,能够通过新的课标使高中英语教学中长期累积的一些问题得到比较明显的改善,并在新的课程要求中体现出来。徐老师还特别提到了新课标核心素养之一的"思维品质"问题。她认为,与英语语言文化能力相比,学生这方面的能力相对更加薄弱,因此对学生这方面的培养应该引起重视。

关于教材修订问题,徐老师认为新课标的特点必须很好地体现在教材的修订上。好的教材应该真实有效地反映新课标提出的核心素养,不仅包括语言能力和文化意识,还有思维品质和学习能力。教材的选材要充分体现这四个方面。

访谈实录(采访者: 徐玮玮)

采访者: 徐老师您是如何评价现在上海高中英语课堂教学的现状的呢? 有哪些优势和不足?

徐欣幸: 我觉得和其他地方比起来,肯定上海英语课堂的整体水平还是比较高的,无论是从可用的教学资源,还是从一些课堂里的硬件设施,应该说肯定都是比中国别的地方好得多。还有,教师的理念也会是比较新的,因为他们所接触的东西、所看到的东西、所能利用的东西也比较多,所以我觉得整体水平还是很高的。

但是,还是有些不平衡的,无论是从一个城市的角度还是各个区县的角度,哪怕一个区县的各所学校,甚至于一个学校里面的各个班级,差异还是有一点的。有的老师确实理念比较新,自身条件也比较好,又肯动脑筋,也肯花功夫,所以他们的课堂就会显得与众不同,特别能体现现在的时代潮流和新的思想、新的东西。还有些老师他们比较有经验，在课堂教学里面能看出，他们对一些细节的处理是非常有经验的，教学效果就会比较好一些。还有一些老师非常地卖力，帮学生补课，抓学生的背书、听写、默写，批改作业，真的是很辛苦，但是他们觉得做这个工作有意义，这么多年一直坚持用他们自己的辛勤劳动培养了很多很多的学生。

但是不可否认的是，也有相当一部分教师还是停留在一些比较陈旧的教学理念上面，用的备课资料或者教学方法没有什么很大的改变，相对来说，这样的课堂教学效果也就会比较差一些。像这样的情况可能在一部分教师当中还是存在的，我们可以看到现在每个区，甚至每个学校都有许多基地、工作室，各种各样的能够对教师们进行培训、培养或者大家整体做些什么事情的机构，我觉得这也是好的，国家也投了很多钱在这方面，但是如何把这个事情做好，做到真正有效？其实老师的上课是每一天的事情，不是什么开一节公开课的事情，一节公开课可以很多人帮你准备，或者你也花了很多的心思在上面，效果肯定会比平时好一些。其实我们学生到学校里去读书，是每一天都去，不是某一节公开课才去。我觉得应该大力提倡的是老师要对每一节课都很负责任，都会想到我的学生能够学到点什么，不是我今天这节课 45 分钟怎么过去，而是想到今天为学生教点什么，他们能够掌握什么，我觉得应该好好提倡从这种角度考虑问题。

采访者：徐老师退休后还一直作为教学导师坚持进课堂听课。您认为一线教师是如何看待公开课这个问题的？

*徐欣幸：*我们需要有一些比较好的公开课进行引领，但是往往有的时候公开课上完了以后也没有很好地对课进行讨论，这些课到底好在哪里？不好在哪里？可能有的时候课后会稍做讨论，但是讨论往往也不是很全面、很透彻，应该让一线的老师来发表一些意见。有的时候是专家的点评，当然好的专家真的是评到点子上，也能说得很好。但是专家是从专家的角度进行评估，每天要进课堂的这些老师他们是怎么想的呢？他们很少有机会发表他们的想法，他们想看到对他们有帮助的会是什么样的课，我觉得这个真的很重要。

还有一点，我一直在听课的时候想到的一点。每个老师所教的学生其实都是不一样的,学生的情况是不一样的,别人用这种方式能把他的学生教好,但是我看了以后,自己还要想想我的学生是不是适应这样的教法,我是不是能把它照搬到我的课堂上去,这也是每个老师要自己思考的。我想每个老师对他自己的学生应该有他自己一套比较适合的方法,如果是一个有心的老师,应该找到这样的方法,不会使学生感到你的课没意思。但是有的老师不知教了多少年的书,他的学生在下面要打瞌睡了,他从来都不关注的,这就是因为他没有考虑到这个问题。

当然,从大的方面来说每个老师都应该要加强学习的。因为一些非常新的理念或者理论,或者是方式,可以起到引领的作用。好像你很卖力地在做这个事情,但是可能不太符合科学方法的要求,有的时候还是需要教师本身具备一些比较先进的理念和先进的理论知识。一个老师如果不喜欢学习的话,我觉得他也不会提高什么,将来发展的前景也不会很好。

采访者:徐老师去年参加了第 14 届全国外国语学校英语教学研讨会。在会上徐老师分享了对英语评价与测试的一些思考,展开了一些问题的讨论。徐老师,您如何评价现在上海高中英语测试和评价的一些现状? 需要做什么样的改进?

徐欣幸:从整体来说,教育界对课堂教学的关注比重肯定是会更大一些。相对来说,对测试和评价这方面的关注,无论是领导还是一线的教师,都不够,因为他们可能认为这个事情没有谁不会做,每个人都会做。我们以前在考试院的时候,领导对我们考试的关心重点是在安全性上面,每一次考试都不要出事情就好了,不要有什么麻烦,不要有人去上访,他们就觉得考试成功了,没问题了。其实测试或者评价,也是教学中一个很重要的部分,如果一个老师只会教书,不知道怎么样来评价学生,什么是正确的评价方法,我觉得他也是需要进一步学习的。

我们现在的教学,做了这么多还是不会提高,可能一部分原因就是评价和测试比较差。我以前在学校里自己教书的时候跟现在老师的想法都是差不多的,但是自从到考试院去从事高考的命题以后,自己看了许多的书,又有机会和很多的专家一起讨论研究,我觉得测试的功能其实是非常重要的，可是我们现在对它的重视程度不够。我在学校里能体会到这一点，我们导师组开会的时候我经常也会说这种事情。我们现在听课，学校里大家都是对英语非常重视的，怎么样来重视呢？很多的时间、精力都花在做试卷、分析试题上面，很多课时也都花在了这个上面。

第一个问题，是不是要做这么多东西？第二个问题，所做的东西是不是值得做？这两个问题始终都没有解决。

去考试院之前我参加了两次命题工作，一次是会考，一次是高考。去过了这两次，我真的明白了，其实考试根本不是像平时我们自己老师想的那样。比方说我第一次去出会考题的时候，我们两个出题的老师会把题目出得很难，但是审题的专家来一看就马上跟我们说，不可以出这么难的题目，会考只是要求学生达标就可以了。我这个时候才明白，出题目不是出得越难越好。自己进了考试院以后，再一点点地学习，一点点地和专家们讨论，我更清楚了，我们出了这么多的题型都是为了我们的测量目标服务的，因为有了这个测量目标，所以要有这个题型配合它。你用这个题型的时候，你在出这个题目的时候，你的挖空点、你设置的选项、你要达到的评分、你的评分标准都是为了这个测量目标服务的。学生用了你的试卷，评分标准能够帮助他在答题时有更好的表现，从而使他得到一个公平的分数。所有的题型都是为了目标服务的，并不是想用什么题型就用什么题型。

高考试卷从 2000 年开始，做了点点滴滴的调整，就是能够把学生语言应用的能力考出来，而不是要考死记硬背。例如去掉了考查词汇的单句选择题，改为语篇中选词填空，只要学生体现出他能够在这个语境中正确使用就可以了。比如我们出 Cloze 题目的时候，我们的选项不能够是单词辨义，也不是近义词的辨义，而必须是从各个逻辑角度考虑来给出答案。陆谷孙教授以前说过，"[单词辨义]这是我们复旦英语专业才要做的，庙堂英语里面做的事情，"不应该要求高中学生去做的。

再比如，让学生做 summary writing（概要写作）的练习，学生首先要理解这个文章，从读到写，这两方面的能力要求是高的，作为一个老师应该如何来帮助他提高这两方面的能力？要读的话，首先要理解,然后要从一般的理解能力上升到概括能力。所以老师首先应该教如何概括所读内容,比如在美国有些学校里,老师教阅读的时候,会从教学生如何写 annotation 开始。其实我觉得这种想法是帮助学生理解和归纳的一个基础,这样做了以后学生才会有能力从文章里面找出应该归纳的东西,然后再开始写,这是一个方面。

另外一个方面,对 summary writing 的评分标准应该也是有研究、有说法的。如果我一篇文章给了一个学生,文章里面说了三点,但是前面两点只是铺垫,第三点才是最重要的,有两个段落都是在说第三点是最重要的。对学生所写 summary 评分的点,是不是三点给予同样权重的评分呢?那是不应该的,应该是第三点占最大的权重;前面两点应该要提一下,但是评分的时候权重不应该是很重的。但是我去听课的时候,老师就是这样评分的,给这三点的权重是一样的。如果你这样教学生的话,他下次写出来的东西前面两点权重很重了,写第三点的时候字数已经不够用了,因为只有 60 个字表达。所以,很多学生写的第三点体现不出重要性,没有把这个概括的主要内容写出来。我觉得,不是一个题型来了你就看着它的样子去模仿,你要问,为什么要出这个题型?主要要求我们去培养哪方面的能力?

同时,老师在看考试手册的时候,首先应该好好研究的是测量目标,每一种能力的测量目标。不把这个事情搞清楚,你就跟学生一样,也是看有什么新的题型、哪个题型要占几分……看这种有什么意思?要去熟悉这个题型,到考试的前一个月、两个月做几篇文章,做几个题型,学生马上就会知道怎么做。

我有时候觉得,我们英语老师比其他学科的老师有很大的优势,是什么呢?因为国外对 testing 的研究应该说已经是非常非常仔细了,说得非常非常清楚了,英语老师自己可以去看很多的原版书,了解前沿的信息和研究。

采访者:下面我们来谈一下课标的制定。您如何评价现在的英语课程标准?有哪些优势、不足?该如何改进?

徐欣幸:其实,我以前自己做老师的时候,也是从来不看课标的,只管自己去上课,也没人来给我们培训什么课标,也从来没有去外面参加过有关课标的培训。我觉得不管怎么说,从以前的大纲到课标,已经是很大的进步了。我记得我们以前的大纲规定得很死,第几周到第几周教第几课,都有一定的规定,老师自己没有很大的自由度。有了课标以后,就有了能力达标的标准,高一、高二、高三,对听说读写都有了能力的描述。老师可以根据自己学生的实际,表现出很大的灵活机动性,因为你可以去选材,你可以决定你的教学进度,只要最后学生能够达到这样的标准就行了。但是这种宣传很少,学校里老师不一定明白这个,没有明确过。

我觉得其实老师有很大的自由度,甚至于教材里的内容不教也完全可以,如果找到了比教材更好、更适合学生的东西,也可以用于教学,只要能够达到课标里面的标准就可以。

现在课标对老师的课堂教学和操作有些什么帮助?有些什么限制?有些什么指引作用?我觉得这还是需要对老师好好地培训培训的,否则的话,老是说课程标准重要,到底重要在哪里?有几个老师能够说出来?还是都不明白的。

还有,我们以前的高考命题是要严格遵循课程标准的。虽然说高考是一个选拔性考试,其实是不用遵循任何标准的,只要达到某一个语言水平就可以了,但是我们中国是严格按照课程标准里面规定的那些内容和话题来命题的。我们在命题的时候每次还是把题目和选材去跟课标对照的,因为如果你超过了课程标准的要求,可能老师们就会觉得,我们都没有教学要求,你怎么可以考呢?所以我们还是仔细地对照,我们出好题目以后都会跟课标里面的一些标准和一些话题的规定去对照。对照以后我们总会有一个感觉,课标的描述是很难操作的。比如,有很多的选材都无法归到话题里,有些选材好的材料,却归不进任何一个话题。因为描述都不很清楚,话题的归类也不是很清晰。

采访者:徐老师,您对新课标有什么样的看法?刚才您也提到了一些关于重点突破的问题,非常中肯,您对新的课标有什么期待吗?

徐欣幸:全国的课标现在正在进行宣传,以前强调的是语言应用能力,现在叫核心素养,核心素养里面的四个方面,现在到处都在宣传。里面重要的素养,比如语言能力,以前也是提到过的,但是我觉得以前没有很强调的是思维品质。我觉得这一点真的是重要的,我们对学生这方面的培养是比较薄弱的,因为老师也不具备这样的思维品质,怎么会去培养学生?我们样样东西都不用多思考的,有现成的可以用是最好的。能够培养学生这个方面的能力,这一点真的是很重要的,能够写到外语的要求里面来,不管多少总归是要做了,我觉得这一点是好的。

我们上海要制定新课标,跟全国必须要有所不同了,因为要一样的话就不用再制定了。一定要反映出上海的特色来,上海的特色到底是什么呢?我觉得首先应该把这个问题搞清楚。我们上海的特色到底是什么特色?那就得让权威人士来说这个问题了,但他说出来的特色又必须要接地气,不能说得太高,因为一下子达不到的特色也没用。还有一方面的特色能不能也考虑一下?我们能否通过新的课程使我们以前的一些问题——外语教学中长期累积的一些问题——能够得到比较明显的改善,通过这次新的课程要求能够体现一些这方面的东西?这个体现出来,不一定是很高的东西,但是真的可以使得语言教学有比较大的改进,老师们觉得照这样来做是好的,大家又能够操作,又能够解决问题。当然标准只不过是一个引领,这种引领必须能够和我们现在碰到的一些问题结合起来,能体现出它的实用性。看起来是解决了一些具体的小问题,其实就是在解决大问题。

从哪些角度和国家课标不一样?这个问题我觉得也可以考虑一下。从哪些角度必须要和它不一样,不仅是要解决问题,也要表现出一些先进性和引领性的精神出来。否则,我就在想,以前为什么课标一出来,一方面宣传不够,一方面培训也不够?有的时候也有一些课标培训活动,但是老师都没有兴趣,作为老师他们觉得浪费时间,那是为什么呢?其实真的应该多听听一线老师的想法,如果他们觉得学了这个东西会解决什么问题,可能他们就会看看。我在听课里面发现,他们的教学方法有很多是我们中国人一直说的因材施教。有些老师就是落实得好,在他课堂教学的细节里面体现得非常好,他就会想出很多的各种各样的办法来,把学生教会了,使得他们注意了,并且引起兴趣了。像这种类型的老师,其实他并没有什么很新的东西，他就是把新的内容跟老的方法很好地结合起来了。不要老是把课标说得很高大上。

我认为第一个培训就应该是各个区里的教研员。教研员学习的机会还是很多的，也有机会到国外的大学里面参加培训，但是很多人改变不大。有的人真的是有改变，他就会想到很多，就开始做了。讲到了最后，我觉得还是看人，每个人是不同的，有的人有这样的要求，他会去做；有的人这个事情这样就这样了，我去过就去过了，我回来还是照我以前老的做——这种也没办法。其实给这些一线老师一些理论的培训，有利于他们以后写一些文章出来，因为他们的实际经验特别多。

采访者：徐老师，我们下面来谈一下教材的编写。我们新课标制定以后要进入到教材编写的阶段，您觉得高中的英语教材有一些什么优势？如何进行改进？存在哪些不足的地方？

*徐欣幸：*我们的英语教材，最关键的东西是语言的地道性。以前用的老的教材大部分是中国人自己改写的东西，当然，中国的元素是可以适当地介绍，但是学英语还是应该要学习原汁原味的目标语国家的文化和地道的语言表达方法，我觉得这个是最重要的。然后还要包括对新课标说的核心素养四个方面有帮助的内容，我觉得教材的编写，包括教材里面配套的东西，还是要从这个角度出发；如果课标制定好了再编教材，就必须体现新课标的要求。

我认为，课标有哪些地方是比较有特点的，那么教材里面就必须很好地体现出这种东西。因为现在不是大纲，而是课程标准，我只要达到你的标准就可以，我的教材只是一种资源，许多资源都是可以用的。我想，有一套教材也是应该的，但是教材的编写其实是要体现课程标准，其独特性要在新编教材里面体现出来。

采访者：我了解到徐老师经常参加一些教学研讨活动，比如说教学展示月活动，作为导师会提出一些意见和建议。想问一下徐老师，您如何评价现在上海市中小学英语教师的整体素养？有哪些优势、哪些不足？需要如何提高？

*徐欣幸：*总的来说上海老师的整体素养还是高的，从语音语调的角度来看，优势是很明显的，而且一般学历层次也都比较高。上海

的教师队伍中年轻的也很多,年轻的老师毕竟理念就会比较新一些,他们看到的公开课和以前的公开课还是有所不同的,从大方向上来说,他们也知道什么样的教学是比较好的教学。

采访者:关于中学英语教师培训,徐老师能否谈一下?

徐欣幸:我觉得如果要培训的话,是不是可以做一些专题,比如可以先去听听中学老师的想法,他们想从哪一个地方提高。具体的,可以从这个方面的理论和实践帮助他们,和他们一起来做,这个效果会比较好一点。如果要一种非常完整的体系,从头到尾那种,可能他也一下子用不上,他也没那么多时间来完成。大学教师可以帮中学教师在理论上提高一下,怎么看问题,使他们把问题看得更加清楚一些,操作的时候有些比较好的指导意见。如果给他们提供一些理论方面的支持,也许对课堂教学、课后的练习以及最后的测试会更有帮助。

"教""学"与"研"

——上海市英语特级教师徐子祥访谈

（上海外国语大学国际教育学院　郭晓梅　编辑整理）

访谈嘉宾介绍

徐子祥,1978 年毕业于华东师范大学外语系,1984 年至今在建平中学担任英语教师。从 2000 年起先后三次被评为浦东新区中学英语学科带头人,2001—2005 被评为建平中学首席教师,2011 年被评为上海市特级教师。先后发表十几篇学术论文,参编了《新课标高中英语必修课教学设计案例研究》一书。

访谈内容提要

访谈主要围绕上海新课标的建设,从日常教学、新教材的开发、教师培养以及评价机制等方面,徐老师分享了他的见解。

徐老师认为,课标强调学生具有科学探究的学习方法、团队合作意识、乐于接受世界优秀文化的开放意识、持久的学习积极性、良好的学习习惯以及学习英语的自信心。为此,课堂教学不能按部就班,教师需要动脑筋,重设计,创设情景,实现互动。其次,课堂教学要注重学生基本功,语言和文化知识并重,尤其要符合上海大都市对实际交际能力需求的特色。英语毕竟不是母语,需要学生完成一定量的背诵,反复操练。教师第一要强调学生的听说读写语言技能,授课时很好地去挖掘,进行教学设计,避免课堂教学中应试的痕迹。第二要充分利用教材培养学生健康人格、公民素养、创新精神和实践能力,培养学生优良的道德品质,帮助他们形成好的态度与价值观。

教材是"教"与"学"的抓手,需要有研究。上海的中小学教材知识性与人文性、实践性与工具性统一,各模块和单元的主题相互渗透,相互支持,从易到难循序渐进,增强了教材的可操作性和语言的实践性。同时在目前信息化时代,教师应该开发网络资源,有选择地补充教材,以达到好的教学效果。

在教师培养方面,徐老师认为要按照教师需求设定,因人而异,形式多样化,不能仅仅通过开公开课来实现。教师需要提升自己的水平,知识与技能、过程与结果、情感态度与价值观都是关注的焦点。为此教师要注意去"学"和"研",不仅需要较强的语言能力,还必须了解如何将知识教授给学生,增强学生的能力并做到学以致用。刚入职的教师应该学习如何评价学生,避免在课堂教学中的应试教育。

访谈实录(采访者:郭晓梅,田成)

采访者:作为有经验的特级教师,能否谈谈您的教学经验?

徐子祥:需要把教学工作做好,无论是按照教材要求也好,满足学生的学习需要也好,要达到完美,我们需要尽力去思考。如果对自己要求不高,仅凭经验,老教材、老教案,日复一日,年复一年,这样不会有发展,几年以后,你就落伍了。但是如果每次教出一些新的体会、新的发现,要让学生有一种新的体验的话,肯定是要按照现在的教材要求、学生情况去重新设计,去准备,只有这样才能使你的课上得更加贴近学生、贴近生活,学生感受更加真实一点。而照本宣读,讲讲知识点,这个虽然容易些,但是课可能比较枯燥乏味一点,达不到对学生综合能力培养的目标要求,对教师自身的发展也不利。

采访者:对教师有哪些挑战和要求?

徐子祥:英语究竟不是本族语,是外语,虽然都是语言教学,但是与语文教学是不一样的。首先,教师除了本身要具备专业素养、本体知识以外,他需要对英语学科有一个基本的认识,对语言知识和技能的关系要有一定的认识。此外,对英语学科的教学知识需要了解,即如何让学生对语言学习产生兴趣,如何让学生在情景下学习外语,体验学习过程,获得一种有意义的感受。如果仅仅是讲一些知识点,还是比较容易的。对自己有要求、有追求的教师首先应该对自己的教学有一定的期望值和要求,要不断提升教学水平。尤其是语言教学中的瓶颈,大家觉得比较难,不容易突破。一些语言现象或者知识和技能的转换、学以致用的拓展,怎么来让学生获得学习体验、在学习过程当中学会掌握知识转化为能力的过程,这些都是我们教师教学研究的核心和永恒的话题。

采访者:您怎么看新教材、新课标的要求?

徐子祥:新课标要求英语课程要集知识性和人文性、工具性和实践性,强调英语课程的应用性,引导学生主动地学习和探究知识。课标规定了英语课程的性质、教材编写的内容框架和目标要求,同时对英语学科的教学提出了新的要求,其核心要素是:知识与技能、过程与方法、情感态度与价值观等在教育教学过程中的三维目标。

讲到教材,我认为上海目前使用的教材改变了传统教科书向学生传授知识和技能的情况,通过模块(module)来搭建语言学习的框架结构,采用"功能—结构—主题—任务"相结合的思路设计教材。将语言学习变为模块组合,通过语言知识体系的形成及语言实践活动的不断提升和加深来促进学生知识、技能和运用能力的螺旋发展,体现语言学习的实践性、工具性和交际性。模块结构和单元的内容以语言作为载体,通过主题把语言、内容和结构三者结合起来,避免了语言学习碎片化、内容凌乱的现象。

采访者:如何操作呢?

徐子祥:上海教材的编制框架体现了课标的要求,是实现课改精神的蓝本。各模块和单元的主题相互渗透,相互支持,从易到难循序渐进,增强了教材的可操作性和语言的实践性;采用任务型语言学习方法保证了听说读写功能的有机统一,关注学生的学习体验过程和实践过程。

上海教材的文本题材丰富,内容新,时代感强,能引起学生的学习兴趣,特别是各板块学习内容的编排充分体现了认知规律,为教学活动的设计提供了丰富的空间,充分体现了学生的学习过程。阅读策略的培养逐步过渡、逐步加深,让学生学得轻松,树立学习自信。

如何用这个教材教好英语,如何开发好这个教材,从而体现你使用这本教材的能力,这不是一两次公开课能解决的,也不是按照教参的建议授课就可以了。教师要注意去"学",其次要"研",你学了以后,你看到的现象多了,你要去思考它说明了什么道理、什么原则,进行研究以后总结出一些规律来指导你的实践,这样你就可以超越原来的实践。

教材中的语言知识主要包括语音、词汇和语法三个方面的内容,构成了外语学习的核心知识,是学生学习外语、获得语言技能的重要基础,也是学生进入更高层次学习的必备基础知识。比如,外语学习的过程就是一个不断积累的过程,对许多学生而言很枯燥,但是这就是语言学习。要让学生形成能力,老师不能只是向学生灌输知识,认为课堂上活动一下就是能力了。作为教师,要研究知识和能力的关系,也要研究促成它们之间相互转换的教学活动的设计。要使课本知识转化为语言能力,也就是形成战斗力,必须要有一个基础的积累过程,凡是外语学习的成功者,都是这么过来的。就像解放军战士操练、走步、队列训练一样。这些内容对打仗到底有用吗?没什么用,我估计打仗是不用这个办法的,但是不能因为这样就把这个取消掉了,因为这里面有团队精神,集体的东西,这个东西是形成战斗力的过程。

课文中的知识和词汇需要通过记忆的手法把它沉淀下来,这些要求可能课堂上 40 分钟是不够的,需要通过课外作业的布置,包括段落的背诵、默写等练习来巩固,这些工作不能省。外语学习就像弹钢琴一样的,练的时候很枯燥,但是,熟能生巧。听说读写,经过三年的刻苦训练,把词、句、篇记住了,到用的时候你就会脱口而出。当然用什么形式来记忆,是创造语境来记,还是死记硬背,这个是需要老师去研究的问题。我们讲培养学生核心素养,这个素养是不是课堂的东西?基本的要求没有了,词也不用记了,书也不用背了,互动也不用开展了,早早地进入高考的题型练习了,这样就很难全面地体现课标的要求。

采访者：能否谈谈您对新课标的理解？在理念上，您觉得它能够给老师更多的支持或者是引领吗？

徐子祥：上海高中英语学科的总目标是"高中毕业英语基本过关，能满足其今后学习、工作和生活对英语的基本要求"，培养学生具有：

- 科学探究的学习方法和团队合作的意识；
- 乐于接受世界优秀文化的开放意识；
- 持久的学习积极性、良好的学习习惯以及学习英语的自信心。

从这个角度来讲，我们的责任重大，英语成了一个非常重要的学习科目。上海学生，尤其是重点中学的学生，肯定是把英语作为一门非常重要的工具学科。要实现课标提出的培养要求，学生在英语的听说读写方面需要形成语言能力，同时提升思维品质。

我们现在用的教材有两个特点：第一点是强调学生的语言能力，听说读写语言技能，但是我们自己在教的时候没有很好地去挖掘，去进行教学设计，课堂教学应试的痕迹很重。第二点是教材在文明交往、健康人格的培养、公民素养的形成、创新精神和实践能力的培养方面有丰富的素材，是帮助学生培养道德品质、形成态度与价值观的重要内容。部分教师由于受到应试教育的束缚，在教学中往往只关注知识的传授，或者由于缺乏对教材研究中蕴含的德育内涵的研究，无法将知识、技能和育人有效地融合，只是蜻蜓点水或者生搬硬套，起不到寓德育于教学之中的效果。

采访者：教材你们是选择性使用还是全部用？怎么用？电子教案都用吗？你们自己添加很多其他材料吗？

徐子祥：我们现在面临的一个问题就是应试的问题。应试教育就是通过试卷来培养学生听说读写的能力和综合素养。这些东西摆在我们老师的面前，老师拿着教科书来设计他的教学，来体现他的教学思想，来呈现他对英语学科的认识和整个教材的研究。平时期中、期末考试的成绩和高考的成绩往往就是学校领导、同事和家长评价教师教学能力的重要依据。这应该就是我们目前的现状，还是比较注重应试的教学比较多。从教学的角度来讲，比较多的还是在于知识的课堂传授，比如课文里面的词汇教学，这个词有这种用法，那种用法,例句很多。经过多年的教学实践,老师们讲起来都是非常娴熟了,学生通过这样一个过程,把它记住了,也清楚了,我们的考试基本上反映了这样一些上课的内容。

其实,教材中各模块和单元的主题体现了听说读写技能有机的统一,关注学生的学习过程和实践过程,教材还有活动板块和拓展板块,教师可以通过活动设计和活动开展,取得更好的教学效果。比方说在语言教学当中,语音、语调、单词读音、音标规则、哪些词应该这样读、哪种语调表示自己的情感、句子怎么读、是否重读,因为无法体现你教学的这块,不在考试范围内,有的内容也无法在试卷上面体现出来,老师就觉得我还是把要考的内容先抓紧、弄清楚,因为社会最后评价你这个学校,评价这门学科有没有成就、特色,更多的时候还是通过考试成绩来证明的。上海有许多外语特色学校,在公开课上,这些学生的语音语调以及表达能力非常强,给听课的老师留下深刻的印象。但是另外一些学校的学生可能笔试成绩不比外语特色学校的差,虽然在朗读和口语方面可能连特色学校学生一半的水平都不到,但是考试成绩一出来,这些学生的分数可能反而更高,机会可能还是他们的。目前还是有许多不尽人意的情况。

采访者:就是说,希望课标能够在最后的评价机制上有所体现。

徐子祥:对。我们肯定对新课标有些期望,我们希望它从人的发展的角度对教学做出科学的、可操作性的评价。我们一直在说外语是一门工具学科,落实知识、形成能力、强调多元文化的渗透,这些说法是绝对没有问题的,但是怎么来落实,怎么通过评价来引导教师落实到日常的教学当中,最后通过评价体系能够把它体现出来,否则的话,最后这张卷子,尽管现在增加了口试,但是可能会延续目前的现状,学生还是把口试作为一种机械的应付,这跟我们想象当中的感觉还是有差距的。

采访者:课标跟实际上的评价还是有差距的。您负责培训老师,一般的老师会很有意识地去了解课标吗?

徐子祥:这个要看的,比方说我们现在到我们的基层去听课,了解他们现状的话,老师最容易上的课还是知识性传授、以教师为主体的,把知识传授给学生,这是最容易上的课,也是最轻松的课。你通过这个课本来设计,比方说文本的材料,来确定它的教学目标,设计它的教学任务,包括如何通过活动的开展,让学生来体验这样的学习过程,通过这个体验的过程,形成语言的能力,养成一种语言的习惯和素养,最后达到一个很理想的状态。

我们在制定课程标准的时候,还要有相应的教材支撑。教材的语料放在那里,你对这个教材怎么处理,每个人的水平不一样,方法不一样,效果也不一样。我们往往通过加强备课组的活动、教研组的活动、或者是区里面的教研活动,通过教参,来达到比较好的效果。但是,对课标的执行、对教材的开发和使用、对知识与技能的关系的处理最终由教师个体在课堂上去落实,教师如果对这些要求不清楚,也不知道该怎么来进入到这样一种教学状态,那么整体的情况还是不容乐观。

随着课改的深入发展,课标的内容又注入了新的内涵:提出了全人发展的新理念,强调了学生核心素养的培养要求。语言是工具,是手段,人的发展才是目标,为了适应教育的变革,教师就要不断学习,教师由学科教学向关注学生的全面发展转变,教师要从一专多能向智能并进发展。这些都是教育发展的需要、时代发展的需要,我们教师就需要不断学习,跟上发展的步伐。

采访者:在外语学习中,信息技术的运用很关键,比如看视频。在新课标下,您觉得用多少比较切合实际?

徐子祥:在外语教学中,以前是图片、实物、录音磁带作为教学的辅助材料。但是还不够,有的时候,没有相应的视频和录音,就教不出那种语言的感觉。随着信息科技的发展,与教材配套的影像材料,包括相关的背景材料,能够借助网络资源得到补充。比如说学生在网上找很多的公开课的资料,还有 TED 演讲,有些与教材的内容有关,我们用得多,学生很感兴趣的。其实学生要看这些,看了以后有好处。第一个,他就觉得这是真的英语,这是原版的,这种氛围,这种环境。另外,这种语言的描述,本族语的老师达不到这种效果,我们说的英语更多的是一些课堂用语,如果要根据教学内容,把这些语言说开了去,就会受到限制,一个是你的表述形式的限制,一个是你语言表述的措辞、知识范畴、根据学生水平的语言调整,这些语言我们还都不太熟练。讲到一些知识概念的话，用英文传授，本来很简单，被你一讲反而更复杂了。有的老师现在全用中文来上课了，或偶尔讲两句英文，那就不行了。我们需要有这样一种氛围，老师通过培训就觉得蛮好，就是要让他进入这样的培训。我们也要去听这些老师的课，要去看他们是不是在这样做。有的老师做得很好，而且收获也很好，来参加培训，两年下来语言又有了新的长进、新的提高。这些视频看了以后，对他还是有帮助的，让学生看了以后，他也能享受到语言的美，当然还可以拓展学生的视野，因为老师的知识面不够，这个不知道，那个不了解，话题什么都不懂，就懂那么几个语法知识点，这些词汇的用法、那些搭配。怎么来创造语境，把现在的生活、时代的东西结合进去，这个，有的时候我们就显得有点力不从心了。

我们编了视听教材，结合课文的话题带着你去听、去体验真正的外语世界。我们现在周三做听力，周五看一个视频。根据牛津教材的课文，我们教师动脑筋研究了，比如说高一是哪些景点，高二是哪些景点，高三是哪些，一直到最后的毕业。课本上这些知识点，通过这个视频放出来，学生一看，原来是这样，他就很感兴趣，重点中学的学生还是有这样一种求知欲望的。通过教师的教材开发和创造，准备了材料让学生收看，几年坚持下来，学生的听说能力得到了明显的提高，外语讲得绝对不比老外差，外面听课的老师看了之后，觉得建平的学生不得了，外语水平这么高。

实际上，你说我们教师有多少能耐？我们是靠教师自身的专业水平和职业精神去创造这种环境，进行教学设计，这是一个比较系统的过程。如果我们就是靠一个录音磁带，就是跟读一下，肯定做不到现在这样。

采访者：就是立体化的教材，多渠道的。

徐子祥：在上海市这样的国际大都市，在这样一种高科技时代，你能够做出你有特色的材料，而且大家一看，认为不错，那样就落到实处了。

采访者：徐老师对自己的工作还是挺有思考的，不断总结，不断思考。

徐子祥：围绕着我们刚刚讲的，主要是那个"学"，还有一个

"研",所以我们叫"教研"。如果你没有实践的话,那个"研"就很难有东西出来,因为都是空的,没有指导意义和推广的价值。但是我们老师天天处在现实当中,天天重复那个动作和过程,不动脑筋,不善于总结和提升,肯定不行,你就没有进步。

采访者:关于教师培训,尤其是入职前,您有什么建议?

徐子祥:学会管理。比方说你作为班主任,如果上课时,很多学生不愿意举手回答你的问题,如何处理?看这个新教师怎么来做好这个班主任,管理好这个班级。

从我了解下来的情况,我觉得第一个要注意的是你的本体知识,教师首先课文朗读,读不好,读错了,就有问题。第二就是本身的专业水平,比方说板书,在黑板上写字,对一些刚刚要入职的青年教师,这些都是基本功。还有语法术语,有的老师表述得还不准确。你要进入到这个行业的话,你自己先要清楚,你自己都是一盆糨糊,怎么能让学生清楚呢?这个就误人子弟了。

然后进入到课堂教学。我们面试教师时,往往有这么一些内容,首先就是给你一个文本材料,然后句子当中,比如说第一句和第二句,给你标出发音,根据这个规则来找找看本文当中还有哪些类似的情况,用得上什么样的教学方法进行语音教学。当时我觉得这个如果要我去上,我也上不了,太难了。有的大学生毕业试讲的时候,还不会处理各种课型的要求。比方说有的课文,一个词划一下,划了之后你确认是属于语法当中的什么现象,比方说关系代词,然后组织这堂课的教学,就是讲一个关系代词。新教师缺乏各种课型的教学手段。

教学是很有讲究的,比如说阅读,阅读是有技巧的。怎么教会学生阅读?一篇文章给他,要他读,这个老师开始讲里面词汇的用法和语法知识,我就问他什么叫阅读教学,他说他还不会教阅读。其实阅读当中有一个语境,怎么来让学生理解字面上的东西和字面下的东西,他们还不清楚。

大学毕业生要进入教师行业的话,我觉得首先你要懂本体的知识,还要学会怎么样教,再加上这个技能:怎么教阅读,怎么教语音,怎么教听力,怎么教语法。这个东西除了你在大学里面专业的知识学习以外,需要去培训的,不要以为教师就是站在那里,拿本书只要用外语讲,学生听了就满意,这个不能叫外语教学,你还要有一些教学方法。接下来就是比较重要的,这个要经过一段时间的教学实践以后才能搞得清:材料给了你,你能把得住这篇材料的教学目标吗?重点难点搞得清楚吗? 第二个,你准备采取一些什么样的教学手段,设计一些什么样的教学任务和活动,来达成你这个教学目标? 不是你一个人站在教室里随便讲讲就能够实现的。

最后,我个人认为一个具有综合素养的教师要有一套课堂教学的评价体系。经过几年教学实践的老师上课应该不会有大问题,但是要进行教学评价,出一份好的试卷就不容易了。不少教师往往到外面去买教辅材料,把里面的练习拿来给学生做。熟悉教材、熟悉教学过程、熟悉试卷结构,使评价科学、合理,不仅关注学生的学习成绩,更加重视学生的能力培养和潜能发展,鼓励每个学生在原有的基础上有所提高,才是一个合格教师的具体体现。写好一份教案,上好一堂课,出好一套试卷,是教师专业发展的内容。作为青年教师,这个要去学,要去训练。

实践出真知：课标修订者要对
教学现状了然于心

——上海市英语特级教师杨扬访谈

（上海外国语大学国际教育学院　柳华妮　编辑整理）

访谈嘉宾简介

杨扬，大宁国际学校校长，上海市特级教师。1993 年毕业于华东师范大学英语系，多年来始终坚持在初中英语教学的第一线，先后获得上海市"雏鹰中队优秀辅导员"、区"园丁奖""百花奖""金穗奖（学科带头人）"等多项荣誉，并于 2010 年获得"首届全国中小学外语教师名师"称号，2011 年获得"第四届全国优秀中小学外语教师"称号。2014 年被授予上海市特级教师荣誉称号。

访谈内容提要

此次访谈围绕课程标准的修订展开。杨老师就上海市中小学英语课堂教学现状、教材、测试与评价、教师培训、课标修订等方面分享了自己的卓见。

杨老师指出，上海市的中小学英语教学领先全国，有赖于几大优势：一是上海国际化大都市提供了大量语言输入和运用的机会；二是上海聚集了一大批外语教育专家,引领教学理念和实践创新;三是上海有着优秀的英语教师队伍;四是形成了一至十二年级成熟的教材体系,做到了一纲多本。

关于教材编写,杨老师强调教材要保持整个学段的连贯性,语言知识及话题的深度、难度要螺旋上升,对每个年级的阶段目标要界定清晰。一些具体的建议包括:(1)语言知识点要在各级教材中由浅入深,逐步渗透;(2)将音标教学纳入教材体系,帮助学生在英语学习伊始打下扎实的语音基础;(3)要配教学光盘,给老师们提供足够的经过精细设计的教学资源,包括教学活动、音视频等;(4)设计多样化的情境教学活动,让学生在做活动中掌握目标知识点,在教材后附可撕式活动单(work sheet)供教学使用。

关于教学测试与评价,杨老师指出:小学段目前已经开始探索实施基于课程标准的评价,以等第制取代了分数制,没有升学考试。这是一种积极的探索,但同时等于把应试的压力推迟到了初中。中考对初中英语教学具有负面反拨作用,导致应试教学普遍存在,使阅读教学沦为词汇和句型教学,忽视对文本内涵的挖掘。同时,这种长期低水平语言知识重复式的教学也限制了初中英语教师的语言能力发展。

关于教师培训,杨老师建议基地不要孤军奋战,而是要和市、区县、校等各级教研人员密切合作,他们专注于基础英语教学数十年,对教学现状和问题了如指掌,因多年积累的丰富经验而具有基地研究人员无可比拟的优势。

关于课标修订,杨老师表示,课程标准的确定要基于对上海学生英语水平的准确认知,要反映出大多数学生通过努力能达到的平均线,或在此基础上适当拔高,发挥引领作用。至于如何把握这条平均线,和市、区县教研员相比,基地研究人员的劣势在于对基础阶段英语教学认识不足。因此,基地在加大实地调研力度的同时,须借力市教委教研室,与其密切沟通,通力合作。

访谈实录(采访者:柳华妮)

采访者:能不能先请您谈谈我们上海市中小学英语课堂教学的现状?

杨扬：从全国整体来说，我觉得上海的中小学英语课堂还是领先的，虽然近几年江浙、广东等地有慢慢赶上的趋势。我们领先，首先因为上海是一个国际化城市，我们接触英语、用英语交流的机会比较多。此外，我们有一大批英语专家，包括束定芳教授，包括市、区教研员，这支队伍是非常严谨的。在他们的引领下，我们在教学理念上也是走在前面的。可能许多外省市还在追求某一个"模式"，上海现在更多的不是看模式，无论是市教研、区教研都不是针对某个固定的教学模式。比如 task-based teaching（任务型教学），十几年前非常流行，现在说这个反而老套了。任务型教学到底是什么，并没有清楚的界定。国情不一样，学情不一样，人数不一样，针对的对象不一样，很多东西不一定拿到国内就能用的。所以，我们更多的是探索一些先进教学理念的本土化实施，如何进行学生水平参差不齐的大班教学。

采访者：能谈谈咱们具体是怎么做的吗？

杨扬：我们近几年一直在做一件事：合理确定单元教学内容，确定教学的重点难点。我们不追求某种宽泛的模式，而是很细致地落实单元目标和课程目标之间的关系以及教学的重点难点，我们做得很扎实。上海的英语教学就是一步步这样做的。我们有一批很出色的英语老师，各个区县都有优秀老师，这也是一个优势。还有一大优势就是教材。上海目前主要使用两套教材，一是牛津上海版，二是新世纪，做到了一纲多本。一纲多本给外面的感觉可能是："上海怎么有两套教材？怎么教？"而我们根本不会有老师说"两套教材我不会教"。我们有教学基本要求，有考纲，有共用的词汇和语法点。至今还有很多地区中考是跟教材联系的，脱离课本就没法教、没法考了，很多题目直接来自课本，这对学生语言能力的发展是很不利的。所以说上海的一大优势就是，我们一至十二年级的这个教材体系是成熟的。

采访者：我们基地目前主要在进行课标修订的工作，后期也要基于新课标编写新教材。对于新教材开发您有什么建议？

杨扬：编写教材一定要实现整个学段的连贯性。小学是这套教材，到初中又换另一套教材，就没有延续性。此外，教材必须是螺旋上升的，比如说小学一年级就有水果蔬菜，到三、四年级甚至六、七年级还有水果蔬菜，但内容的深度是不一样的。目前上海的英语教材从小学到初中,再到高中,它是有一个体系的,是连贯的,因此上海的基础英语教学还是比较顺畅的。反过来说,我们的课程标准编纂也要有一种合理的依据,就是分年级的达成度,每个年级要达成什么目标。

采访者:您如何评价上海中小学英语测试和评价的现状?

杨扬:我觉得我们在评价方面还略有不足。现在小学已经推行了基于课程标准的教学与评价(虽然这个标准现在还没有定),用等第制取代了百分制,但初中还是百分制。就我个人经验而言,六七年级我可以把从国外学回来的东西搬进课堂,以发展学生的语言应用能力为主,进行口语、听力等综合评价,不太注重书面测试的成绩。但是到了八九年级,你这样做,就会有一个很明显的障碍,那就是中考这个关口。上海的中考相对来说还是注重语言综合能力的,满分150分,其中听力30分,作文20,阅读50,基础词汇语法50,从卷面上来说2/3是考能力。但学生心理上还是有压力。因此,一般性的学校抓的就是基础能力应试,阅读和听力教学在课堂里没有得到很好的体现,多数老师做的就是词汇、句型教学。阅读教学应该更多地挖掘文本的内涵,但在实际课堂中,很多老师就是把阅读作为一种做题训练,训练做题技巧,拿高分。从六年级开始,老师就开始给学生讲考试策略,教他们不停地算分数可以从哪里来,这样学生的语言学习兴趣就被扼杀了。但这也不能全怪老师,我作为一个校长,很清楚老师的苦恼:分数必须要出来。

采访者:那您觉得这个局面有可能改变吗?我们可以做些什么?

杨扬:实际上现在市教研所做的主要是在唤醒,在引导。比如,这些年市教研员赵尚华老师一直在做一件非常细致的工作。举个例子,为什么用 group work(小组活动)?小组活动的真正形式和构建是怎样的?不是说四五个同学做一个活动就叫小组活动,它的产出、它的反馈呢?小组活动是在个体学习的基础上综合大家的成果,有一个生成的过程。另外,刚讲到我们在做教学重点难点的确定,比如阅读的第一课时、第二课时、第三课时,我们做得很具体。为什么我不去找一种模式?所谓模式,更多的是一种套路,适合自己的就是最好的模式。就像我们听一节课，这节课上得很好，他用的什么模式，你学不会的，把教案、台词全给你，你也不一定学得会。所以赵老师这几年一直在做这个事情，他实际上是看到了上海课堂教学的不足。比如就阅读教学来说，如果不教着学生挖掘文本深层次的内容，纯粹为了学英语而学英语，那么把材料翻成中文给学生去做题目，他也未必做得了。现在课堂上，有些老师只把文本当成一种语言形式，对于文章的内涵、背景、文化视而不见。要说真不足，就是我们的教学评价离真正的基于标准的评价（或者真正强调英语语用能力的评价）还有差距。

采访者：刚刚提到小学阶段的等第制评价，您能具体谈谈吗？

杨扬：小学英语一到五年级整个教学过程中都是没有课程分数的，就是一个等第制评价。

采访者：那么小学升中学的时候，英语水平怎么看呢？

杨扬：就是给出 A 档、B 档、C 档、D 档之类的一个等第。实际上，评价的不连贯也会带来问题。学生整个小学阶段没有接触过分数，到了初中怎么办？现在高考改革了，小学评价改革了，唯一没动的是初中。小学上来是没有考试的，但初中的出口却要看分数，初中夹在中间很难办。就老师水平来说，初中也是最弱的。一方面，最优秀的大学毕业生一般选择去高中，另一方面初中教学天天就是词汇语法，整天浸在最简单的东西里面。小学因为重视口语教学，老师在这方面也能得到锻炼，但初中老师在长期的应试教学中语言能力很容易退化。一个大学本科或硕士毕业生，如果教五年初中英语的话，语言能力可能就严重退化了。

采访者：高中教学按说也是应试的吧？高中老师不会面临同样的问题吗？

杨扬：初中阶段完成了中学英语语法的80%以上，高中的新语法就寥寥可数了。所以高中实打实地注重读写教学，更偏向于能力发展。而初中集中了这么多语法，你得在四年里把它教完、教扎实。本来语法知识应该是点点滴滴积累习得的，但现在的做法是把语法点过度集中在初中去学。有些好学校（像世外）会提前把高中语法都教掉，那么他整个高中阶段就没有语法要讲了。

采访者：语法知识的安排也是课标修订的重要内容，需要落实到每一个学段。现在 80%—90% 的语法集中在初中学段，看来您也觉得这个不太合理。

杨扬：我觉得这不大合理，但是也很难解决。因为如果有些语法不教的话，阅读就彻底看不懂了。如果真的把部分主要语法放到高中去，整个阅读难度就下来了。你必须找到一些没有新语法的材料，或者对材料进行改编。

采访者：如果材料真实地道，里面就有大量语法，不真实的材料往往又不地道。

杨扬：对。我觉得中国人学英语最大的矛盾就在这里，所以老师会花很多精力去讲语法。一篇文章拿出来，这是个语法点，那也是个点，只要语法点出来了，老师一急就讲掉了。本来我们的教材体系是很好的。如果说整套教材体系是一个桔子，一册一册的教材就是横着剖开来的桔子片，学习的时候，每一片吃下去，各个桔子瓣（=多个知识点）都吃到一点，一片一片慢慢叠上来，最后拼成一个桔子。但是我们中国老师更多的是把桔子掰下一整瓣，对学生说"你给我吃完"，这就不对了：学生容易吃撑，消化不良。所以说，教材中的知识点要慢慢叠加，一层一层覆上来，最后到某一个时间把之前的所有点串起来成为一条线，这是一个大难点。要编出一套好教材是不容易的。

采访者：要在教材编写中贯彻刚刚谈到的理念，您有什么具体操作建议吗？

杨扬：可以对提前出现的语法点给出提示（tips），告诉师生这是一个额外的语法，你知道就可以了，后面会再学到。但是如何改变老师一瓣桔子让学生一口气吃掉这个现象还做不到，因为中国老师最擅长这样讲了。另外，关于教材我想补充一点，音标教学没有纳入到牛津教材，我觉得这个要改进。学生到了高年级有很多发音纠正不过来，因为他们没有准确语音的概念。音标不能一片一片来，在学习之初就要掌握。进口教材没有音标，因为英语作为母语的学生不用学音标，而英语对我们来说是外语，把音标加上，很多东西对学生来说就简单了。

采访者：关于测试和评价，我想追问一下。刚才讲到中、高考对教学的影响，其实测评还包括形成性评价。对于学生平时学习的评价，现在有哪些做法呢？

杨扬：初中就是期中和期末考试。小学规定平时不准有分数，不准有书面练习，具体做法各校自己探索。以我们学校为例，我们做的是一个阶段评价方案。比如说初中期中考试之前，小学有两周时间进行阶段评价，评价方案包括具体的评价点（如一年级学生的发音、单词、朗读、课本知识点等）以及分课时的落实计划。有些学校借助计算机做过程性评价，比如说这节课几个同学发言了，电脑都可以自动录入。有软件公司向我们推荐这个，说是基于大数据的形成性评价。我不太认可，因为这会干扰老师的正常教学。每次课结束后，你让老师回忆今天多少人举手发言了，他做不到；课堂上让老师当场点击电脑录入数据，他也做不到，因为有课时的限制。其实学生的课堂表现，老师不需要记录也大致可以把握的。总而言之，这个形成性评价，每个学校都有各自的方案，每个学校都有不同的情况，哪怕你觉得别的学校的做法好，也不能拿回来照搬。这从某方面说也是合理的，以人为本嘛，以你自己教的学生为本。但是另一方面讲，毕竟没有一个统一标准。

采访者：那您觉得在新课标中是否有必要给出一些统一的评价标准呢？

杨扬：小学阶段实施基于标准的评价，这个课程标准当然要给出有针对性的导向，整个课程标准分为小学、初中和高中阶段。比如说小学阶段达到某个标准，那么分解到每个年级，应该达到什么标准，必须要细化。因为大多数老师是不去看课程标准的。

采访者：这也是我们想了解的，教师对于课标的理解和执行程度。

杨扬：老师们基本不会去看课程标准的，太枯燥，很多老师看不懂。课程标准是纲领性的，很多内容要请专家解读的。所以我建议新课标做得指向性更明确一点，或者配套操作性较强的课程教学指南。上海市教委已经出了一本课程教学指南，你们可以参考一下。这本指南非常具体，就像使用手册一样，可以直接用来指导课堂教学。以后即使推出新课标,这本指南可以说也是不可少的。推出一个课标文件,下面的具体操作不能每次都靠专家来解读吧?有多少老师在听?老师更想知道的是,这个年级应该达到哪些要求,测评的标准点在哪里,这些标准点必须界定清晰,否则老师上课进度就乱了,分不清哪个年级该讲哪些点。

采访者: 咱们之前有过哪些措施帮老师们去执行或理解课标吗?刚说到老师们基本上都不看课标。

杨扬:课标出来之后,拿初中阶段来说,一是通过市、区教研的培训把课标层层往下推;第二,初中还有一个《初中英语教学基本要求》。初中阶段应该考核的知识点都在里面,基本上每位老师都在看,因为它便于操作:"哦,被动语态只考到一般现在、一般过去,后面那个就是认知,打星号的,我知道了。"这本书非常好,特别是对初三的老师和学生很有用,不足的就是,哪个年级应该教哪一部分还不清楚。

采访者: 它是整个初中阶段的要求?

杨扬:是的。初中各年级老师人手一本,学生到初三下学期才会发到手里,因为他要中考了。考试词汇 1628 个、词组 324 个全在这里面,可以当作一个单词默写本。当然它前面还有一些关于听力、阅读、写作的,但只是点到为止,没法做具体要求,老师教学过程中能用的最多的还是语法。听力只是举了几个样题,写作给了几种题型,如看图说话等,阅读、听写、完形填空等基本上也是题型说明。如果要改的话,所谓的语言能力标准不能只是一段很短的文字,要落实到具体的操作。课程标准分成小学、初中、高中阶段,再把它分年级(1至12)细化下来,具体操作在一本教学指南里全部说明。

采访者: 这样的标准和指南出来,教材就可以直接照着编了。

杨扬:是啊,实际上这就把教材的体系全部罗列清楚了。说到教材,我觉得有两件事可做。一是要配套课件。2007 年,我牵头做了牛津教材的光盘,针对每一节课(40 分钟)的内容,我设计了很多教学环节。那时流行 pre、while、post 这个框架(即课前、课中、课后活动),我就按照这个为每个环节设计了 4—5 种教学内容,拼起来可能有一个半到两小时。教师可从这些内容中按需取用,只要把 PPT 几个部分拼接起来，就是自己的一节课。虽然每课的课前、课中、课后活动种类都是4—5—4，但组合出来的课可以是很多样的。老师也可以根据学生的需求再自行补充内容。这是十年前做的，当初效果非常好，现在看起来已经不新鲜了。

采访者：没有，其实现在很多教材还没做到您十年前的程度。

杨扬：但那个还是有改进余地的。我有兴趣，但再改下去意义不大。这套教材用了20年，时效性也不够了。总之如果要出新教材，必须要配教学光盘，给老师足够的经过精细设计的教学资源供他们选用，包括教学活动、音视频等。

采访者：是的，这个很重要。您刚说到有两件事可以做，另一件是？

杨扬：第二件事情就是配套 work sheet，附在教材后边可以撕下来的那种教学活动单。我们要设计一些活动，可以是交际类的，也可以是语法类的，但不是让学生做题目，而是设计一种情境，让学生在做活动中掌握目标知识点。现在老外上课经常会用这种东西，学生爱做，既可以课上做，也可以带回家做。低年级的活动，学生即便拿回去做了，也符合不能有书面作业的规定；他们是做活动，又不是作业，内容就是勾勾弄弄、画画涂涂。这样学习就变得好玩了。只要开动脑筋，这种活动每个单元都会设计出来，每个课时都会有。活动还可以按照学生的年龄特征分成不同的难度水平。这样的东西出来，应该会带来教学的改变。

采访者：这个太好了，老师们一定很欢迎。这是一个系统的创新工程，耗时耗力，老师个人几乎没办法做到。

杨扬：也有老师做，开公开课的时候做，但那不是教学的常态。所以我一直说，真正的听课是要走进日常的课堂，不能光看公开课。

采访者：等这样理念先进的教材出来了，日常的教学就可以像公开课那样精彩了。

杨扬：主要是要改变学生的学习习惯。每节课可能只是一个活动，短短10分钟，但是这个深入下去，学生一定会有改变。另外，我们有时候课时过多，比如规定这个内容是4课时，实际上用不了这么多。课本内容结束了，还有一个练习课，就是做题。有了这种活动单,就可以把练习课发挥到极致。有些活动是 30 到 40 分钟,正好可以用在练习课上。

采访者:真是很好的设想。到我们基地做新教材的时候,请您给我们多多指导。

杨扬:这个事情看起来超前,但实际上国外已经在做了。你如果接触过国外教材的话,很多教材已经配有这样的东西,它上面还有给老师的建议,包括活动实施步骤、预计时长、座位排列等等,非常细致。但他们很少有练习册。国内很多教材现在还配套练习册,这个有点老套了,学生兴趣不大。

采访者:是啊!现在的学生从很小就学外语,他们学习经历丰富,对一些传统的枯燥的学习手段忍耐度很低,不像我们当年了。

杨扬:是的,所以要把语言学习的兴趣给调动起来才是最重要的。像我们学校,九年一贯制,以外语见长,一二年级学生我就让他大量地吸收语言,因为只有大量的输入才说不定会有少量的输出。你现在把他的兴趣全部扼杀了,那到了初中他肯定不要读。所以我说,必须保持好英语学习的兴趣。我们一年级下就有外教,我对外教就一个要求:你跟他们说英语,不停地说。我来听课,就听你跟学生的互动,你别把他们弄怕了,要让所有同学都能开口。不过我们外教用的教材现在也没有这种活动单,我建议以后教材要增加活动单。

采访者:非常好的想法,老师们肯定是需要的。

杨扬:对。一套好的教材要让老师上手快,便于操作。现在老师们大多把教材作为教学的一部分,而不是全部依托教材。一套教材好不好,从很大程度上讲就是看你提供的资源够不够,难易度适不适合我。第二就是,它的话题难度和深度,从整个系列来看,应该是螺旋上升的。新教材出来了,如何帮助老师们尽快接受这套教材,尽快能在课堂教学中把课标要体现的东西反映出来,这可能是个很大的问题。我们教材编者需要尽可能地提供帮助,否则老师会比较反感换教材的。当初牛津刚到我们初中的时候,老师没法教,一上来就有 1000 多个词汇小学没教过。我们当时想了很多办法,最后决定先开发一个词汇手册,把缺的词汇先补上去。这就是教材没有规划好。所以说,我们做教材就要出 12 年一贯制,各年级间要无缝衔接。

采访者：刚才提到说，出来新课标、新教材，要帮助老师们尽快熟悉和接受。我们基地也在考虑教师培训这方面可以做哪些工作。您有何建议？

杨扬：我谈一个非常实际的问题，就是我们的培训体系有可能和你们是不匹配的。目前的教师培训就是市、区、校教研组这样的一条层次线，一层一层传递领会。现在基地要做教师培训，单靠上外的力量可能是不够的，有可能还是要发挥我们区县教研员的作用，很多东西需要和教研员进行沟通。一个观念的改变（接受新课标、新教材）不是那么简单的。要从市级层面，自上而下地推。我们的教研员是属于教育行政管的，上外这个基地是由我们市教委聘的，这两者的关系有待理顺。以前的课标是市教委教研室编的，市教委牵头请某个大学或者专家来做这个事情，然后它往下推自然是非常有力的。现在基地牵头做这件事，如果不和市、区教研协调好，难免会有一些沟通上的问题。所以说，两方需要协调合作，形成合力。

采访者：是啊，现在其实基地的研究人员都在去学校里跟一线教师、教研员沟通，了解情况。

杨扬：你跟我们聊是没有问题的，我们都是敞开谈。但还有一条线是直接管着我们的，直接从市教研、区教研这个层面，一层一层上面的。这一条线上面我觉得跟你们这个可能会有一些冲突。

采访者：对于高校牵头做这件事，包括大学的研究人员来做基础教育方面的研究，您还有其他建议吗？

杨扬：你们做工作一定要接地气。这个地气不是说你花这些时间去访谈就够了，一定要深入到每个层面，甚至于最底层，要了解真实的上海英语教学的各个方面。从大面上来说，上海的英语教学肯定是全国领先。但是你如何能深入到每个层次的学校？我们中国人有的时候爱面子。差的学校可以差到什么程度，你可能看不到真实情况，人家不让你看。你们这种拜访性质的，人家肯定是把你作为客人来看。所以我刚刚才说前面这番话，了解真实教学水平和现状的是我们的市、区教研员。有些市教研员，下面老师的名字都叫得出来，各个区县的教研员对每个学校、每个老师的强弱都了如指掌。没有他们的介入，你去采集样本，收集到的信息可能是不准确的。你会说:哦,上海英语真不错。可实事求是来讲,我们有优势,也有不足。我们英语课堂的问题在哪里,我们是很清楚的。就我而言,我最差的学校待过,最好的学校待过。我知道最差的差到什么极点,最好的好到什么极点。而要想取样本的话,不是靠你们这样一个个上门访谈观察。上海有这么多学校,各个学校的情况千差万别。小、初、高三个学段,每个年级的情况也不一样。这工作做起来实在太困难了。

采访者：确实是。访谈完特级教师之后,我们还要访谈一线教师,上海那么多区,那么多不同层次的学校,我们正在想这个工作怎么做。

杨扬:没法做。一线教师肯定要做问卷了,访谈没法做的。而且做问卷的准确率也不一定高,了解的信息可能有限。所以想要突破,就要从市、区教研员入手,他们是直接分管业务的。或者拿某一个区做某个特点的样本。这样做的一个风险就是,每个区的老师教学方式都不一样,这和他们的教研员有很大关系,因此个别样本恐怕难有代表性。还有一个办法就是,按照中考成绩排名,选部分上位的、中位的、下位的学校来做样本进行调查。

采访者：是的,谢谢您的建议,我们回去再斟酌一下。我们现在还有一个困惑就是,说起来上海的英语水平整体是很高的,但您刚才也说了,学校间的差别还是很大的,好的极好,差的极差。那么课程标准这条线到底应该划在哪里?

杨扬:课标应该是照顾大多数的,是一个多数学校经过努力可以达到的平均线,或者略高一点,带有引领性的。你不可能用高端的来引领,否则的话,它就变成一个可遇不可求的东西,同时也不能就低,这样标准就没意义了,许多学校不怎么用教就达标了。

采访者：如果是分层次呢? 课标也分基本要求、较高要求、更高要求之类的。

杨扬:这个不大可能,因为国家课程就一个标准。当然国家课程标准更宽泛,因为天南海北差别更大。有了国家标准,上海为什么还要重新建立标准呢? 因为国家标准太低了,当然也有些地方看国标会说要求太高了。这就是纲领性文件一个难以避免的缺陷,所以说只能适合大众的水平。上海相比国家课标来说肯定要拔高,要有更高的起点，这个起点要基于对学生的认知，上海学生的英语平均水平在哪根线上，课标就是要在这根线上再拔高一点。但这个平均线到底在哪里，你得有认知，得经过大量的调研。为什么我说之前的课标由市教委教研室做比较合适，因为他们对这根线心知肚明。你让他去讲，他也讲不清楚。他所有的学校都可以跑遍，这根平均线在哪里，他最清楚。这根线实际上是虚构的、看不见的，但是他很清楚这根线在哪里。所以我们教研员出统考卷，说平均分控制在80分，结果就是80分左右。为什么？我上次问他，你怎么出得这么准？他说，你不是以前也出过吗？这个凭感觉。而且这个感觉是很准的。就这一点而言，你们现在做的访谈和听课之类是远远不够的，你们需要大量地听课，但问题是你们的时间太紧了。跟原来做课标的队伍比，你们对学校教学的认识相对不足，要先把这一课补上才能做后面的事情。而要补上，不是一天两天就能完成的，人家可是花了一辈子时间在那里面待着的。

品味文学经典，提升人文素养

——上海市英语特级教师张婷访谈

（上海外国语大学国际教育学院　迟晓虹　编辑整理）

访谈嘉宾简介

张婷,77 届师范毕业生,1982 年起参加教育工作,钟爱自己的职业,视三尺讲台为自己心灵的港湾,多年耕耘收获了丰硕的成果。先后荣获"茸城名师""松江区首届十佳拔尖人才""松江区第二届拔尖人才""松江区首批享受政府津贴的教育工作者"和"全国优秀教师"等称号,是首批经上海市人民政府层层选拔赴澳大利亚昆士兰州的 5 位任期一年的交流教师中的一员,多次参加上海市高考英语命题工作,连续十多届任上海高评委委员。2002 年被授予上海市特级教师称号。

访谈内容提要

此次访谈围绕课程标准的修订展开。张婷老师就教学经验、教材、测试与评价、教师培训、课标修订等方面分享了自己的精彩观点。

张老师首先谈到了课标对于教学的重要指导意义,她的教学实践主要分两块内容,一是主题英语,二是经典选读。这两块内容都注重提升学生的人文素养。主题英语研究活动为学生搭建了一个平台,让他们有机会用比较地道的英语跟同学分享自己小小的研究成果。经典选读则是引领学生去体会英语语言中一些细腻的、深层次的东西,在文化、历史的背景中去学习语言。

关于教材,张老师认为在第二语言的教学环境下,教材是十分重要的载体,她认为现行的教材中,语法的紧密度、节奏感和难易度在文章中呈现的频率还是不够的。张老师几次去国外进修最大的收获就是关于教材的开放性使用,她做的主题英语教学,就是跳出教材来组织的。当然这种教材的活用并不是否定教材,而是在教材的基础上,根据自己的教学思想来灵活组织。

关于测试与评价,张老师提倡多元评价,但在实践中还有一定的困难。在教学实践中,张老师尝试给学生布置不同的任务,比如小组演讲或者经典作品课外阅读,虽然这些活动得到的分数只占最后学分很小的一个比例,但对于学生,尤其是成绩好的学生,也是一个激励。在命题方面,根据她参加高考命题的经验,张老师认为高考难于教材的内容,考试内容难度应该要低于教材。

关于教师培训,张老师非常注重新手教师对教材难易度的把握,认为他们一般会把教材变难,而不是变易,给学生的学习造成更大的障碍。应该预先了解学生的难点,把路铺平一点。张老师认为,还需要培养教师对教材的解剖、再造能力,帮助他们逐渐达到灵活运用教材的境界。

对于现行课标,张老师认为上海做得还是很先进的,关于它的修订,张老师提出了几点建议:(1)大纲还要细一点,能够考虑到各层次的学生,考虑到上海市区与郊区在生源、家长的经济和文化程度以及师资方面的差异;(2)在考试上,应该是课标左右考试,不能让考试左右课标;(3)在课标中要体现经典阅读,阅读方面要有量化指导,列出推荐书目。

访谈实录(采访者:迟晓虹)

采访者:课标对您的备课和教学有什么影响?

张婷:首先,一定要了解课标,比方课标在语言知识方面、素养方面有哪些要求,要达到什么目标,还有这篇文章哪些难点需要克服,哪些太简单要再加点难度,这个肯定要吃透的,你备课都要吃透的。

采访者:请跟我们分享一下您在教学方面的心得。

张婷:我从国外进修回来以后,教学上主要做两个方面,一个是主题英语,还有一个是经典文学选读。

我开始做的时候上海还没有流行主题教学。主题教学,就是有一个主题,然后把那些活动、观察放在一块儿,开展一系列的教学活动。一个学期差不多做两个主题,主要的活动有 presentation,小组分组,然后分配任务,小组完成后大家展示,但是必须全程用地道的英语。做这种活动的时候,老师起到一个指导的作用,跟他们先讨论选什么样的主题好,他们选出来大家感兴趣的主题,然后我们可以分为几类子主题,而且是可行的,得能找到材料,而且你的表达程度达到了,这些都跟他们商量的。

然后分组,要各种层次的同学分在一起,否则就是这两个人干活,还有的人就不干了。这样不同层次的同学混合,比较差的同学也要贡献的,否则他没面子,他如果不会讲,他至少把那个多媒体要做出来,有活儿干。同学之间也会自己再调节的。最后一个小组派一个代表来分享一下。学生们会互相帮助收集一些非常 authentic material,然后他要讲出来,我觉得这样很好,给同学提供一个应用的平台,他们也会觉得有意思,能够把自己找的一些新的东西分享出来。我教了两个好班,同学们英语水平比较高一点,这些同学到了大学里面,英语都是很不错的。

我们做的主题倒也不是多经典,都是比较贴近生活的。第一个主题是环保,我们还搞过一个 blood donation。学生会去调查,而且这个血站也会帮助我们。这个活动蛮有意思的,血站给我们试剂,让我们自己测,然后他们还参与了征文活动,还探索怎样在高中生中进行输血教育。我们一些同学到 18 岁生日那天到输血车上献血去,作为自己 18 岁的礼物。他们一个组一个表达的方法,你要看看他们表达上、语言上有没有大的错误,但是基本上同学还是有这个能力的。他觉得我用英语能够表达,人家听得懂,而且有些才艺。他们不是什么中文洋泾浜翻的,他们是在那些报刊杂志文章中选出来的地道的表达。学生们还讲过音乐,讲过博物馆,都是选材料多、同学们感兴趣的主题。像讲博物馆,他们会从这个博物馆的 collection(藏品)以什么闻名、它的历史背景来讲。所以这个主题英语贴近的主要是人文素养,人文、环保。

后来有一节关于环保主题的课,我们作为二期课改的成果到市里进行了汇报授课,同学们也表现得很好。他们去宝钢做调研:原来是什么样,现代化也可以跟少污染结合起来,另外这种发展引起了什么样的副作用,现在我们应该怎么样。他们分了好多子课题,所以到最后一堂课汇总的时候也是很精彩的。这种活动学生很愿意参与的,他们也想学以致用的,你没给他们机会,老让他们做题,那怎么行?

我退休之前,聘了特级教师以后,就想,我再从哪方面发展呢?我就开了英美经典选读,我跟语文老师合作,那个语文老师也很好,我跟他合作了四、五年了。我们中英文合作,他用两课时的时间,来介绍这本文学,用中文来说这个文学的背景、作者,还有作者相关的作品,我用四课时的时间把这篇文章最精华的地方跟同学分享,然后进行讨论。那么这样,一个学期大概读四本书,选的书有 *Wuthering Heights*, *Sons and Lovers*、Dickens 的小说,还有 Maugham 的 *The Moon and Sixpence* 等。

高二开始上这个课,但是我有一个前提,我们松江二中有两个加强班,就在加强班里上这个课。学生们很喜欢,每次介绍完这些书以后,新华书店这个原版的书都是卖完的。实际上学生们也都有这个需求,需要老师为他们导读经典。同学们进行讨论,写读后感,只要他们去读了,我们就达到了目的。这个课的考查还是比较宽松的,就是用英文写一个读后感,还要解释假如你是其中某个人物,你会怎么发展,带一点创造性的东西在里面。现在高三大多是讲试卷,老师上课也没劲,就是讲题;这个搭配(collocation),那个搭配,"它的搭配就是这样,你要记住……"。

采访者:您平时上课的时候给学生口语表达的机会多不多?

张婷:口语表达我是很重视的。教材里面有一课,就是 Einstein 的一个轶事,他去演讲,他烦了,叫他司机去讲。教研室里一个同事,他来看我怎么上课的。五课时,他全程录像,他也没跟我说。学生实际上很喜欢表达,他们很少有出国的机会,借这种听得懂英语的机会,他们说起来很开心的。让他们设想:如果你是 Einstein,你当时怎么想的? 你是那个司机,你当时又是怎么想的? 下面听众怎么想的? 你回去以后怎么吹牛的? 给他们一些创造的空间。我这是从外国老师那儿学的,他们教课就会拓展好多好多。当然要给学生时间准备:明天要求你们各自分组,你们这一组讲什么,另一组讲什么。我们不能即兴,即兴的话他错误很多,有时候半天想不出来,冷场的话就不太好处理。实际上高中生的思想很活跃,他很想表现自己的,如果轮到他来讲,他会尽量把它讲好的,我们老师要给他机会。

采访者:您怎么处理高考和教学的关系? 对高中英语教学来说,高考总是一个很重要的指标。

张婷:我一直当年级组长,我是这样安排的:高一要强调语法,要系统地讲解语法。现在这几年我们的英语教学,语法又开始从一个极端走到另一个极端了。讲语法是我们中学老师最擅长的。我记得你们上外的那个副院长,那时候她给我们培训的时候讲了一个实例,她曾对两个外派的留学生做实验跟踪,一个出去的时候语法特别好,一个词汇特别好。过几年学成归国,语法特别好的人有了显著的进步,词汇特别好的那个也不过这样,所以我也觉得我们中国人学英语,语法这个体系,那肯定是必不可少的,这样你才会严谨,写出文章才不会错。高一肯定要抓语法的。

初中的语法有基础的时态,但是被动语态就很忽略的,所以对我们高中来说,被动语态必须重新教起。另外,还有其他的非谓语。讲语法要有体系的,首先这个语法的规则要告诉学生,然后要做题,再加以巩固,错的题讲解了之后再做,在语感中巩固,在文章中巩固。我教的时候没有按照教材的语法点顺序,实际上就是打乱的。高一的时候,我们就自成体系,把高中所有出现的语法全部要告诉给学生,考查的时候未必做重点,但有了这个铺垫,以后的阅读中他就知道这个怎么解释的、为什么出现这种现象,避免了许多麻烦。我们在中国教学,语法体系已经非常完整了,就是少而精,几个要点提示,而且典型的 situation 给学生,然后讲一些例句,做点题目,错了再改,中间错的再讲解。高一这一年，我就是每个周末50道选择题，就是语法题，必须要做的，也要求老师讲解的。

语法不能讲活，就是讲死，越死越好，不能这个也可以，那个也可以，这个大概对。语法一定不能讲错，你一次讲错，两次讲错，同学中就没威信了。学生对语法是很重视的，你教语法时要尽量精炼精炼再精炼，就是少到不可再少的字，把它提炼出来，然后要给它situation，然后要练习、再练习。比如讲被动语态，不能全是老师讲，一定要让学生有自己改写的过程，把主动全改成被动。也要给他们创造一个情景参与的，比如虚拟语气、完成时态，你完全都可以创造情景。分词比较难创造情景，就是变句型，但分词你可以改编文章，把从句改成分词。这一年学生考得很好的。

高二要进行词汇拓展。词汇的话，我们并不是 native speaker，对于我们来说并不是非常拿手的。词汇的用法，真的是要从细腻中体会的；死记的话，学生是体会不到的。必须通过大量的阅读，而且阅读中要讨论。我在英国的时候听他们小学生上语文课，老师就是叫学生们用颜色描绘秋天的景象，同学们最后讲了很多很多，最后归纳出来一首秋天的诗，这样都是从欣赏中、谈论中出来的词汇。我回国以后，也尝试像教语文一样，从细腻中教英文，来欣赏，我觉得也很好的。学生能体会到，我花了一堂课教了华兹华斯的"Rainbow"，一堂课讨论，体会它的意境，同学听完以后都拍手。他们也要参与，也想表达，也想要读懂诗里的含义，学生们还问这个诗人还有些什么作品。

这样讲诗歌我觉得与原本的课程内容并不矛盾，这些同学如果在这方面的能力达到了，我本来是要6课时教课文的，我4课时就可以完成了。实际上在高三的课本中，也收进了他的诗"Daffodil"，但是没人教的。你去问问哪一个高三学生学了这个课文的，没人教的，也没人讨论的。因为是放在后面的 Supplementary Reading，它就是可读可不读，而且高考也没有诗歌欣赏这一类，大家就不读了。

到了高三就加大阅读难度，还有写作。有一年高三的写作，我们学校正好请过来一个外国老师，我说不要教口语，我们那些外教口语教了半天，效率不高。我说这么高价请来的外教，要教作文，教学生地道的语言。我就每次跟他备课，每个星期要求讲解一个作文。他也从记叙文开始，然后论述文，我给他定题目。你不能请个外教来，让他随意讲什么。那个外教也蛮负责任的，他是雅思的出卷老师，他作文本来就很好的。我记得他给学生看图说话：救火，怎么样一个过程。每次的作文，他要求同学不少于 200 个字，比高考要求高，那时候高考好像在 140 个字左右，然后每个班级抽 5 个同学批改，我们有 10 个平行班。他批好以后，下次课会选一些典型的例子点评，我觉得也蛮好。比如段落之间连接词的使用不能用 but，要用 however 什么的，他也教得很细腻的。

采访者：您对教材很有研究，请您分享一下这方面的经验。

张婷：实际上在我们现行的情况下，在我们非母语、第二语言的教学环境下，教材是十分重要的载体，但现在据我了解有些走样了，有的学校高三甚至不教教材了，而是做试卷。我想这肯定是不对的，这么重要的载体，它在深度和广度的设计上挺有层次的，舍弃高三教材不用就破坏了这个层次。我们二中一直是用的牛津，我觉得牛津现在改得越来越好，开始进行主题式的。新世纪也是主题式，新世纪主题式编排的大框架更为清楚，人物、活动都更为清楚。现在高三不好好使用教材，像后面好一点的文学欣赏，都在高三阶段的，我觉得真是很遗憾的。这个阶段应该有个层次的提升，关于文化素养、经典欣赏的，课标里也谈到了。课标谈到的像语言技能，当然老师还是重视的，但课文不用了，情感态度在哪里贯彻？还有文化意识这方面怎么培养？现在做试卷都是碎片化的。

另外，我们教材现在的体系，不是按语法体系编写的。它是按照主题、按照词汇的进阶难度，螺旋上升的，这里面也有语法，不过比较零碎，所以在现用的教材中，语法的紧密度、节奏感和难易的科学性，并不是非常地合理，它在文章中呈现的频率，还是不够的。

说到教材，我几次去国外进修最大的收获就是对教材开放性的应用，你不能拘泥于教材，我回来搞了多少年的主题英语研究，就是跳出教材组织教学。教材要用，但是在教材的基础上，我还要自己组织，要有自己的一个教学思想。那时我是试验部分的，所以也不是要求大家都做，但是我是备课组的组长，还是按照我的体系，就是高一强调系统、全面的语法呈现以及基础语法的巩固；高二词汇的拓展；高三是难的阅读的深层次理解，以及正确的口头、书面表达，要 authentic，这个思想我们全年级都贯彻的。我们这一年考得也是有史以来最好的，这个三年过来也是最好的特色，这种教材的改革、教学改革，跟高考也并不矛盾，高考本来就是综合考查。

教材活起来，对于任课的老师要求就高了。哪些合适，加上什么，怎么组织……并不像必修课它有教参，有配套的练习，你就是按部就班地教，别讲错，即使不是很精彩，反正也过得过去。我补充材料的时候，就某一个主题，要同学们去搜，一个是网上搜，还有一个是报刊杂志上搜。

采访者：您觉得现行教材是否适合不同层次的学生？

张婷：我觉得我们的教材中，是体现了不同层次，但考试中我觉得还没有体现出分层。就拿松江来说，对我们那些农村最基层的很差的同学，教他们英语，对老师真的是比较挑战的。我在退休前指导一个很差的学校，我只好跟他们说哪些要拎出来，必须要掌握，哪些要学会放弃，比如一些比较难用、频率出现少的词。还有那些很难的句型，as 什么什么，so 什么什么，这种句型就不要去跟同学讲了，而 It is ... 这种就一定要掌握。把那些必须要掌握的基本句型列出来，等于给它分了一下类。你就从 100 分的目标里面抓，抓到哪些 150 分里拿不到的，哪些就适当放弃了。在新的考纲上，在目标方面，能不能分 A 级、B 级、C 级的目标？起码要有两个层次。不然郊区的老师不知道该怎么办。

采访者：您对教材修订有什么建议？

张婷：你一旦用了某个教材，三年这个体制是固定的，你必须用这本教材，哪怕你发现学生们不适应这个教材，你变通也来不及。能不能我们教材的宽度宽一点？这些教材都属于高一的，你可以分成 A 级、B 级，有难一点的，有浅一点的，老师可以根据学生的程度进行选择。另外词汇不应该由考试院定，应该由课程标准定，这个课程标准出来，你的词汇就几年不能动。

采访者：在学生评价和测试方面，您一般采取什么样的方法？

张婷：现在讲多元评价，但是就说高考这个录取标准，我们平常的评价也是苍白无力的,高考还是一张考卷定分的。我们老师对学生的综合评价,对一些好学生有促进作用,中等学生他也就觉得考试通过就可以了。我也试过,好的班级很好,组成小组,然后进行两分钟的演讲,每节课都有,按小组评分。

像我的经典选读课,我就讲我有几本经典的文学作品,哪些字你都要覆盖了,你能够基本上回答出就是过了,也不是说分数达到多少。我也尝试着做细一点:这学期去读几本书,到我这儿来做个口试,我们交流一下,你是不是真正读了,我就给你计学分,就在以后的期末考试的分数上。这个方法对于好学生是行的,差学生他也没时间去读。我当时规定,如果几本书读完,学分加5分,有些差同学就觉得这5分我不要了;好的同学5分要争取的,因为他得奖学金什么的,这也是分分必争的。我们真是当成学分给几分,也不能全部覆盖他的笔试成绩。我跟校长申请,只能在5分的空间中运转,不能超过。

采访者:您参加过高考命题,这种命题经历对您有什么启发吗?

张婷:我参加了一两次命题,就觉得对我的教学非常有启发。为什么呢?命题的流程,是非常严格地按照考纲来做的,不是拍脑袋出来的,而是命题组老师慢慢琢磨出来的。另外,我一直觉得,我们考的难于教的,高考这张试卷,难于我们的教材;其实考的要低于教材才对。我也参加过几次命题,把六级考试题目里的词汇改简单,但你不要看词汇简单,它的含义、它的人文表达,它人文蕴含的东西并不简单。

采访者:您在教学的时候,也经常会去给新老师带教、评课,这方面的经验请您分享一下。

张婷:新老师的评课,就是对教材难易度的把握。他一般会把教材变难,而不是变易。实际上我们新老师往往先教高一的,初中跟高中有个衔接问题,初中时重复很多,高中很多知识点一下就过了。同学们碰到高中的教材,本来已经是一个飞跃了,新老师还要弄得更难,学生就不适应了。所以我就是要求新老师,你要看到学生的困难在哪里,你就要预先设计好,把他们学习的路铺得平一点,不能再设置难的障碍;即使要有障碍,也要有个铺垫。我主要是注重这方面的

基础英语教学：现状、目标与途径——上海市英语特级教师访谈录

引导。另外听课的时候，我要关注的是，这一课你的教学目标是否合理，你上的是不是达到你的要求了。对师生互动也有要求，没有语言错误当然是个标准，学生的参与度也有要求，因为我们语言课是实践课，是语言实践。

采访者：您感觉现在上海中学英语教学的水平怎么样？

张婷：我们去听课，当然是评职称什么的，他们都精心准备的，很差的没有，还有公开课，也都是精心准备的，不是常态课。常态课我也去听过，有一个学年，我们学校安排我有一半的工作量，就是去听每个老师的课，然后跟他本人交流。我的体会是，很难改变他原来的教学方法和教学特色，很少有老师自愿去挑战自我，一般都是按部就班的。有的老师教词汇，这个词怎么样怎么样，它的用法，都是多媒体出来，三节课都是这个样，我说这样学生也受不了，能不能改变一下，他下次还是这样。另一个老师的翻译课上得非常火，我请其他老师多去听他的课，但老师们也不是很活跃，都各成体系。好的老师出来，当然很大的一个方面是自己的努力，自己的追求，还有他本来的天性，他很愿意创新，很愿意学，把别人好的东西拿过来。如果没有这个意愿，你哪怕到上海什么基地培训班，回来也没有很大的起色。去学别人是很难的，因为要改变自己的习惯。

采访者：您对教师的职前和在职培训有什么建议？

张婷：原来我在师范，我们的班主任，我们教心理学的老师会带学生到我这儿来听课，真正带教的几个学生，我觉得他们专业的思想还是蛮扎实的，但是要去灵活地运用教材，他们还不到这一步；这方面，对教材的解剖、再造这方面，还要培训他们。新老师他们对语法体系，还没有掌握得很好。当中学老师，你语法体系必须要好的，你必须能够清楚地讲解语法，这个什么成分、什么成分，学生才看得懂。我毕业时这方面也很差的，当时师范第一次引进 *New Concept English*，我是用这个教材的第一届学生。我觉得自己语法还是在当老师以后才慢慢弄清楚的。

采访者：请您谈一下对于上海课标的看法。

张婷：上海市实际上做的还是很先进的，几套教材，不同的学校可以选择不同的教材，也有一些配套辅助教材，像听力、阅读。我参加了一期教改、二期教改,都各有成就,对英语教学和英语教育都各有贡献。我想,在课程标准指导下,上一届的编写组的这一套教材还是起了很好的作用,但是这几年下面的贯彻,因为对于考试的变化,一下子还不知道怎么办,所以对教材的执行,就有些走样了。

采访者:您希望新课标的制定能有什么样的突破?

张婷:课程标准的总纲的制定,我觉得挺好的。它是把语言技能、语言知识、情感态度、学习策略、文化意识融合为一体的英语课程目标,满足不同地区、不同学校的需求,核心素养的方方面面都包容进去了。

这个课标在设计的时候,已经有各个专项,阅读有阅读教材,基础教学有基础教学的必修课本,听力有听力的,语法当然融入到各项里面。比如说阅读,哪些经典的文学作品是高中必修的,你就课外读好了,从范围里面考。还有,时文选占多少比例,经典阅读占多少比例,在统一测试中要有体现。你不能说今天阅读考试了,没有什么范围,这样也不能引导同学去读这些经典。我觉得,在课标中我们要体现对经典的阅读,要在文化、历史的背景中讨论,我们现在学得干巴巴的。

我在英国学习过,在澳大利亚也教了一年书,我去听听他们的语文课,他们的语文教材都是经典读物,都是整本书。有个经典范围,老师可以自主选择,规定好读几本书,在这个范围里设计活动、进行考查。我们的阅读,大量的还只是作为课外的能力提高的,在我们新的标准里,最好能让经典阅读在考查的范围中占一定的百分比。另外,时文当然也要有百分比的。

跟国外的大纲比,我们的课程目标还是太笼统了。就像澳大利亚,它把前后、左右等等这些方位词都列出来了,哪些词要掌握的,超过了就是超纲了。我们还比较粗略,应该要细一点。比如我们说,上海是沿海发达城市,要同学的课外阅读量达到多少,这个口号是空的。真的要达到,你用什么标准去体现它?阅读方面要有量化指导,还有推荐书目要列进去的。

我的建议就是大纲还要细一点,我们原来的总纲是很好的,但是在贯彻执行中,要体现出总纲的细致性、细腻性,还要考虑到各层次的人。虽然我们上海是沿海发达城市，但是我们市区跟郊区，不管是学生的来源、家长的经济和文化程度，还有师资，都有很大的差异，我们在以后总纲指导下的教材编制上，能否体现分层，还有它的选择余地。另外在考试上，应该是纲领左右考试，不能是考试左右纲领，我觉得这一点很重要。还有考试的具体目标，怎么样给同学减负，特别是词汇，必考词汇不要每年都有所改变，要有一个稳定性。

亟待课标更加细化量化，重视学生英语综合素质

——上海市英语特级教师张英访谈

(上海外国语大学国际教育学院　许江媛　编辑整理)

访谈嘉宾简介

张英,上海市控江中学外语教研组组长,区拔尖人才,上海市特级教师。在英语教学理论及实践方面经验极为丰富,主持张英中学英语阅读教学工作室多年,在指导上海骨干教师和优秀青年教师的英语教学方面做出了很大的贡献。

访谈内容提要

访谈主要围绕上海市中小学英语课堂教学现状、教材、测试与评价、教师培训以及课标修订展开。

张老师认为,如今的上海市中小学英语教学走在全国的前列,这与上海各方面的天然优势分不开,但并不意味着不存在问题。例如,很多先进且行之有效的教学方法和策略并没有广泛地被中小学教师所采用。其中的原因是多方面的。作为方向标、指挥棒的高考对当

前的课堂教学影响最大。张老师认为应当从初中阶段开始就全面培养学生在英语学习方面的综合能力,特别是阅读策略和写作指导应当及早抓起,而不是考试前的临阵磨枪。此外,张老师提出英语课堂教学目标理应清晰多维化,不能仅局限在语言知识的灌输上,学生的语言综合应用能力,以及情感态度、价值观等等都应该列入课堂教学目标的设计之内。

在上海中小学英语测试和评价方面,张老师认为现在的高考题型改革得越来越好,对学生的综合能力要求也越来越高。无论是词汇题还是阅读题,一改以往考查学生对近义词的生硬辨析,如今更重视考查学生在充分理解上下文的前提下综合答题的能力。此外,张老师谈到对学生的测评切忌一卷定终身,提倡形成性评估,包括档案袋等各种新颖的综合测评方法。

对于上海英语课标的修订,张老师认为,首先,新课标在语言知识目标方面应该更加细化、量化;其次,课标应强调对学生批判性思维能力等综合素质方面的培养;此外,课标制定完成后务必重视向一线教师清晰解读课标的具体内容,保证课标的具体落实。

张老师认为现在上海中小学的教材已经日趋完善,图文并茂,趣味性与交际性兼而有之。作为一线英语教师,张老师期待日后修订的教材中,题材与体裁能更加丰富多样,同时适当增加写作及阅读策略方面的指导内容,提供与课文主题相关的配套阅读材料,这对促进学生的写作和阅读能力会有巨大的推动作用。

对近年来上海中小学英语教师的整体素养,张老师用"后生可畏"予以评价。她认为,英语教师,特别是新一代的英语教师,素养都非常高。与此同时,张老师强调教师是一个需要终身学习、不断提高自我的职业。因而英语教师不能满足于当下,需要戒骄戒躁,善于学习,勤于学习,热爱本职工作,学会与学生沟通。

访谈实录(采访者:许江媛)

采访者:根据您的观察,您如何评价上海中小学英语课堂教学的现状? 其中有哪些优势和不足? 不足的地方,我们应如何去改进?

张英:非常感谢你们的信任,能够有这样的机会说一说我们的中小学教学。

其实我自己是一名普通老师，也有幸现在依然在一线教学，所以我觉得也还是有一点体会。否则脱离了教学一线的话，可能就没有资格坐在这里发言了。

应该说，上海市中小学英语跟全国横向比的话还是走在前面的，而且上海自己纵向比的话，我觉得这几年变化也是非常非常大的，从教材到教学的现状变化都非常大。这可能也受益于很多方面，比如说教师进修学院、上海市英语基地的培训，以及其他各方各面的一些培训。还有现在手机、电脑等各种媒体的便利，而且现在毕业的大学生本身的素质也很高。像我现在所在的学校，有上外的硕士、北外的硕士，本身语言功底都非常好。再加上上海的这种海派文化、父母的重视、社会的重视，每个孩子对外语的重视程度都很高。所以我觉得整个课堂的教学现状就推起来了，各个方面推波助澜，方方面面，这么多的作用力都作用到外语教学上，让外语教学一直走在前面。还有，上海地区的老师走出去的机会也很多，到国外去学习、培训。所以上海的课堂教学真的是变化非常大，而且也很领先。

当然，你说有没有问题？可能任何时候它都是有问题的。可喜的就是，因为有问题，才会推动变革，才会带来改进。拿我自己来说，现在对课本的处理和使用，跟我以前做的方法完全不一样了。套用一个比较流行的话语，"你在教教材还是在用教材？"教教材，那就是教材上写什么就教什么，按部就班，也许从课本上搬到你的 PPT 上，或者搬到黑板上面教完就完了。而现在是用教材，就是，教材只是范本，只是一个文本，怎样用它，里面的学问就很多很多。不能只把它作为一个文本，所以我们说"以文载道"，可以根据教学目标，对文本加以演绎，诠释出很多东西，所以课堂教学变化很大。

上海的课堂教学有很多优势。我曾参加过何亚男老师主持的一个英语教师名师基地班。它有课堂教学：上课、听课、写教案、说课等等这样的一些过程。大家集思广益、研讨：词汇教学应该怎么教、语法教学应该怎么上，课文教学怎么上。市里面这样的活动和培训很多，旨在解决课堂教学中存在的问题。我觉得这个都非常好。包括上海现在不断地引进各种教材，都给我们的课堂教学带来了很多可喜的变化。

　　还有上海市中学英语教研员汤青老师，她举办了很多大型的上海市课堂教学活动。一种是研讨活动，一种是类似于青年教师教学大奖赛的活动。每几年有一次这样的教学大奖赛。在这个教学大奖赛里，由各区推出来的老师再来评奖。这个规模很大，活动也非常有意义。因为每次活动的时候，都有很多老师去观摩这个课堂。首先这个课堂教学比赛的参赛教师是各区推选出来的，代表了全上海市课堂教学的现状。此外，课堂教学比赛里，可以看到各路高手，他们代表的应该是各区最先进、最接地气的一些教学模式和教学方法。这些活动我觉得都或多或少推动了上海市的课堂教学。课堂教学应该说还是发生了很大变化，也是比较可喜的，但肯定也有问题。比方说，是不是所有的老师，或者所有的学校，都在我们所期待的一种正确的道路上面，都在一直采用我们所希望的某种课堂教学模式？可能也未必。可能还有一些相对薄弱的学校，或者还有一些老师，因为种种原因没有那样做。就我本人来说，我也没有每堂课，或者是每一个 unit 或者每一个 module，都在这样做。因为这里面的原因太多。

　　我们就讲几个原因。比方说现在的高考，其实它就是一个指挥棒。现在的外语高考是 1 月第一次考，6 月第二次考。如果高三的学生参加 1 月份考试，就意味着考试之前需要一些模拟测试，需要时间把初、高中所有的知识点进行综合复习，要有这样一个过程。当然也有老师认为很多事情不是一蹴而就的。比方说，我们的学生可能需要更早一点培养作文的写作。包括现在的新题型，阅读就应该需要更长时间的培训。从初一开始就应该给学生有阅读的训练、完形的训练。但是考前不做这个综合的模拟试卷，学生至少不大会有那么强的感觉，需要有一段时间的复习迎考，自然而然地把复习的时间往前推，课程就要压缩，压缩以后就没有那么多的时间充分地展开课堂活动，教学活动和教学过程就跟着压缩，这样就没有那么多的时间在课上再让学生来参与各种教学活动。高一到高二上学期也许还能保证，但到高二下学期，真的是很难把百分之百的精力都放在正常教学里，正常教学多多少少都会受到高考的影响或者冲击。即便不准备，学生或者家长也不答应。

　　当然我们应该在平时的教学中培养学生的综合素质，包括应试能力。我们平常说基本功打好了，什么样的考卷过来都没问题，按理说应该是这样。但实际上，课堂教学多多少少都受到了高考的影响，课堂教学有时候就变成教师一个人在讲课，或者就变成把一些应试内容及训练加到课堂里面去。这种东西加得越多，给学生留的时间就越少。我们理想的状态中，比如我们这课学咖啡，最好是把学生带到咖啡店里去品尝，去调试，去制作，或者去见识一下它是怎么回事。那多好！

也许我们不能课课都做到这样，但如果我们有这样的机会，应该让学生去接触这样一些很综合全面的内容。但现在很多内容不能展开，有时不得不变成老师一言堂，为了尽快完成教学任务，而忽略了这种东西。我们的课堂教学可能就在这方面受到影响。我特别希望处理好这种矛盾。

此外，课堂教学中有时教师关于语言知识的内容讲解太多，留给学生运用的时间不足。按理说，很多知识点、词汇的运用等等应该是 practice makes perfect，或者 learning by doing，应该是在用的当中或者在实践当中去习得。然而，有些学生的词汇量很多，但是让他写一篇论文他不会写，让他写一个演讲稿可能也不会写。知识多了很多，但是能力可能还不行。所以我们平常太重知识，而没有给学生足够的机会去运用，这个可能就会造成问题。

当然现在高考越改越好。比如现在高考有 10 分的语言运用口试分。这个风向标的作用就是，学生肯定会重视课堂的语言操练，老师也会觉得应该给学生一些机会，让学生在课堂上操练。至少在某阶段，或者在高三口试之前，要给学生一些机会练习。我们学校专门开了这样一节听说课。学校里面有这样的电脑机房，也有这样的软件配套，让学生上机，人机对话，比如说 picture talk。因为考试题目中有 picture talk，给学生四幅图，然后让学生看图说话。现在我们也有这样的教材，给你一些 topics，然后配有 video，对 video、对某一个话题做 speech。很多学校从高一开始就开设了这样的听说课，学生在课堂上也有时间和机会练习。老师不能一言堂，要给学生讲的机会。

我上学期去一所学校听课。他们开了一节语用实践课，就是每个单元内容学完后，要加以运用和实践。我正好听的是 successful business。这一课讲的是麦当劳的发展史，比如说它最初有多少家，然后它不断 expanding，扩大生意，扩大到多少，它的 motto 和 development，最后讲它的成功，这样一个过程。

这样的一篇课文学完后，老师就给学生布置了作业：调研身边类似这样的企业，把它做成一个 project，去做一个 presentation。我那天就听到学生做的有关"全家"的 presentation：它的兴起、development、success、motto，图文并茂。而且学生的 presentation 里有 video，有文字。那么这就要求学生在课下去看大量的资料，再做成图文并茂的、把音频都切合进去的 project。学生们以小组的形式站在讲台前去介绍，然后其他学生打分。这样的课就叫语用实践课。在这样的实践当中完成这样一个一个的 project，使得学生在课下实践和运用所学内容，学生会对所学内容印象非常深刻。

但这个需要时间，首先至少需要一个课时。如果全班分成五六个大组，每个大组要有上来讲的机会，一个大组给它多少时间？能不能每个组都轮到去讲一次？还要匀出时间来加以点评，所以课上可能要花掉至少 40 分钟。而且学生也不可能一天就做好这个任务，你要给他一个星期甚至十天左右的时间去做这个 project，他们需要时间去网上搜集大量的资料再来做。

但有的人可能会说，这不属于考试内容。功利一点的学生和老师就会觉得，这跟考试有什么关系吗？一定要去做这个事吗？实际上这种课堂真的是锻炼学生的能力，从课文中不仅是学到语言知识，还锻炼了能力，包括思维品质、做事的能力等等，而且对课文内容真正有了更深一步的了解，比如企业的 development 和 success 是一个怎样的过程。学生能够感悟到很多东西。

但是现在这样的课堂教学还没有那么多的学校在做。我看到的确有些学校、老师、学生在做，但是做的规模不一定大。教师不应只是教授知识，也应该能把最新的教学 concept 融入到课堂教学中去。但是受课时或者其他方面因素所限，对于考试不考的内容，学生也会觉得没什么用。可能一节课上有的学生就讲了几句话，可能就点评了另外一个同学，他并没有觉得马上就看到效果有多大。所以我觉得，这个可能也是我们课堂教学中的一个问题。

此外，我觉得课堂教学应该有若干个步骤。比如说首先是教学目标的制定，其次是教学目标的执行，最后是教学目标的达成和检测。教学过程其实应该是围绕着教学目标来实现的。但是对于教学目标的制定，有些老师把握得不是那么准，甚至在表述的时候也不那么准。这个我认为是需要解决的问题。有些老师写了文章，专门探讨教学目标的制定，例如郭宝仙老师、俞红珍老师，她们都写过关于课堂教学目标制定方面的文章。我看过这方面的文章，也有一些自己的体会。

上海市原来有一个课堂教学目标，叫"三维教学目标"。所谓三维目标就是，第一维是语言知识，第二维是能力，第三维是情感态度、价值观。所以在制定课堂教学目标的时候，就要考虑语言知识要教到哪些，哪些能力要渗透进去，以及情感态度、价值观方面的问题。其实三维目标提出来的时候，我觉得还是蛮好的。至少让很多老师都意识到，课堂教学不仅仅是教语言知识，还应该在语言知识本身的基础之上有一个能力的训练，除了能力的训练之外，还应该有情感态度和价值观的内容。最近我在学习关于核心素养方面的一些文章，学习好了才有发言权。

所以无论是上海的还是全国的课标，都如同一个大圆圈，圆圈里面的第一个圈就是语言能力，然后有其他两个圈，这些圈都可能是overlap的，有它重合的地方，你中有我，我中有你。人们的 first impression 是，语言知识好像是最重要的。章兼中老师在他的书里面也谈到教学目标到底以什么为中心的问题，并提出了他的观点。我觉得三维目标从某种程度上至少告诉学生或者教师，课堂上语言知识应该是第一目标，或者从另一个角度上看，不光是只教语言知识。所以我评课的时候，就首先要看 teaching plan。我首先看这位教师1、2、3 写的什么，如果他 1、2、3 反复全都在教语言知识本身，那我觉得他可能还没有充分重视学生其他语言能力方面的培养。比如阅读课（我自己原来有个工作室，工作室的名字就叫阅读教学工作室），我们当时做的是，教师拿到一个阅读文本后，教他们如何设计教学目标。是不是只教会 10 个单词，教会两个句型，还是要把这篇文章的 main idea 教给学生就可以了？在设定教学目标的时候，是不是就是指 we learn some of the new words 或者 we learn ten new words？如果是 we learn ten new words，至少还有一个具体的数字，比较 specific；如果连 ten 或者 five 都没有，就只有 learn some new words 或者 we learn new words，那就太粗线条了。再比如，第一步 learn the new words，第二步 get the general idea of the text（知道课文的大意），或者第三步，improve reading，listening，speaking and writing（提高读、听、说、写能力），那这个目标太 general，是没办法具体落实、实现的。所以我们制定教学目标的时候，就会提醒这些老师，这堂课到底要完成哪些事情，应该清楚、具体、能够量化、能够检测。而且在设计教学环节的时候，要围绕着这些教学内容去展开。最后让人家看到你的教学目标可检测、可落实、可实现。这些活动的设计都是在围绕着教学目标，各个环节应当做到非常地 reasonable，非常地 logical。然后才能看出这个老师一步步是在做什么，否则的话，教学目标与课堂教学活动可能就是 mess，就是 confused（乱七八糟的）。

我在听课的时候会问，针对这节课的内容，如果现在老师给学生一个电脑，或者给他一本工具书、字典，再给他一篇文章，40 分钟以后，老师拿问题检测学生，什么话都不要讲，without the teacher，without the help of the teacher，看学生是否会回答这些问题。如果学生会，学生也都达到 get the general idea，那么老师的作用是什么？老师起了什么作用呢？我经常也在反思这样的问题：老师在课堂教学中，到底作用是什么？当然我经常给我的学生说，我就是一个 helper，我是来帮助你的，你们是主角，我来帮助你们，或者我来带带你们，或者我来 organize，我来组织一下。我个人也在反思现在课堂教学中存在的问题，我觉得我们老师都得去考虑课堂教学中到底应该怎么做才更好。

至于教学内容，我们也觉得教学内容的分配、信息量的补充还不够合理，而且在结合国际、国内、社会生活方面的时代性可能还不够强，这样就造成了课堂有的时候也有点 boring。因为现在讲的东西学生可能觉得并没有紧密联系时代的内容，或者说跟国际国内能够接轨的内容较少。如果对教材信息量适当加以补充，结合国际国内或者学生的生活，我们的课堂会更加生动有趣。

关于教学过程，包括我自己在内，可能有的时候教学环节的逻辑性也不那么强，有的时候可能单一。一些课堂活动学生还没有理解，就开始操练运用了，应该是学生都理解了才去操练。

还有就是，有些教师本身可能对教学策略的了解也不够，所以课堂教学中应用的也不一定很足。比如说，我当时办阅读教学工作室的时候，老师们，包括我自己在内，有多少人非常了解阅读策略有哪些？我们举个例子，比如说一篇记叙文，应该让学生知道相关的阅读策略，比方对于 who、what、when、where 的分析。例如小说的几个要素，在分析文本的时候，应该围绕谁做了什么、在什么时间、在什么地点，或者怎么做的、为什么，要围绕这样的东西去解读文本。如果是一篇说明文，它可能是一个"总分总"的谋篇，说明文它有 definition（定义），然后底下有一些 supporting，或者 explanation，然后有 conclusion 等等。也可能是 conclusion first，下面是 supporting。每一种文体它都有这样的一些阅读或写作策略。尤其是阅读，老师应该知道相关的阅读策略。我曾经指导过初中的一个联组教研活动，我就请这些老师先仔细阅读课标，搞清楚初中课标里要求初中生要掌握哪些阅读技巧、哪些阅读策略，他们就去做了这个功课。比方说要能够找出 main idea，知道 topic sentence，要知道什么叫做 detailed reading，或者怎么样去 skimming 或 scanning，怎么样 infer，怎么样去找 title，怎么样去 get the meaning of the unknown words，这些是我们在阅读文本时应该知道的一些阅读策略。老师在解读这些文本的时候，应该把这些阅读策略渗透到教学过程当中，给学生这样一些能力训练，这样学生就可以举一反三，自己解读更多的文本。

如果教师本身对这些阅读策略了解得不够透彻，那么就应当参加培训，认真研读课程标准。我觉得不要怪老师不知道，编制教材的部门是不是能够把这些内容直接写到教材中？

一两年前，上海外语教育出版社要推出一本引进的书，想让我把这本书改编一下，结合我们的教学情况，改编得更加接地气一点，更加 local 一点，有中国特色。我发现这个教材的优点，不是它有文本，然后后面有 questions and answers（一般好像很多的教材都会这样做）。在这本书的 reading comprehension 里，每个问题的前面都会把这个问题测试的是哪种阅读策略标在上面。比方这个问题是 main idea，这个问题是 inferring，这个问题是 detailed reading，或者这个问题是 gist，它都标在前面。所以久而久之，不但训练了老师，也训练了学生。其实在高考和中考的阅读当中，尤其是高考（我对中考阅读还不是那么熟悉），这些策略其实也是有的。阅读题测试的是学生对细节的把握，或者是获得具体细节的能力，以及能够抓住篇章主旨大意的能力，等等等等。而且你看它设置的题目里面就说，四个选项当中 which is the best title，或者是 what does the author imply，或者是 indicate，或者是 infer，类似于这样的词语。或者说有一个 unknown word，或者有一个 phrase，下面四个哪一个是符合它的。这种能力其实就是在平时文本的解读、课堂教学的过程当中应该渗透下去的。否则考试时才去测试，才去讲解，那不是在应试吗？平常的教学中就应该把这个阅读策略渗透下去。

华师大的郭宝仙老师有一次做了一个关于全国课程标准的课题，当时有一份对课堂教学策略的问卷。我有幸被她选到，帮她测试老师（问卷对象是老师）。其中涉及很多很多的阅读策略，非常细。英语教师们至少要掌握主要的一些阅读策略，并且能够渗透到平时的教学当中去。

我开过几次课，就用到了这些，比如说 cause、reason 和 result，比如说因和果的关系，哪些因，哪些果，或者哪些是 supporting ideas，哪些是 conclusion。比如说议论文，它有 conclusion，而且 conclusion 通常就是 topic sentence。要让学生学会找到 topic sentence（usually at the beginning of a paragraph），然后下面的那些句子都是 supporting sentences or developing sentences，这个时候就会教给学生怎么去阅读一篇文章，怎么能够快速地 get the main idea。读报、读书，现在节奏这么快，怎么去阅读？这就是阅读技巧。写作文的时候也是这样，文章有 topic sentences，下面就是 supporting details。我觉得老师们，包括我自己，应该要知道这些。这样的话，我们的课堂教学可能就会有一个 higher level，应当教给学生除了语言知识之外的一些东西。

我昨天正好有幸参与了一次教师培训活动，就是杨浦区的初中教师培训。他们请了一位外籍教师来解读文本。我觉得他解读的视角特别好，真的让我们觉得非常新颖，他在解读文本的时候给了我们很多启发。所以教师培训,以及教材的编写过程中,应当适当加入这样的内容,为教师提供参考,让教师备课的时候把这些因素都 take into consideration,能够让课堂教学更加鲜活丰富。

此外,在教学中可能还存在对这些策略应用不足的问题。我想教师们也很乐意去运用这些策略,并不是他们不愿意用。以后在编教材的时候,能否写明相关的阅读策略?比方说十条策略,这十条策略哪些是应用于高中或者初中教学的?这个可能都是我们课堂教学应该要去思考的一些问题。

为什么我们讲到这个?因为测试里面就要测试到这些策略。如果平时教学中没有渗透就直接测试的话,可能这个测试就变成专门应试了。我们有些学生参加课外培训回来总结说:阅读后面的选择题,三长一短选短的,三短一长选长的。这个听上去当然是一种 test skill,也许有它的道理。但是我觉得测试本身就应该体现课程标准里的一些东西,体现我们平时教学中渗透的东西,这样我们才会觉得这个测试是好的。

还有,讲到测试,总要跟两个名词有关系,一个是形成性测试,另一个是终结性测试。现在我也觉得,应该要考虑使用一些形成性测试。现在我们说是这样说,但是对形成性测试的落实还不是特别明显。据我所知,有几个重点的一本大学,比如复旦、交大,可能在录取大学生的时候,好像已经考虑综合测试了。这个其实就是形成性测试,不是一卷定终身,已经是 new approach,这个其实应该是蛮好的了。这样让很多中学生开始关注综合能力的提高。

我在平时的教学当中,一直跟学生讲,我们不再只是用一个期中、期末来决定你的分数。我们有个综评分数,包括学生平时的学习态度、平时的作业、平常的一些小测试、课堂的积极发言,以及参加的各种英语活动,各种各样,都会考虑在里面。我们在期末综评的时候把这些因素都会放进去,给学生有一个加减分。我也看到很多人写档案袋这方面的论文,有很多这样的研究。

对于测试卷本身,我觉得现在上海的高考和中考,测试卷的形式改得越来越好,因为它对学生的综合能力要求越来越高。比如说原来的语法题,单选,四个选一个,老外可能有的时候也不认为这是一个唯一答案，他会说，在不同的语境下会产生新的答案出来。语言很多时候是要强调语篇、语境的，尤其对语境的要求。现在测试题目做了相应的改变，在语篇当中考语法，让学生在语篇中把握全篇的主旨大意，包括上下文，包括这个事情发生的先后，都要考虑，说话语气也要考虑，在这个基础上再来做语法题。这个改革对学生的综合要求就更高了，我觉得很好。

除此之外，词汇考试也是在语篇当中，阅读完形更加属于语篇当中。而且完形现在改得越来越好，以前至少一篇完形中有好几道题都是近义词之间的辨析，现在这种题目几乎是没有了，因为现在考的是这个词在上下文当中的搭配。在上下文当中，到底应该用哪个词，要求一定要结合上下文，一定要在语篇、语境当中。考的是句内或者是段内理解，这一段它在讲什么，全篇在讲什么，没有这样的一些把握，填这个词就很难。所以这就要求学生要有综合能力。现在有个新题型，叫"概要写作"，这个题目其实是有点难度的。因为它首先要求学生阅读，阅读完了不是像 ABCD 那样直接做 choice，而是要掌握整个篇章在说什么，然后还要用自己的话（不能照抄原文）再写出summary，要充分概括，要浓缩，还要用新的语言表述出来，变成文字，这个对文章的 coherence 也好，对 logic 也好，还有对学生的语言文字的正确使用也好，都有一定的要求。它还有字数要求，不能超过 60字。这个训练，平时老师要让学生下很多功夫。还有翻译、作文，包括现在 6 选 4，把这个句子放在什么样的上下文当中，所以这个 140分，还有后面的 10 分，不是那么好拿的。高考的改革就是对学生和老师提出了新的挑战，它对学生的综合能力提出了非常高的要求。我觉得这些都是我们测试的一个比较好的趋势。

采访者：好的。那我们就看课标的制定方面。现在我们上海有自己的中小学英语课程标准，也请您根据您的亲身经历，谈一下我们的课程标准有哪些优势、不足和问题。应该如何加以改进？

张英：我觉得总体上是非常好的。而且我们这些课程标准也是这么多的专家集思广益，用他们的智慧经验，结合各方面的理论制定出来的。我觉得各方面都是考虑得很周到、很全面了。但是毕竟因为形势的发展，包括国际的、国内的，我们时代在变迁，或者说各方面都在发展，我们还是要不断地修订，或者不断地加入一些新的内容。

从国际视野上去观察，现在各国都在提倡培养学生的思辨能力，或者批判性思维能力，任何事情如何一分为二去看待，也就是现在所说的一种"生态型的思维"。所以就像我刚才说的，课程标准你去看，除了语言能力，现在提出了核心素养，它包括情感态度、学生的心理状态、跨文化或者国际视野的内容，这些东西可能都要考虑在里面。

国际国内都在强调思辨能力或者批判性思维能力怎么加强，强调学生多思考。比如说给学生数据，怎么去评价，怎么去得出自己的结论，而不是人云亦云。我们现在最缺的可能就是思维能力的培养（critical thinking）。所以我觉得，在这个形势下提出核心素养的确有它的道理。

再比如说课标的修订，在语言知识目标方面，我觉得可能应该更具体一点。比如词汇量、语法、听力的速度、阅读量、每分钟阅读多少词，这种量化还要具体一点。还有就是，能不能具体分配到哪个年级当中？比方说有一个总词汇量，高中毕业或者初中毕业达到 3000、5000 这样，再具体到某个年段，或者某一本教材当中，或者说初一上应该有多少，初一下应该有多少。或者说初一上听力应该是每分钟听多少词，阅读量应该是每分钟阅读多少词，或者读懂一篇 300 字、400 字的文章等等。反正我个人感觉就是量化一点，更具体一点，帮助老师能够运用好这个课程标准。

我看到虹口区有一所初中学校，就非常重视对课程标准的解读，在落实课程标准方面，我觉得他们做得蛮好的。比方说初一我们应该做哪些哪些事，一二三四五六七八，这个事情应该做到什么标准，其实就是对课程标准的细化、具体分配。这样每位教师都知道我今天干什么、明天干什么、这个学期干什么，可以很好地去落实，可以很好地去检测自己的教学效果。我觉得课标可能要量化，或者细化一点，否则有的时候就比较难以评估。阅读量、听力量、词汇量、语法更细化、更具体一点，就可能有更多的数据进行评价，我觉得会好一点。

还有就是我刚才说的，课标里面可能应该把 critical thinking（思维的品质）的培养渗透进来。除了语言知识之外，策略的培养、能力的培养，这些方面都应该在课标里面有所体现。

所以，对照上海的课程标准和全国的课程标准，其实能看出来一些问题。全国的课程标准现在是越做越细致。我经常在说，我一个班的学生 40 人，我布置一份任务，第二天学生们就有好几个版本的样子给我。可能某一句话我正好没说到那么具体，它就会出现新的版本。"我以为""你不是那个意思吗"……我说我不是这个意思，还要再去重新解释。当然这个可能不一定那么有代表性，但实际上可能就是这样，会出现一些不同的诠释、演绎，理解会走样。就像我们游戏里的"copy 不走样"，一句话一个人传给下面一个人，传到最后，那个话就有可能已经变得完全不一样了。这个可能有点夸张，但是如果课标措辞笼统，同时又要求所有老师对它的诠释都是一样的话，那就有些勉为其难。课标下达给每位教师，中间有培训的过程、学习的过程，但是这个学习过程那么多，还要不断地去解释，一级一级部门都要对它进行诠释。所以，最好是把这个东西写得具体一点。

采访者：好的。我们再换一个话题，英语教材的编写。目前我们在用的中小学英语教材，优势和需要改进的地方，分别是哪些？

张英：优势肯定很多。我们自己不管用哪本教材，我觉得都有很多优势。上海的两本教材之外，我也有意地收集了其他各种版本的教材。据我所知，现在全国各地至少要有七八种不同版本的中学教材。不同版本的教材，都有他们各种各样的优势。也有不同老师对教材提出很多不同的看法，这个教材这个好，那个教材那个好。我觉得，一本教材里面如果有各种体裁的文章，说明文、记叙文、议论文或者是小故事，或者是小 play，或者 poem，学生会学得很开心。今天我们学诗，明天我们学一个小散文，后天有个说明文……我觉得这样可能会更好一点。当然现在的教材已经做得很好，图文并茂，很有趣味性，很有交际性。而且现在的牛津教材、新世纪教材，听说读写都做到了，而且都做得蛮好。

如果说需要改进的话，我个人认为在写作方面，还有刚才说的阅读策略方法的指导上面，适量增加一些内容。中考、高考都要考阅读策略，如果去看一下高考的评论文章，通常会提及这些文章后面 questions 的设置。比如说我写一篇文章去点评今年的高考题，我可能在写的时候就会谈及阅读后面的问题设置得非常好，它测试了学生对文章整体的理解能力，分析它测试了哪些阅读技巧和策略。平时教学的时候，在教材上就应该有所渗透。所以如果编写教材的时候能把阅读策略放进去，就更好了。

还有，写作的指导可能还有点不大够。每个教材后面都有 writing 部分，比如说牛津和新世纪都会有 guided writing，或者有个 instructions。有的单元会说第一步应该写什么内容，第二步应该写什么内容。比如要让学生做 book review，它会说 book review should be like this（应该有哪些内容，哪些东西写进去）。我还是蛮希望有一些这样的写作指导。现在我们教学的时候对写作课的强调还不够，我想说，写作是很重要的一个环节。教材编写应该在写作指导方面再加强一些，这样可能会更好。

我们牛津和新世纪教材在词汇的编写上面，练习方面都设计得蛮好的，很有语境的，包括配套的练习册，很多词汇的运用，情境都非常好。就是还需要在阅读方面多渗透些阅读策略指导，在写作上面能够多一点写作指导。还有就是题材、体裁能够丰富一些。教材一定要体现时代性，这个很难做到，比如今年出一本新教材，用了一轮，可能有些文章就过时了。现在这个时代变化太快了，发展太快了。原来牛津有一个 More Reading，配套相关的一些阅读文章进去，觉得也蛮好的。有类似于 More Reading 或者 Additional Reading 这样的东西给学生读，也蛮好的。

采访者：要适当增加一些配套的东西。

张英：对，这些阅读的内容完全让老师们自己去找的话，它的难度、长度，包括它是不是需要再加工、再处理，可能会比较费时费力。如果教材编写时就配套相关的补充阅读材料，就能够减轻老师们的负担。我自己也组织我们工作室的人编过跟牛津教材和新世纪教材配套的阅读材料。比如说我们讲了一个主题 sports，我就配套 sports，增选几篇文章介绍奥林匹克 games，或者介绍各种球类运动，后面再出一些题目，或者以高考的题型为参照依据编写这样一些带题目的文章给学生，其实目的还是想加深对文本的理解。一些文学的文本，比如说 *Oliver Wants More*，这种文本非常好，很经典。但如果学生没读过 Charles Dickens 的小说，对这个 background knowledge，对当时英国社会的情况都不了解的话，就不能很好地理解文本里小孩子把碗舔得光光亮亮的情节，他可能只会觉得很好玩，他可能不会那么好地理解文本中的语言。当然 teacher's book 也会配套这个，如果教师自己本身也具备了相关方面的知识的话，可能在讲解文本的时候也会更好一点。一些很有经验、有这种意识的老师就编了一些这样的教辅材料。但是因为现在的形势不允许学生买更多的书，所以老师也不能广而告之，不能推荐给学生，学生也不一定愿意去买。我个人认为，教材配套一些阅读材料应该是对课文文本的一个巩固。我觉得，如果你对这个题材或者体裁，对它相关的知识知道得越多，也许就有更浓厚的兴趣去了解这个文本，了解这篇文章所涉及的内容，以及跟它相关的话题。

采访者：的确是这样。我们再来看中小学英语教师的培训方面。首先，上海曾经在哪些方面采取了哪些措施，帮助教师理解和执行现有的课程标准？

张英：我觉得这个肯定要几方面一起配合。现在上海市的话，比如说目前我知道的，工作室、基地、教学人员的进修、寒暑假前后的教师培训，包括教师的自学，或者教研组的学习，可能方方面面都算是措施吧。包括教师到国外去培训，引进来、走出去，这种都是针对课程标准的培训，我觉得都算是对教师的培训。

我还是希望今后能够再多一点，比如短期的研讨班、工作坊、工作室，短期加长期的。还是要组织教师学习课程标准的解读，还是要让老师们知道课程标准的内容，至于理解得深不深，或者运用得好不好，那是后话了，至少应该知道或者要有一定的认识，要有意识地在课堂中体现。

教师整体上还是缺乏理论的培训和科研的指导。我有幸参与上海市教师职称论文的评审工作，每年有个网上盲批论文评审的环节，从论文评审的结果来看，老师肯定是有很多宝贵的经验，但老师们没有非常强烈的意识（包括我自己在内），把它用文字表达出来，写成比较符合标准的论文。所以可能有的老师虽然很有做法也很有想法，但是如果以一个总结的形式或者心得体会的形式表述出来，就不大符合标准的论文的样子，所以也吃点亏。我觉得可能有的老师，也许平常教学中就这样做了,但是他并没有意识到这就是我们课程标准中要求的那些策略,或者是符合什么什么理论。比如说"脚手架原则",他可能从来都不知道还有个脚手架原则,他可能就没有意识到。但是,是不是老师就必须要知道了才能教得好,我也打问号。从我个人的成长经验来看,教师如果能够把教学和研讨做到非常好的结合,对教师还是很有帮助的。我觉得有点科研的指导还是蛮好的。

采访者:好的。我们再来看一下目前上海市中小学英语教师的整体素养,您有什么评价?

张英:上海市应该说是蛮好的。很多学校,包括我原来的控江中学,进来教书的都是博士,进的人的水准都很高。越来越高,硕士、博士,好像都是一个不成文的规定,本科都是进初中、小学,硕士以上才能进高中。我现在的学校里面有好多博士、硕士,有上外的、北外的硕士,有北大的、清华的博士。所以就造成了教师的素养非常地高、语言功底非常强。而且现在随着教材的改革,随着教学形势的发展,随着外语形势的发展,教师的素养越来越高。新毕业的大学生口语都很好,知识面也很广。其实从全社会来讲,人的素养应该说都提高了,教师也不例外。所以"后生可畏",教师整体素养还是蛮好的。上海教师的语音、语调本身也是优势。而且上海是国际化大都市,跟国际接轨的东西很多。甚至有人说,在上海不会上海话没关系,或者不会普通话都没关系,但是你不会英语的话可能就变成一个弱势者了。英语越来越随处可见,这对我们教师的素养,以及我们的英语教学氛围,也是很有促进的,也给我们的英语教师提出了一些新的要求。

采访者:这些是优势。那不足呢?

张英:教师还是要不断地学习。外语教学是非常强调综合素质的一份职业,它对教师的要求其实是非常高的,不仅需要语言知识本身。不是说你的词汇量是托福的词汇量,就可以做老师了。它要求教师能跟学生沟通,了解学生的心理,还要热爱教学,热爱本职工作。对教师本身的综合素质要求很高,所以教师真的是一个需要终身学习的职业,需要不断地去学习,不断地适应形势、适应学生。

采访者:这个属于在职教育方面,教师自己要有意识地学习。

张英：对，要去学习。当然教师因为评职称的需求，也有一些考试，的确需要去学习才能应对。但是除了这些之外，我觉得教师现在是一个无底洞的职业，需要学的东西太多了。教师的培训，你看，请老外过来，哪怕是5000块，培训了比如说30个老师，受益的是多少学生？300个，3000个，3万个？多数学生受益。

采访者：而且这些前来培训的老师可以把听到的内容再传达给没有到场的其他同事。

张英：对，一个年级，一个学校，很多学校，把这种理念传下去。而且教好一个学生，给他课堂上的一些策略，或者技能，或者一些能力上的提高，他举一反三，以后可能就终生受益了。现在的教育学院，包括我们市级的相关教育部门，真的是不惜血本在搞教师培训，都愿意花钱请专家来给老师们做培训。但老师要有这种意识，然后再根据自己学生的实际情况，整合出适合自己本校的、适合某个班级的最好方法。所以我们现在说，用教材也是这个意思，不是你所有的教材拿过来都可以原封未动地教给学生。什么叫"用好教材"？适合你自己，适合你的班级，适合你的学校，适合你的地区，做到有针对性，那才是最好的。这里面对教师有多大的挑战？你自己要具有多少知识？你要学会整合资源，整合教学资源。教学资源现在太多了，各种各样的资源，你要会拿来整合。而且这个过程当中，你要渗透很多知识在里面。你为什么要拿这个，这个怎么样用到你的教学当中，才能够让它发挥效力？这些对教师的挑战都很大。

新时代，新需求，新目标

——上海市英语特级教师朱萍访谈

（上海外国语大学　刘　辉　编辑整理）

访谈嘉宾简介

朱萍，上海市特级教师，上海市世界外国语中学教导副主任，英语教研组组长，教育部"国培计划"示范性教师工作坊高端研修项目主持人，市团队发展计划英语写作团队主持人，中小学外语教学专业委员会常务理事。市普教系统名师培养基地中学英语三组指导专家，市二期课改初中《英语(牛津上海版)试用本》教材修改研究评价阶段专家，华师大教育硕士生导师。

曾获全国中学英语教学观摩研讨会一等奖和市中青年教师教学评比一等奖。曾获"全国模范教师""全国教育系统巾帼建功标兵""全国中小学外语名师"等称号和市"园丁奖"。2014年11月作为上海市第一位特级教师举办"讲台上的名师"上海基础教育名师教学展示与教学论坛专场。2016年获国家"万人计划"教学名师称号。

访谈内容提要

此次访谈主要围绕上海市中小学英语教学与课程标准修订展开。关于上海市中小学英语教育教学的整体状况，朱老师表示：英语教育教学一直是课程改革的排头兵,在"一期课改"和"二期课改"中取得了显著成效,学生的英语表达能力得到了大幅度提升,教育教学理念在市、区教研室和教研员的引领下得到了全面的革新,课堂教学也逐渐从依据考纲培养走向依据课标培养,从应试走向发展能力。

关于课程标准,朱老师指出,一线教师越来越注重课程标准的要求,但是目前课程标准的内容稍显抽象,不易操作,而且课程目标过低,与当下的教育教学现状和学生发展需求不相匹配。朱老师建议,首先应开展充分的实地调研,了解学生和教师的需求;第二,根据需求分析,整合学科核心素养,设定课程目标,提升课程学习要求;第三,将抽象的要求与教学实践想结合,实现要求和措施的具体化,使课程标准更接地气;第四,加强实施环节,使课程标准落地,重视制定和实施环节的连续性。

关于测试与评价,朱老师认为测试应突破教材的束缚,要加大能力测试和思维考查的比重,重视对输出型技能的考核,并通过不同形式的形成性评估提升学生的语言综合运用能力。

关于教材,朱老师认为,从狭义概念来看,课本内容应与时俱进,要加强课本的时代性和趣味性,单元内容与配套习题操练都应该强调思维能力以及文化品格的培养;从广义概念来看,教材不仅局限于课本,更应该包括多种多样的教学材料,应着手建设教学资源库,如用于移动终端的 APP、视频材料等。同时,朱老师指出,可以适当加大教师教学材料选择的自主权。

关于教师专业发展,朱老师强调,教师在具备较高的教学能力和教学素养的同时,应强化自身的命题能力和课程意识,并注重提升个人的文化内涵和品位。教师培养和培训应呈现阶梯性,培养目标和培养方法应根据专业发展不同阶段的需求而逐步深化。

关于课程标准,朱老师结合本校校本课程标准的制定过程和文本内容,建议课程标准的制定应切合国家发展目标和学生需求,在大量的实地调研和考察的基础上,制定具体化、易操作的课程要求和实施方法。更重要的是,课程标准的制定者应该走入课堂,通过课堂教学和基础教育实践来发现问题。就课程标准的贯彻与执行,朱老师反复强调实施环节的重要性,并高度肯定市、区、校三级教研活动在课标贯彻执行以及提升初中英语教学质量中的关键作用,指出教研活动、项目驱动和课题研究是课标宣传、解读和实施落地的有效途径。

访谈实录(采访者:刘辉)

采访者:能否请您谈一谈我们上海市中小学英语教学的整体情况?

朱萍:整体而言,在"一期课改"和"二期课改"中,我认为英语教育取得的进步最大。20年前,除了外国语学校的学生,其他学校的学生都无法开口说英语,但现在即使是普通学校的学生都能够自如地用英语进行交流,英语切实地充当了交际的工具。这很大程度上得益于市、区教研室和教研员的努力和付出,他们先进的教育教学理念一直引领着上海市的英语教学。

采访者:上海市中小学英语课堂教学的现状如何?是紧贴课程标准的要求吗?

朱萍:有一部分老师更多的可能是依据考纲的要求,把考纲作为"圣经",以笔头训练为主,但是随着各级教研活动的深入,各级教研员根据课标,对初中英语课程进行了整体的教学设计和单元设计,带动所有教师关注课标,重视课标在教学中的指导性地位和作用。

采访者:换言之,教师对课程标准还是较为了解的?

朱萍:是的,全市教师在市、区教研员的引领和带动下,根据课程标准实施英语教学和研究。比如,我们区的一个课题就是"基于课标的牛津教材单元设计",无论是项目的参与者还是观摩者,都可以通过这个项目更好地理解和解读课标。

采访者:市、区教研都采取了哪些形式来宣传和解读课程标准呢?

朱萍:课程标准的学习在实际操作过程中主要是基于教学实践。

采访者:您觉得依据当前的教学实际、学生需求和师资情况,课程标准修订的重点和突破点在哪里?

朱萍:我仅结合自己的教学实践和研究经验,提供一点建议吧。

首先，应注重课程标准的实施。课程标准提出了明确的课程目标，但实施往往成为薄弱环节，如何落实课程目标，在课程标准中没有得到充分的阐述。其次，重视课程标准内容的衔接性和一致性，并整合新的核心素养。可以说，目前的课标涵盖了跨文化交际能力，提出了课程的可选择性、课程内容的生活性和时代性，以及多元多层次评价体系，但是，课程标准作为前瞻性的政策，如果还一味地以"态度情感加语言能力"作为目标的话，恐怕有些落后，应该根据核心素养的内容，来重新规划目标。第三，课程标准的内容与要求应该细化、具体化。以英语写作为例，上海市课标的要求是"能填写简单的表格，能书写简短的信件，意思连贯，语言基本正确"，国家课标中写到"能书写一般短文，简单描述和表达个人喜好，描述生活场景，标点使用准确"，这些表述都过于简单。而我们在实践中，根据学校发展目标和学生需求，制定了校本化的写作课程标准。首先明确培养目标，包括写作方法、写作技巧、鉴赏能力（包括自我修改、修订和积累、准备素材），以及思维培养。然后根据写作阶段来详细阐释每一项子能力，如审题构思、话题内容、结构组织、词汇选择、句式选择、草稿修改等方面。以阅读为例，我们将阅读能力分解为语言知识阅读理解、文化意识、阅读习惯和阅读量速几个方面，这部分我们参考北外王蔷教授的观点。显而易见，这样细化的标准能够更好地帮助教师检验和评价教学效果。第四，听说读写的目标和要求有待全面提高，例如写作的字数要求、阅读量的要求等等。根据我们对国外文献的查阅，目前我国对高中学生阅读量的要求都不及母语为英语国家的小学生的阅读量。建议基地可以通过大范围的问卷调查，调研一下上海市中学生的课外阅读量、词汇量等等，然后相应提升各方面的要求。

采访者：可以说贵校的教学实践是制定了校本化课程标准。您能否谈谈在制定校本课标的过程中都考虑了哪些问题呢？

朱萍：第一是学校的培养目标，我们学校的目标是培养走向世界的中国人，这一培养目标的含义包括，现代中国人应具备创造力、思维能力、家国情怀、全球意识，以及通过语言媒介构建的跨文化交际能力；第二是上海市课程标准以及国家课程标准，充分解读课程标准，总结两个课标的共同之处，即强调语用、文化和思维；然后，依据学校的培养目标,结合上海市和国家课程标准的定位及目标制定本校课程标准的培养目标;之后,根据语言技能分类,从学习能力、语言运用、学习策略、语言文化等几个方面制定分年级目标;最后,根据目标框架制定课程框架。

采访者:您觉得在制定校本课程标准过程中,哪一个环节是难点所在?

朱萍:课程评价这块非常复杂,这部分工作还没有做好,在具体操作中存在很多困惑,因为我们力图把抽象的标准变得客观实在。我们还制定了课程实施办法,里面包括我校特色的多元互动教学策略、国际交往策略、相应的教学建议(如何使用教材,如何进行作业设计)、课程资源配置、教研制度、命题规范、课程设置等等。可以说,我校的课程标准可以给教师开展教学提供具体的依据或借鉴。说到底,如何加强课程标准的操作性,如何将课程标准的内容落实到每一节课中,是突破的重点之一。

采访者:参与课程标准制定的都是本校的教师吗?

朱萍:是的,课标的制定是所有老师的共同努力,每个老师都非常辛苦。比如课标附录中的词汇量,我们都是人工录入牛津和 SBS 两本教材的所有词汇,然后一一标记未出现在所用教材中的词汇。以后还要请你们帮我们讲讲如何利用语料库等工具来从事教学,这样会省时省力。

采访者:您对目前的教材持什么样的看法?

朱萍:我个人觉得教材肯定要改,因为很多材料已经过时,配套练习很机械很单调,根本没有锻炼学生的思维。教材已经使用十几年了,学生的能力和眼界都大大提升和拓宽了,再谈使用固定电话报警或者台式电脑的构造这些内容,学生已经无法接受和理解了。因此,要把教材编得更鲜活,增强时代性和趣味性,尤其是要增强教材的人文性,不要一味地侧重功能性。学生的文化品格也是教学的重要组成部分,学生文化品格修养是教育的价值体现。不知能否和图书出版公司合作,通过线上线下的方式,利用 APP 开发一些具有挑战性和趣味性的练习或者情景模拟操练。教材百花齐放才能带来竞争,竞争必然能促进教材开发越来越完善。应该考虑提供大量的、丰富的教学材料供教师进行选择，放宽教师对于教学材料选择的自主权。教师因地制宜，根据学生需求来选择教学材料，才能充分调动学生的学习兴趣，激发学生的学习热情。要实现这些改变，也需要测试方式随之转变，突出以能力为导向的测试。

采访者：那您如何评价现在的测试和评价体系呢？

朱萍：应该说，目前测试的考纲是两本教材——牛津和新世纪，命题的老师大部分来自于牛津教材，命题内容难免出现不平衡，这种不平衡其实也是无意中造成的。

采访者：您认为还存在哪些问题？

朱萍：教材和课标都应该重视写作能力的培养，听说读写四项技能中，说和写是输出型技能，是语言综合运用能力和思维能力的体现。根据目前学生的水平和能力，可以适当将写作教学提前至六年级，写作题材可以是自己熟悉的人和物，将写作与生活紧密联系起来，养成写作习惯，逐步深化写作内容，而不是待到初三才开始为了应试而进行范文背诵式或模板套用式的写作教学。

采访者：高年级以应试为主的现象还是很突出，对么？

朱萍：其实应试也是一种能力，它是在基础阶段能力培养的基础上形成的，但是高年级并不是仅仅以应试为主，也非常注重学生思维能力的培养，因为高年级是学生思维能力发展的关键时期，绝对不可以为了应试而忽略了学生思维能力的培养。为此，我们为各年级的学生组织了不同形式的比赛和课外活动，例如，低年级的模仿大赛和命题演讲比赛、高年级的即兴演讲和辩论比赛等等，都是将语言与思维能力的培养整合起来。

采访者：学生的表现和我们的预期有差距么？

朱萍：学生的表现让老师们感到非常震撼，给老师带来非常多的惊喜。他们在五分钟的 daily report 活动中，有介绍莎士比亚的十四行诗、总统演讲、《小王子》中的一段给他们留下深刻影响的话、Emerson 的散文 "Self-reliance"，以及《双城记》等等。他们并非只是讲解语言，而是自己通过查找资料，去解释文字背后的内容，去分析作品的背景。学生的理解力、设计能力和创造力已经超过了我们教材中所体现的要求。所以，如果我们可以给学生提供更好更多的学习材料供他们课内外进行讨论的话,学生的能力能得到更大的提高。可以进行资源整合,进行资料包或资源库的建设,制作视听材料,将TED 的内容或者是很多很好的名人演讲都囊括进来。

采访者:**课程资源库亟待建设,这样也能减轻教师的教学压力。**

朱萍:是的,教师现在很辛苦,要花大量的时间和精力去寻找素材来丰富目前的教材。现在的好老师越来越多,即使是普通学校的老师也非常非常优秀,老师们愿意从事教学研究,尤其是愿意接受和尝试新鲜事物,比如白板与情境教学的融合等等,年轻教师很愿意通过先进的教育技术和信息技术提高学生的语言运用能力和学习体验。绝大多数的教师都非常地努力和上进,愿意在过去积累的教学实践和经验的基础上再去自我提升。

采访者:**哪些因素促使教师主动提升自身素养呢?**

朱萍:首先,这和教研室的工作是密不可分的。各个区都注重新苗培养,我们区有名师工作坊、学科基地、师资培养中心等培训项目,还有市、区各级的导师带教培养,以及多种多样的教研活动和讲座。教师能够在教研活动过程中发现自身的问题,分析差距,并找到解决办法,而且我们的导师也都为年轻教师树立了榜样,这些都大大促动了年轻教师提升自我的意愿。第二个因素是学生,现在的学生英语水平非常高,这对教师既是压力也是动力。学生的英语水平及英语能力的大幅提升也触动了老师,老师会自觉地进行学习和钻研——教学相长的道理。因此,学生促动、同伴促动、教师的钻研精神都推动了教师专业素养的提升。

采访者:**师资培训实际上是提升我市英语教师专业素养的最有效方式?**

朱萍:是的。导师带教、同伴互助、研究项目驱动、课题引领,这些都促进了教师的成长,市里和区里非常重视这类项目,并给予大力资助,要求这些项目的成果具有广泛的适用性和推广性,要能带动全市甚至是全国的英语教学。比如,目前我所承担的青年骨干教师团队国培项目,是要通过线上和线下活动培训 300 名来自全国不同地区的教师如何开展写作教学,还有萧老师和张老师的泛读教学项目等等。这些项目在很大程度上提升了教师的教学理念和教学能力。

采访者：除了教师的教学理念和教学能力之外，您觉得还应该关注教师哪些方面的发展呢？

朱萍：教师的专业素养十分重要，不仅仅是教学能力，还有个人品位。要阅读经典，提升个人的人文素养，因为语言与文化密不可分。另外，教师也需要相应的科研指导，将感性的教学实践进行理论升华。教师培训按阶段进行，如任职初期、成长期、发展期和引领期，设定阶梯性发展目标，制定不同的培训方法。

采访者：能谈谈应该如何开展新课标的制定、宣传、解读和执行工作么？

朱萍：其实，新课标的制定者不妨走进中小学，走进教学一线，充分了解教师和学生的能力现状和发展需求，像邹为诚老师、王蔷老师和张金秀老师一样，在中小学授课，加强和一线教师的互动，使课程标准更接地气。课程标准的解读方面，可以考虑以项目驱动或课题研究的方式来促进基层教师去理解和执行政策，或者是基于任务的（task-based）的解读，将课程标准的内容逐一分解，通过市、区教研活动展示，配合微讲座，通过具体的教学设计和教学目标来阐释抽象的课程培养目标或能力目标，将抽象的目标要求与具体的教学实践结合起来。另外，课标想要得到落实，需要和教学测试与评价挂钩，不能教研展示的是素质教育，而日常教学仍是应试教育，避免"两张皮"的现象。总之，制定者应该走入基层学校，高校应与中小学加强合作，这样才能使课程标准真正地落地。